攻撃される知識の歴史

なぜ図書館とアーカイブは破壊され続けるのか

リチャード・オヴェンデン＝著

五十嵐加奈子＝訳

柏書房

Burning the Books

A History of Knowledge Under Attack

Written by
Richard Ovenden

Translated by
Kanako Igarashi

リンへ

目次

Burning the Books
A History of Knowledge Under Attack

Contents

「書物が焼かれる場所では、いずれ人間も焼かれるだろう」
ハインリヒ・ハイネ、一八二三年

「過去を記憶にとどめない者は、過去をくり返す」
ジョージ・サンタヤーナ、一九〇五年

はじめに

1933年５月10日にベルリンで行なわれた、ナチスの焚書。

一九三三年五月一〇日、首都ベルリンの目抜き通りウンター・デン・リンデンに面した広場で、大きなかがり火が焚《た》かれた。正面には大学があり、聖ヘドヴィッヒ聖堂とベルリン国立歌劇場に隣接し、近くには王宮や建築家カール・フリードリッヒ・シンケルが設計した美しい石造建築、のちに戦没者慰霊碑となるノイエ・ヴァッヘがある、この街を象徴する重要な場所だ。四万の観衆が歓声を上げて見つめるなか、ユダヤ人の医学者マグヌス・ヒルシュフェルト（革新的な性科学研究所の創設者）の胸像を運ぶ学生の一団が、焚火に向かっておごそかに行進してくる。そして彼らは「火の呪文」を唱えながら、大学の図書館から運び出された何千冊もの書物の上に胸像を投げ入れた。そこへさらに、方々の書店や図書館から押収された、ユダヤ人をはじめとする「非ドイツ人」の著者（特に同性愛者と共産主義者）の本も加わった。ナチスの制服を着た若者たちが幾重にも炎を囲み、「ヒトラー万歳《ハイル・ヒトラー》」と敬礼する。[1] 新政府に取り入ろうとする学生たちにとって、この焚書は入念に計画された派手な売り込み活動なのだ。ベルリンでは、新たにヒトラーの宣伝相となったヨーゼフ・ゲッベルスが扇動的な演説を行ない、それが世界中に報じられた。

退廃と道徳的腐敗を拒み、家族と国家の品位と徳を肯定せよ！ ……これからのドイツ人は、学識のみならず優れた人格も備えた人間となるだろう。諸君を教育するのはそのためなのだ。……諸君は賢明にも、過去の邪悪な精神を火にくべた。それは力強く、偉大で、象徴的な行動である。

その晩、ドイツ国内の九〇カ所で、これと同じような場面が繰り広げられた。多くの図書館や公文書館は無事だったが、各地で上がった焚火の炎は、ナチス政権による「知識」への攻撃が始まろうとしている明らかな警鐘だった。

知識はいまも攻撃されている。歴史上くり返されてきたように、組織化された知識体系への攻撃は続いている。長年のあいだに、社会は知識の保存を図書館や公文書館に委ねてきたが、それらの機関はいま、いくつもの脅威に直面している。真実を否定し過去を消し去りたい個人やグループ、ひいては国家の標的にされているのだ。同時に、図書館や公文書館に充てられる予算は年々減少している。減りつづける財源とテクノロジー企業の成長とがあいまって、民間企業が知識をデジタル形式で保管・発信する動きが加速し、それまで公的資金で運営されてきた図書館や公文書館の機能の一部が商業分野に取り込まれるようになった。しかし民間企業は、知識を社会が利用できるものとしてきた公的機関とは大きく異なる目的で動いている。グーグル（Google）などの企業が膨大な数の書籍をデジタル化しオンラインで入手可能にし、フリッカー（Flickr）などの企業が無料のオンラインストレージを提供している状況において、図書館はどのような存在意義をもつのだろうか。

公的資金が極端に圧迫されているいま、民主主義的な制度や法の支配、開かれた社会もまた脅威にさらされ、真実そのものが攻撃を受けている。もちろん、これはいまに始まったことではなく、ジョージ・オーウェルも『一九八四年』で指摘している。開かれた社会を守るために図書館や公文書館が果たすべき役割を考えるとき、「一方に真実があり、他方に出鱈目《でたらめ》がある。もし全世界を敵に回しても真実を手放さないのなら、その人間は狂っていないのだ」[2]（『一九八四年』［新訳版］ジョージ・オーウェル著、高橋和久訳、早川書房）という彼の言葉が、怖いほどの真実味をもって心に響く。図書館や公文書館は、民主主義、法の支配、開かれた社会を支える中心的役割を果たしてきた。なぜなら、それらは「真実を手放さない」ために存在しているからだ。

二〇一七年一月、真実とは別に「オルタナティブ・ファクト（もうひとつの事実）」が存在しうるという概念がアメリカ大統領顧問ケリーアン・コンウェイによって示されたのは有名な話だ。オルタナティブ・ファクトとは、画像もデータも逆を示しているにもかかわらず、自身の就任式に集まった聴衆が五年前のバラク・オバマのときよりも多いとトランプが主張したことへの批判に対し、コンウェイが発した言葉だ。[3]情報の保存は開かれた社会を守る重要なツールであることを再認識させる、タイムリーな発言だった。台頭する「オルタナティブ・ファクト」から真実を守ることとは、真実とそれを否定する主張の両方を記録にとどめ、社会が信頼し拠り所にできる判断基準をつくることなのだ。

図書館は、社会が健全に機能するために不可欠な存在だ。私は三五年以上も図書館で働いてきたが、図書館の利用者であった期間はそれよりもはるかに長く、図書館がもたらす価値をつねに実感してきた。昨今、全世界的に（意図的な理由と、偶発的な理由から）社会は知識の保存を図書館や公文書館に頼れなくなってきている。私はその状況に憤りを覚え、この本を書いた。何世紀ものあいだにくり返された図書館や公文書館への攻撃は、人類史における厄介な流れとして検証されなければならないし、知識を守ろうとした人々の目覚ましい努力についても世に喧伝するべきだ。

「ウィンドラッシュ世代」（第二次世界大戦後、かつてイギリス領だったカリブ海地域からやってきた移民。その多くが「エンパイア・ウィンドラッシュ号」でやってきたことから、ウィンドラッシュ世代と呼ばれる）

のイギリスへの入国を記録した上陸証明書が、二〇一〇年に内務省によって意図的に破棄されていた事実が露見し、記録文書の重要性が示された。そのころ政府は、移民に対する「敵対的環境」政策も推し進めていたため、ウィンドラッシュ世代の移民たちはイギリスでの継続的居住を証明しなければならず、それができなければ強制送還を余儀なくされた。[4] しかし、彼らは一九四八年に制定されたイギリス国籍法のもとで市民権を保証され、第二次世界大戦後、深刻な労働力不足に苦しむイギリスに誠実に尽くしてきた人々だ。二〇一八年の春の時点で、内務省は少なくとも八三人の市民が不当に強制送還され、うち一一人がその後死亡したことを認め、国民から激しい非難の声が上がった。

国の一省庁が（状況が明るみに出た時点で首相に就任していたテリーザ・メイのリーダーシップのもと）主導し強引に進めた愚策に、私は愕然とした。多くの人々が市民権を証明できたはずの重要な証拠が破壊されてしまったのだ。[5] 記録の破棄が決まったのは「敵対的環境」政策が実施される前で、おそらく悪意はなかったのだろうが、内務省が移民への敵対的対応に固執した裏には悪意があったのかもしれない。私はフィナンシャルタイムズ紙[6]に寄稿し、この種の知識の保存は開かれた健全な社会のために極めて重要だと指摘した。文明が始まったころから、それはずっと変わらないのだと。

人が集まって組織化されたコミュニティをつくり、互いにコミュニケーションをとる必要が生じたときから、知識は生み出され情報は記録されてきた。ごく初期のコミュニティでは、私たちが知るかぎり「口承」という形で情報伝達はなされ、現存する唯一の記録は画像、すなわち洞窟の壁に描かれた絵や石に刻まれたシンボルだ。それらが残された意図は解明されておらず、人類学者や考古学者が学問的に推測しているにすぎない。

青銅器時代になると、コミュニティはより組織的で高度に複雑化したものになった。遊牧民のグループが定住し、固定化したコミュニティを形成し、農耕や初期の生産業が行なわれるようになると、組織のヒエラルキーが生まれ、支配的な一族や部族の長など、コミュニティ全体を主導する者が登場する。

そして紀元前三〇〇〇年ごろから、コミュニティは文字による記録を残すようになった。そうしてできた原初の公文書館《アーカイブ》とそこで発見された文書から、社会がどのように営まれていたかを驚くほど詳細に知ることができる。[7] 一方で、人々は思考や発想、所見、物語などを記録しはじめ、それらは初期の図書館に保存された。このように知識が体系化されていくと、それを記述し書き写すスキルが必要になった。そこからやがて、現在のライブラリアン（司書・図書館員）やアーキビスト（記録保管人）にも通じる専門的な役割が誕生するのである。「ライブラリアン」という言葉はラテン語の「*librarius*」に由来し、その語源は「本」を意味する「*liber*」だ。一方の「アーキビスト」は、文字による記録とそれが保管される場所の両方を意味するラテン語の「*archivum*」に由来し、その語源は「公的記録」を意味するギリシャ語の「*archeia*」だ。古代の図書館や公文書館は、現代のそれと同じ理由でつくられ運営されていたわけではなく、古代のコレクションと現代のものを同列に扱うのは危険だ。それでも、古代文明が大量の知識を生み出し、それを体系化する技術を発展させてきたのは確かであり、その多くは、現在の蔵書目録《カタログ》やメタデータに相当するものだ。[8]

初期のライブラリアンやアーキビストの役割は他の役職（司祭や行政官など）と一体化していることが多かったが、古代ギリシャ・ローマ時代になって図書館が普及し、知識へのアクセスは健全な社会に不可欠な要素であるという考えが根付き始めると、それらの役割がはっきりと分化してきた。[9] 紀元前三世紀から二世紀にかけて壮大なアレクサンドリア図書館の館長をつとめた人物のリストが現存し、それによると、ロドスのアポロニオス（イアソンと金の羊毛にまつわる彼の叙事詩は、『アエネーイス』に着想を与えた）やビザンティウムのアリストパネス（初期の句読点の考案者）など、高名な学者としても知られた人物が多かったことがわかる。[10]

社会が発展するとき、その中心にはつねに知識の宝庫があった。知識を創造する技術や知識を保存する手法は大きく変化したが、知識の宝庫がもつ中核的機能の変化は驚くほど小さい。第一の機能として、図書館や公文書館は知識を集め、体系化し、保存する。寄贈、譲渡、購入によって、粘土板、巻物、本、雑誌、手稿、写真、その他さまざまな形で記録された文明がそこには蓄積された。現在では、ワープロ文書から電子メール、ウェブページ、ソーシャルメディアまで、その形態はデジタルメディアによってさらに拡大している。古代から中世の時代、蔵書や資料の整理には神聖な意味合いがあり、古代メソポタミアでは、王国の記録文書の多くが寺院に保管され、フランス王フィリップ・オーギュスト（フィリップ二世）はトレゾール・デ・シャルトゥ（王室文書保管庫）をつくった。当初、これは史上初の「移動式」コレクションだったが、一二五四年にパリのサントシャペル礼拝堂の聖域にある専用の部屋に収められた。[11]

蔵書目録の作成と発行、閲覧室の設置、奨学金の給付、書籍の出版、展覧会の開催、最近ではさらに資料のデジタル化を通じて、図書館や公文書館は思想を広める役割を担ってきた。一八世紀には国立図書館（ナショナル・ライブラリ）が、一九世紀には公共図書館（パブリック・ライブラリ）が創設され、社会の変革に図書館が果たす役割は大幅に拡大した。

その中心には「保存」という概念がある。知識はときに脆弱で、壊れやすく不安定なものだ。パピルスや紙、羊皮紙は非常に燃えやすく、水に濡れれば簡単に破損し、湿度が高ければカビが生える。本や文書は盗まれ、汚損され、改ざんされる可能性がある。デジタルファイルは、技術の陳腐化や磁気記憶媒体の非恒久性、オンライン上のあらゆる情報がもつ脆弱性により、さらに儚《はかな》い存在となる。ウェブサイトのリンク切れに遭遇したことのある人ならば誰もが知っているように、保存していなければ二度とアクセスできなくなってしまう。

アーカイブ（公文書などの記録文書）は図書館の蔵書とは異なる。蔵書は一冊一冊の本で構築される知識の集積物で、大きな戦略的目的をもって集められることが多いのに対し、アーカイブは機関や行政組織、さらには政府の行動や意思決定のプロセスをそのまま文書化したものだ。図書館も同様の資料を保有している場合もあるが（たとえば印刷版の「下院議会日誌」など）、アーカイブはその性質上、大半が資料やデータからなる実務的な文書で、多くの人に読まれることを意図したものではない。図書館の本が思想や願望、発見、想像上の事物を扱うのに対し、アーカイブは土地の所有権や輸出入、委員会の議事内容や租税など、目新しさはないが日常生活に欠かせない事項を詳しく扱う。重要な文書のひとつがリストであり、人口調査による市民のリストから船で到着した移民のリストまで、アーカイブは歴史の中心にあり、そこには一冊の本にまとめられるくらいの思想や発想が反映されている。

当然ながら、裏を返せば、知識を保護したい人々だけではなく、それを破壊したい人々も同様に本やアーカイブの重要性を認識している。歴史上、蔵書や資料は破壊の対象となり、それを管理するライブラリアンやアーキビストはときに危険に身をさらし、命を犠牲にして知識を守りぬいてきた。

本書では、歴史的に重要な数々のエピソードを探り、知識の宝庫が破壊されるに至った要因や、ライブラリアンやアーキビストがそれにどう対抗したかに光を当てたい。この本で取り上げた（ほかにも取り上げたい事例はいくつもあったが）各事例からは、それが起きた時代背景がわかり、出来事そのものも非常に興味深い。

そのほか、国家が歴史を消去しつづける理由について、アーカイブという観点から考察する。また、デジタル形式で生み出される知識が増加している現在、この状況が知識の保存や開かれた社会の健全性に及ぼす課題についても検証する。そして最後の章では、現在の政治的・財政的状況において、図書館や公文書館をよりよくサポートする方法をいくつか提案し、さらに「結び」として図書館や公文書館が社会に果たす五つの機能を提示し、実権を握る人々に役立つよう、その重要性について強調したい。

じつは図書館や公文書館そのものも、日々知識を破壊している。重複する本は、一冊あれば十分だと日常的に廃棄されている。また、小規模な図書館が大型図書館に吸収されることはよくあり、その結果、知識は大型図書館に保存されることになるが、偶然もしくは意図的に、ひとつしかない資料が失われることもある。アーカイブは「査定」というプロセス、すなわち「破棄」と「保持」を中心に構築されている。すべてを保持できるわけではないし、そうすべきでもない。歴史家には理解できない暴挙に思えるかもしれないが、すべての文書をとっておくのは経済的にも持続不可能だ。また、このプロセスで破棄される情報は、すでにどこかに保存されているものがほとんどだ。

選定、入手、カタログ化のプロセスも、破棄と保持のプロセスも、けっして偏りのない行為ではない。それらは人間が、それぞれの社会的背景や一時的な状況のなかで行なう行為だ。図書館の棚に並んでいる書籍や雑誌、デジタルライブラリで入手可能な資料、公文書館にある文書や台帳。それらがそこにあるのは、人間の行為の結果なのだ。コレクションの形成にたずさわった人の行為は、人間であるがゆえに偏りや先入観、個性に左右される。ほとんどの図書館や公文書館では、所蔵する資料に大きな欠落がある。たとえば有色人種や女性など、歴史的文献での扱いが著しく限定され「黙殺」されてきた部分だ。現在それらの資料を利用している人たちは事情を理解しているに違いないが、本書の読者にもぜひ、そうした歴史的背景を念頭に置き、昔のやりかたはいまとは異なることを思い出しつつ読んでほしい。

図書館の歴史やコレクションの変遷について検証することは、多くの点で、知識の存続について語るのに等しい。いま図書館にある個々の本、そして膨大な知識の総体を形成するすべてのコレクションは、歴史を生きのびてきた生存者だからだ。

この世にデジタル情報が登場する以前、図書館や公文書館はコレクションすなわち「紙」を保存するための戦略を確立し、利用者と責任を分担していた。たとえばボドリアン図書館では、新規の利用者はいまも「館内への火気の持ち込みや点火を行なわない」ことを正式に誓約しなければならない。これは四〇〇年前から行なわれてきたことだ。保存戦略の中核となるのは、安定した気温と適度な湿度、洪水や火災の防止、そして整理された書架システムだ。一方でデジタル情報は本質的に安定性に欠けるため、より積極的な予防策が必要となり、ファイル形式やOS、ソフトウェアといった技術面の対策だけでは不十分だ。大手テクノロジー企業が提供するオンラインサービスが普及し、特にソーシャルメディアの世界では知識の保存が純粋に商業的な発想で行なわれているため、課題はますます増大している。

世界の記憶がオンライン上に置かれるようになればなるほど、私たちは事実上、その記憶をいまやインターネットを支配しているテクノロジー企業に委ねることになる。「調べる」という言葉は、以前は印刷本の索引で探したり、百科事典や辞書のしかるべき項目を見たりすることを意味していた。ところがいまは、検索ボックスに単語や語句、質問を入力すれば、あとはコンピュータがやってくれる。かつての社会は自分の頭で覚える力の鍛錬を重視し、記憶力をアップさせる効果的なトレーニング法まで考案されたが、それはもう過去の話だ。しかし、インターネットの便利さには危険がともなう。なぜなら、私たちのデジタル記憶に対する大手テクノロジー企業の支配力は絶大だからだ。図書館や公文書館を含めた一部の組織はいま、ウェブサイトやブログ記事、ソーシャルメディア、さらには電子メールや個人のデジタルコレクションを独自に保存することで支配権を取り戻そうと懸命に取り組んでいる。

「我々は情報の海に溺れているが、知識に飢えている」アメリカの未来学者ジョン・ネイスビッツは早くも一九八二年に、著書『メガトレンド』でそう指摘した。[12] 以来、デジタル世界の重要な一面を理解するために「デジタルアバンダンス（デジタル過多）」という概念が生み出されたが、図書館の仕事にたずさわる人間のひとりとして、私自身も日々そのことを考えさせられる。[13] コンピュータとインターネット接続があれば得られるデジタル情報はあまりにも多く、理解が追いつかないほどだ。大量の知識からどうやって必要な知識を効率的に見つけ出せるのか、ライブラリアンやアーキビストはいま、大いに頭を悩ませている。[14]

デジタルの世界は相矛盾する要素に満ちている。知識の創出がこれほど容易だったことはかつてなく、テキストや画像、その他の情報の複製《コピー》もいとも簡単にできる。いまは膨大なデジタル情報の保管が可能となっただけでなく、費用も意外なほど安い。しかし「保管」と「保存」は同じではない。オンラインプラットフォームに保管された情報は消滅するリスクがある。デジタル情報は放置と意図的な破壊に驚くほど弱いのだ。もうひとつの問題は、日々のやりとりで私たちが生み出す情報が私たち自身にはほとんど見えず、商業的・政治的利益のために反社会的に操作、利用されうる点だ。その情報を破壊してしまえば、プライバシーの侵害を懸念する多くの人々は安心するかもしれないが、それも短期的なもので、最終的には社会にとって不利益になりかねない。

私は幸運にも、世界屈指の図書館で働いている。一五九八年に正式に設立され、一六〇二年に一般に開放されたオックスフォード大学ボドリアン図書館は、以来こんにちまで存続してきた。このような伝統ある図書館で、私は昔のライブラリアンたちが成し遂げた功績を日々目にしている。ボドリアンには現在、一三〇〇万冊をゆうに超える印刷本のほか、並べれば何マイル分にもなる手稿やアーカイブがあり、そこには何百万枚もの地図や楽譜、写真、チラシやポスター等の雑多な印刷物のほか、定期刊行物やデータセット、画像、テキスト、電子メールなど、数ペタバイト（一ペタバイトは約一〇〇〇兆バイト）相当のデジタル情報も含まれる。コレクションは一五世紀から二一世紀にかけて建てられた四〇の建物に分散して収蔵されており、それらの建物もまた魅力的な歴史をもつ。

ボドリアンのコレクションには、シェイクスピアのファースト・フォリオ（一六二三年に出版された初の作品集）やグーテンベルク聖書（一四五〇年ごろ）のほか、世界各地の写本や文書――たとえば、法学者セルデンが寄贈した明朝後期の中国地図や、一四世紀の美しい装飾写本『アレクサンドロス・ロマンス』など――がある。ボドリアンの棚に収まるに至った経緯を物語る、魅力的な歴史をもつ品々だ。ボドリアンの所蔵品は実際、さまざまなコレクションを集めたコレクションであり、それらがそこにたどりつくまでの物語が、過去四〇〇年にわたりボドリアンの名声を築き上げてきたのである。[15]
私が一八歳までに身につけた教養は、故郷の町ディールの公共図書館を利用できたおかげで一変した。その図書館で、私は読書の喜びを発見したのである。初めは現実逃避のためにSF小説（特にアイザック・アシモフやブライアン・オールディス、アーシュラ・K・ル＝グウィン）を読んでいたが、次にトマス・ハーディやD・H・ローレンスを読み、ヘルマン・ヘッセやゴーゴリ、コレットなどイギリス以外の作家のものも読むようになり、そこからさらに幅を広げていった。レコードも借りられるとわかり、チャイコフスキーの序曲『一八一二年』以外にもクラシック音楽はいろいろあると知った。ベートーヴェン、ヴォーン・ウィリアムズ、モーツァルト。図書館では真面目な新聞も読めたし、文芸雑誌の『タイムズ・リテラリー・サプリメント』も読めた。しかも、すべて無料で――私の家族は裕福ではなく本を買うお金などほとんどなかったから、その点が極めて重要だった。
そこは地方自治体が運営する図書館で、大半のサービスは無料で利用でき、一八五〇年の公共図書館法で最初に定められた規定に則り、運営資金は地方税でまかなわれていた。この法律が制定された当時はその理念に政治的な反発が起こり、法案が議会を通過するさい、保守党の下院議員シブソープ大佐（チャールズ・シブソープ）は、自身が「読書などまったく好きではなく、オックスフォード在学中も大嫌いだった」ことから、労働者階級に本を読ませる意義があるのか懐疑的だったという。[16]
公共図書館法によって開始された公共図書館制度は、それまでの学術図書館や教区図書館、コーヒーハウス（文人や政治家のたまり場）、船乗りの読書室（パブに代わる娯楽の場）の蔵書、会員制図書館、読書クラブなどが混在する状況に取って代わった。公共図書館制度は、「進歩の時代」と「有用な知識」

という概念の産物なのである。「有用な知識」とは一八世紀のさまざまな思想が醸成されて生まれた言葉で、アメリカ哲学協会は「有用な知識の普及」を目指し、ベンジャミン・フランクリンをはじめとする著名人の一団によって一七六七年に創始された。イギリスでは、「知識を広め、有用な機械の発明および改良の普及を促進する」目的で王立研究所が一七九九年に設立された。二つの組織はいずれも、活動を支える図書館を併設していた。

図書館は教育の普及というより大きな動きにおいても重要な役目を果たし、個人のみならず社会全体に利益をもたらした。それから一世紀あまり、婦人参政権運動の急先鋒シルヴィア・パンクハーストは大英博物館の館長に手紙を書き、「さまざまな政府刊行物や、他の方法では利用できない出版物をぜひ参考にしたい」と閲覧室の利用許可を求めた。その手紙の最後に、パンクハーストは閲覧の目的について、「女性の雇用に関する情報を得るため」と書いている。[17]

公共図書館法は、地方自治体が公共図書館をつくり地方財産税（当時の地方税）で費用をまかなうことを可能にしたが、これは完全に任意の制度であり、一九六四年の公共図書館・博物館法によって初めて、地方自治体は図書館を設置する義務を負った。この制度は現在、公共教育のための国家インフラの一部をなす大切なサービスとして、人々の意識に深く根付いている。[18]

それにもかかわらず、イギリスの公共図書館は歴代政府が地方自治体の予算にかける圧力をまともに受けてきた。[19] 少ない予算でどうやりくりしていくか、自治体は非常に厳しい選択を迫られ、多くは図書館や地域の公文書館に矛先を向けたのである。二〇一八／一九年度現在、イギリスには三五八三の公共図書館がある。二〇〇九／一〇年度にはその数が四三五六だったから、七七三カ所が閉館したことになる。同様に、多くのコミュニティでは運営を維持するためにボランティアへの依存度が年々高まっており、この分野での雇用人口は一万六〇〇〇人を下回った。[20]

知識の保存は、世界的に見ても非常に厳しい状況にある。アパルトヘイト体制が崩壊したあとの南アフリカでは、前世紀の暴力と圧制に引き裂かれた社会を癒すために、「過去の苦しみをありのままに記録し、統一された国家が過去を思い出し、再建という大きな課題に向けた原動力とする」[21]方法がとられ、人々が「困難な過去に対処する」ための真実和解委員会が創設された。[22]社会の平和的移行を支援し、同時に近年の歴史とそれが社会と国民に与えた影響を受け入れ、立ち向かうのがその役割だ。委員会は政治的な側面と法的な側面をもつ一方で、歴史的、道徳的、心理学的な目的ももつ。一九九五年に「国民統一和解促進法」が施行された背景には、「著しい人権侵害の本質、原因、程度の全体像を可能なかぎり把握する」ねらいがあった。この取り組みは南アフリカ国立公文書館と連携して進められ、過去が正しく語られ、国民がその記録を入手できるよう、文書館のスタッフが密接に関与した。とはいえ、南アフリカが重点を置いたのは、一九八九年に共産主義体制が崩壊したあとの東ドイツのように、国のアーカイブを開示して過ちの「本質、原因、程度」と向き合うことではなかった。重視したのはむしろ聞き取り調査そのもので、そこでなされた証言が重要な口述史料《オーラル・ヒストリー》を生み出し、新たなアーカイブが形成されたのである。

アパルトヘイト体制下、南アフリカの政府当局者は膨大な量の記録文書を破棄した。真実和解委員会の活動は終始これに阻まれ、最終報告書では、記録の破壊に関する報告に丸々一章分を割き、「アパルトヘイトの物語は何よりもまず、国の記憶の一部となるべき何千もの声を組織的に抹消した物語である」

と断じている。報告書はまた、その責任は政府にあるとし、「悲劇的なのは、旧政府が不利な証拠を排除する目的で意図的かつ組織的に国家の記録や文書を大量に破壊し、圧政の歴史を消し去ろうとしたことだ」と非難した。破壊はむしろ、それらの記録が果たす重要な役割を浮き彫りにした。「記録の大量破壊は……南アフリカの社会的記憶に深刻な影響を及ぼした。公式な記録文書、とりわけアパルトヘイト国家内部の安全機構に関する記録が根こそぎ抹消された[23]」のである。一二章で見ていくように、イラクでは重要な記録の多くが破棄される代わりにアメリカに移され、一部はいまもアメリカにある。その記録の返還が、内戦で荒廃したイラクが「真実と向き合い和解する」ための次なるプロセスとなるかもしれない。

図書館や公文書館は、社会のために知識を保存する責任を担っている。本書は、過去に起きた図書館や公文書館の破壊だけではなく、ライブラリアンやアーキビストがそれにどう立ち向かったかを伝え、彼らの功績をたたえるために書かれた本だ。世代を超えて知識が受け継がれ、保存され、人々や社会がそこからインスピレーションを得て新たな発想を生み出すことができるのは、彼らの尽力のおかげなのだ。

第三代アメリカ合衆国大統領トマス・ジェファソンは一八一三年に書いた有名な手紙のなかで、知識の広がりをロウソクの火が次々にともされていく様子になぞらえた。「誰かが私から知識を得ても、それによって私の知識が減るわけではない。それはちょうど、誰かが私のロウソクから火をもらっても、私のロウソクが暗くならないのと同じだ[24]」。図書館や公文書館はジェファソンのロウソクの役目を果たすもの、すなわち思想、事実、真実の重要なよりどころとなるものだ。それらの機関は数々の困難に直面しながら知識の火を守り、人々を啓蒙してきた。その歴史は複雑だ。

本書で取り上げた個々の事例からは、歴史のなかで知識がさまざまな形で攻撃を受けてきたことがわかる。ジェファソンのロウソクの火がいまも消えずにいるのは、知識を保存しつづけてきた人々の並々ならぬ努力のおかげだ。この本の半分は、収集家や学者、作家、そしてとりわけライブラリアンとアーキビストたちの物語なのである。

第1章

土に埋もれた粘土板のかけら

Burning the Books
A History of Knowledge Under Attack

Chapter One

ニルムードでスケッチをするオースティン・ヘンリー・レヤード。

古代ギリシャの軍人で歴史家のクセノポンは、有名な著書『アナバシス』（ペルシア遠征記）のなかで、敵中に取り残された一万のギリシャ人傭兵を率いてメソポタミアを脱出し、ギリシャに帰還したときのことをドラマチックに描いている。軍勢は現在のイラク中心部を通過し、ティグリス川沿岸（クセノポンは、その地をラリッサと呼んでいる）に立ち寄った。[1] そのとき辺りを見回したクセノポンは、そびえたつ城壁に囲まれた無人の巨大都市があるのに気づく。そこからさらに歩を進めた彼らは、もうひとつの都市メスピラに到着、クセノポンはその都市を「かつてメディア人が住んでいた場所」と記述している。クセノポンによれば、そこはメディア王国がペルシア軍の攻撃を受けたさい王妃メデアが避難した場所で、ペルシアの王は「神がそこに住む者たちに雷を落とすまで」その地を征服できなかった。[2]

クセノポンがいにしえの風景のなかに見たものは、ニムルード（ラリッサ）とニネヴェ（メスピラ）の遺跡だった。偉大なるアッシリア王国の中心をなす二大都市で、強大な権力を誇るアッシュルバニパル王のもとで繁栄したが、王の死後、ニネヴェはバビロニア人、メディア人、スキタイ人の連合軍によって紀元前六一二年に滅ぼされた。それを記述するさい、クセノポンは（ニネヴェに住んでいた）アッシリア人と（その地を征服した）メディア人を、メディア人と（記述した当時東方の覇者であった）ペルシア人と混同している。[3]

クセノポンが二〇〇〇年以上も前に二つの巨大遺跡を見たというのは、じつに驚くべき話だ。彼が廃墟を発見した時点ですでに何世紀もの時を経て、都市を破壊した戦いの跡は、偉大なる歴史家の目にもすでにおぼろげであったに違いないからだ。ギリシャ人は図書館の先駆者《パイオニア》を自認し、クセノポンが古代ギリシャ世界を記述していたころにはすでに書籍文化が栄え、図書館が重要な役割を果たしていた。深い土の下に壮大な図書館が眠っていると知ったなら、クセノポンは胸を躍らせたことだろう。その図書館はのちに、遠い昔にみずからを創設したアッシュルバニパルの物語を世に明かすのである。

けれども、アッシュルバニパルの大図書館が発見され、アッシリア王国（およびその前身や近隣諸国）の歴史がつまびらかになるには、さらに二二〇〇年の月日が必要だった。歴史の全貌が解明されたのは、アッシリア各地の発掘による考古学的研究もさることながら、そこで発見された文書によるところが大きい。

文字を使った記述は、人類の長い歴史においてかなり新しい技術のように思える。そのため私たちは、はるか遠い昔の人々はおもに口頭で知識の伝達を行なっていたと考えがちだ。古代文明は、現在のトルコ、シリア、イラク、イランを中心に栄え、広範囲にわたり壮大な遺跡が残されている。そこには地上の建物や遺物のほかに考古学的発掘よって地中から掘り起こされたものも含まれるが、さらに文書も残されており、私たちはそこから、エジプト、ミケーネ、ペルシア、そしてギリシャとローマに文明が誕生する何世紀も前に、口頭による伝達とともに、すでに文字を使った記録が行なわれていた明確な証拠を得ることができる。その文字による記録からはまた、当時の文明の様子がかなり見えてくる。アッシリアとその周辺の文明社会には、すでに確立された記録文化が存在し、豊富な知的遺産が受け継がれていたのである。

一九世紀半ば、紀元前五世紀から四世紀への変わり目にクセノポンが描き出した地域が、敵対するヨーロッパの二大帝国の関心の的となった。そしてこの関心が、その地域で発達した知識文化の発掘を促し、史上最古の図書館や公文書館が発見されたが、一方で古代の知識に対する攻撃の証拠も見つかった。

イギリスがこの地域で存在感を増したのは、もともと大英帝国の拡大によるもので、その原動力となったのが、交易に加え軍事力や外交力も行使していた東インド会社だ。その一員として、当時この地域で重要な役目を果たしていたのが、クローディアス・ジェームズ・リッチ、東方の言語や遺物に造詣が深く、バグダッド一の有力者と目された人物だった。彼をしのぐ唯一の存在は、その地を支配するオスマン帝国のパシャ（高官）だが、「じつはそのパシャ自身が、側近の意向よりもむしろミスター・リッチの意見や助言に沿ってすべての物事を決めていたのではないか」と言われていた。[4]「未知の領域をその目で見たいという飽くなき探究心」[5]を満たすため、リッチはダマスカスの大モスクに変装して潜入したこともあった。その時代、西洋からの訪問者にとって、それはかなりの難題であったことだろう。[6]リッチは東方を広く旅して歴史や古代遺物を詳細に研究し、集めた手稿本は一大コレクションをなし、彼の死後に大英博物館がそれを購入している。一八二〇年から二一年にかけて、リッチはニネヴェ遺跡と、そのアッシリアの都市の中心にあった巨大なクユンジュクの丘（オスマントルコ語でそう呼ばれていた）を初めて訪れた。そのとき彼は、アッシュルバニパルの宮殿から、楔形文字が書かれた一枚の粘土板を発掘する。それは、そのあとこの遺跡で発見される何万枚もの粘土板の最初の一枚だった。

　リッチは、自己流で掘り出した遺物のコレクションを大英博物館に売却した。楔形文字が書かれた最初の粘土板がロンドンに到着すると、土のなかにはいったいどんな宝が眠っているのだろうかと、にわかにメソポタミア地域への関心が高まった。ロンドンでそのコレクションを目にしたのが、フランス・アジア協会の事務局長をつとめていたユリウス・モールだった。リッチに関する報道記事も読んでいたモールは、すぐさまフランス政府に働きかけ、イギリスに対抗してフランスの学術界にも栄光をもたらすべく、メソポタミアに探検隊を派遣するよう勧めた。こうして、フランスの考古学者ポール＝エミール・ボッタがティグリス川を挟んでニネヴェの対岸に位置するモスルに領事として派遣され、十分な資金を得て、一八四二年に独自の発掘を開始した。これが、その一帯で行なわれる最初の本格的な発掘調査となり、パリでは、画家ウジェーヌ・フランダンによる挿絵の入った豪華な図版『ニネヴェ遺跡(Monument de Ninive)』が一八四九年に出版され、ヨーロッパの知識人のあいだで話題になった。正確な時期や場所は定かでないが、ある時点で、驚きの念をつのらせながらこの本のページをめくっていたのが、冒険心に満ちた若きイギリス人オースティン・ヘンリー・レヤードだった。

裕福な家庭に生まれたレヤードはヨーロッパで育ち、幼少期をイタリアで過ごした。大の読書好きだった彼は、とりわけ『アラビアン・ナイト』に大きな影響を受けたという。[7] 古代の遺物や美術品、旅への愛着を深め、成長するとすぐにさまざまな地方への旅に乗り出し、地中海をわたってオスマン帝国を通り、最終的には現在のイラクを訪れた。最初はエドワード・ミットフォードという年上のイギリス人が同行していたが、その後は単独で旅を続けた。モスルの町に到着したレヤードは考古学者のボッタと会い、クユンジュクの丘で彼が発見したものの話を聞いた。もしかすると、レヤードはそこで『ニネヴェ遺跡』を目にしたのかもしれない。[8] 発掘熱をかきたてられたレヤードは土地の人々を雇い入れ、その数は最盛期には一三〇人を超えたという。おかげで科学的考古学がまだ発達していなかった時代であったにもかかわらず、彼の発掘作業は驚くほど専門的かつ生産的なものとなった。当初、レヤードの発掘にはコンスタンティノープルに駐在するストラトフォード・カニングというイギリス大使が個人的に資金援助していたが、発掘作業はしだいに英仏間の競争の様相を帯びていった。ちょうど六年にわたり、土地の人々からなる作業チームを監督し支援したのが、考古学者ホルムズ・ラッサムだった。モスル出身のカルデア人のキリスト教徒で、イギリスの副領事をつとめる兄がいた。レヤードとラッサムは仕事仲間であるとともに親しい友人となった。一八四六年以降、ラッサムは秘書兼会計係としてレヤードの発掘作業にたずさわったが、知的な面でもその大事業にかかわっていた。世間を驚かせたその発掘事業におけるラッサムの役割が、それに見合う注目を集めなかったのは、発見したものをすぐに公表し自身を売り込む狡猾さが彼には欠けていたせいでもあり、人種差別主義者の誹謗によって成功を阻まれたせいでもあった。さらに彼の晩年もまた、訴訟や幻滅によって損なわれた。ラッサムは持ち前の組織力でレヤードの発掘作業を偉大なる成功に導いたばかりでなく、楔形文字の解釈にも貢献し、レヤードが政治の道に進むためにイギリスに戻ったあとも、大英博物館の資金援助を受けてイラクで進められた大規模な考古学的発掘を監督した。[9]

レヤードらによる発掘事業では、作業が進むうちに、多数の粘土板が詰まった巨大な部屋がいくつも見つかった。彼らが発見したものは、単なるアッシリア王国時代の知識の断片ではなく、まさに王国の中心をなす機関、アッシュルバニパルの大図書館だった。その後、約二万八〇〇〇枚の粘土板が大英博物館に持ち帰られ、現在、さらに数千枚が他の機関に保管されている。[10]

発見されたいくつもの部屋は、一フィートほどの高さまで粘土板で埋め尽くされていた。粉々に砕けている粘土板もあったが、一〇〇〇年以上ものあいだ奇跡的に無傷のまま保たれたものもあった。「魚の神々に守られた」ある部屋には、「アッシリアの王たちが発した王令とともに、王国の歴史的資料もあった」とレヤードは記述している。[11] その多くは戦争に関する史料で、「なかには王令らしきものもあり、ある王（エサルハドン王の息子）の名が刻印されている。また、横線で平行に区切られたものは神々のリストで、おそらくその神殿への供物の記録であろう」とレヤードは推測している。[12] 特に注目すべきは粘土に刻まれた二つの印章の断片で、それらはエジプト王シャバカとアッシリアの君主（おそらくセンナケリブ王）の紋章だ。これについてレヤードは、二人のあいだで平和条約が調印されたのではないかと推測している。このような発見をきっかけに、伝説的な出来事を証拠文書で裏付ける作業が始まり、古代文明における言語、文学、信仰、体制に関する調査は現在も続いている。

私は幸運にも、メソポタミアの粘土板をいくつか扱う機会に恵まれ、古代社会が知識をどのように記録したのか、その先駆的な手法をこの目で確かめることができた。オックスフォード大学アシュモレアン博物館に保存されているさまざまな種類の粘土板を調べ、古代文明がいかに洗練されたものであったかを知ったのである。収蔵庫の引き出しから最初に出てきたのは、イラク南部ジェムデト＝ナスルの遺跡から出土した小さな楕円形の粘土板だった。手のひらにぴったりと収まる形にデザインされた非常に実用的なもので、粘土が乾かないうちに表面を引っかくようにして情報が書き込まれていた。それらの粘土板には行政上の情報、おもに生産物の取引量が記録された可能性が高く（たとえばある粘土板にはロバの絵が描かれ、ロバの前に数字の「七」が書かれている。つまり「七匹のロバ」という意味だ）、ある部屋の隅に破片が積み上げられた状態で発見されたことから、使用後に廃棄されたものである可能性が高い。また、廃材として建物の壁などの補修に使われた状態で見つかったものもある。歴史的に見て、たいていこの手の記録はたまたま保存されていたにすぎず、古代メソポタミアも例外ではなかった。

それよりもはるかに面白かったのが、廃棄せず保存してくり返し使われていた粘土板だ。手のひらサイズよりもわずかに大きいその粘土板を見たとき、私は驚きに目をみはった。そこにはぎっしりと文が刻まれていたのだ。それら四角い粘土板は「ライブラリ」文書として知られる。宗教から占星術まで多岐にわたる文学的・文化的テキスト（文言）が記され、保管して長く読み継ぐものとしてつくられているからだ。そのなかのひとつには「奥付」のようなものまでついていた。なんの文書で、誰がいつどこで書いたのかなど、その文書自体の詳細を書記が記録しておく場所だ（書記は、ほぼ決まって男性だった）。現代の書籍のタイトルページ（扉）に似たその記述から、ほかの粘土板と一緒に保管するものだとわかる。そこを見ればそれぞれの粘土板の中身が識別できる、言わば最古のメタデータだ。

現存する粘土板からは、行政や官僚の活動を記した記録文書も存在したことがわかる。また、朝食用シリアルの「シュレッドウィート」によく似たごく小さな粘土板もあり、それらは「メッセンジャー」文書として使われていた。何かの商品を受け取りに、あるいは届けに来たメッセンジャーの身分を証明するものだ。小型なのは持ち運びに便利でなければならないからで、メッセンジャーはそれをポケットや袋に入れて携帯し、到着したら相手に渡す。それらがなぜ建物の補修に使われずに保管されていたのかはわからないが、のちに照合するためだったのかもしれない。

ほぼ二世紀にわたる考古学的研究のおかげで、私たちはいま、古代の人々が洗練された文化をもち、図書館や公文書館をつくり、書記もいたことを知っている。史上最古の文明が形成され、遊牧生活から定住生活に移行していくなかで、コミュニケーションを記録して知識を永久保存する必要があるという意識も形成されていった。アッシュルバニパルの図書館が稼働していたころ、そこで使われていた重たくかさばる粘土板を保管し、複製や情報の取り出しをするには、レヤードが発見したような多数の部屋が必要だった。だがのちに、粘土板の研究によって、それらが目録化され整理されていた証拠が見つかったのである。

一八四六年、レヤードは出土品をイギリスに発送し始め、それらがロンドンで公開されると、彼が発見した品々はまたたく間に一大センセーションを巻き起こした。報道にあおられ社会の圧力が高まると、大英博物館の理事会はそれまでの方針を転換し、さらなる発掘作業への資金提供に同意したが、その一因として、発掘の成功をライバル国フランスに対する勝利と見なした政治家たちによる後押しがあった。国民的ヒーローとなったレヤードは「ニネヴェの獅子」の異名をとり、獲得した新たな名声によって、文筆家および政治家としてのキャリアを構築した。アッシュルバニパルの図書館は、彼にとって最も重要な発見と言えるだろう。彫像や陶器、宝飾品、塑像（それらはいま、ロンドン、ベルリン、ニューヨーク、パリの大規模な博物館に展示されている）は美術品としても非常に見事なものだが、そこに含まれる情報の解読が、古代世界に対する私たちの理解を大きく変えることになったのである。

発掘された粘土板の研究によって、アッシュルバニパル王の図書館は、集められるだけの知識をひとつ屋根の下に集約させる、おそらく史上初の試みであったことがわかった。知識の内容はおもに次の三つに分けられる。文学的および学問的文書と、未来に関する問いや占いの記録、そして書簡、報告書、人口調査、契約書などの行政文書である。そのなかでも数が多いのが、（メソポタミアで発見された他の多くの古代図書館と同様）、未来の予測に関するものだ。アッシュルバニパルは図書館に集めた情報を、いつ戦争をするか、いつ結婚し、子どもをもち、農作物を栽培するかといった、重要な物事を行なうのに最適な時期を決めるのに役立てたいと考えた。図書館は集めた過去の知識を意思決定者の手に委ねる、未来のためになくてはならないものだ。そしてニネヴェにおける最も重要な意思決定者は、アッシュルバニパルその人だった。[13]

文学的文書は、宗教的なものから医学、魔術、歴史、神話に関するものまで多岐にわたり、系統立ててタグ付けし、テーマごとに整理されていた。そのタグとは、現在ならばさしずめ、目録レコードやメタデータと呼ばれるたぐいのものだ。それらが参照用に永久保存される一方、公文書的な資料は土地や財産に関する法的な争いを解決する手段として一時的に保管された。[14] レヤードとラッサムがニネヴェで発見した最も重要な遺物のなかに、現存する世界最古の文学作品のひとつ『ギルガメシュ叙事詩』が書かれた一連の粘土板がある。ニネヴェでは、この叙事詩の歴代所有者を示す数種類の粘土板も発見された。それらは一緒に保存されて王から次の代の王に受け継がれ、アッシュルバニパル自身の手で書かれたとされる奥付もついていた。

メソポタミアの公文書館や図書館の中身の発掘と、出土した粘土板に書かれたテキストの研究によって、当時の知識の整理方法、さらには、どのような人々が知識の収集を担っていたかが明らかになった。アーキビストとライブラリアンの役割がはっきり区別されている現代とは異なり、古代社会においてはその線引きが曖昧だった。アッシュルバニパルの図書館をはじめとする古代図書館は、情報を掌握したいという願望の証《あかし》であり、統治者にとって知識がいかに貴重なもので、それを入手しようとどれほどやっきになっていたかがよくわかる。

アッシュルバニパル王の図書館に関する過去四〇年間の研究の結果、書記によって書き写された知識ばかりではなく、近隣諸国から奪い取ったものもあることがわかった。それは、ここ数十年で発掘されたさまざまな情報源から判明したもので、レヤードや初期の楔形文字研究者たちにはわからなかったことだ。強制的収集が行なわれていたことを示す粘土板は、私たちが「本来の場所から移されたアーカイブ」と呼ぶ記録（これについては、第一一章で詳しく触れる）の、おそらく最初期のものであろう。こうした略奪行為は数千年にわたり行なわれ、現存するアッシュルバニパル図書館の粘土板の多くは、そのようなルートをたどってきたものだ。[15]

この慣行がより明らかになったのは、近隣の多くの遺跡からさらなる粘土板が出土したためだ。そのひとつが、現在のイラク南部に位置するボルシッパの遺跡だ。紀元前一千年紀のあいだ、ボルシッパはバビロニア王国の一部であり、アッシリアの支配下に置かれていた。そこで発掘された粘土板のなかに、ある手紙を書写したものがある。もともとの手紙は、ニネヴェからシャドゥヌという代理人に送られたもので、その人物は学者たちの家を訪れて「エジダ神殿に保管されている粘土板をできるかぎり集める」任務を託されていた（エジダ神殿とは、ボルシッパにある学問の守護神ナブーの神殿だ）。[16]希望する品がかなり具体的に示され、学者たちの私的コレクションから何が得られるかをアッシュルバニパルが知っていたことがうかがえる。[17]アッシュルバニパルの指示は、次のように明確かつ厳格なものだった。

……宮廷に必要なもの、そこにあるものすべてと、貴殿の知る希少な粘土板でアッシリアにはないものを探し出し、私のもとに持ち帰ってほしい！……私が記述していない粘土板もしくは典礼書で、宮廷に有用と思えるものを見つけたならば、それも入手して送ってほしい……[18]

この手紙は、大英博物館にある別の粘土板が示す証拠を裏付けている。つまり、アッシュルバニパルの粘土板には、彼が強奪したものや学者たちから買い取ったものに加えて、学者たちに金を払い、彼ら自身が所有する粘土板や、高度な書記の伝統をもつことで知られるボルシッパの有名なコレクションから書き写してもらったものもあるということだ。

粘土板の取得に関する記録がわずかながら現存し、それによって、アッシュルバニパルがニネヴェに大図書館を築くのに強奪がいかに役立ったかがよくわかる（と同時に、この図書館が非常に念入りに組織化され管理されていたという確証も得られる）。図書館の規模は驚くばかりで、三万枚の粘土板が現存するとされるが、そのなかに粘土板の取得に関する記録もあり、それによると、約二〇〇〇枚が象牙または木製の筆記板三〇〇枚とともに一度に持ち込まれた。たった一度の取得数としては相当なもので、中身は占星術の予言から医学の処方に至るまで、三〇〇を超えるジャンルにわたった。いずれのケースでも出所は記録されていないが、それらの粘土板がバビロニアの私的蔵書から来たのは明らかだ。一部は所有者である学者たちから「寄贈」されたようだが、おそらくニネヴェの王のご機嫌をとったのだろう。蔵書をいくらか手放せば、残りは放っておいてくれると思ったのかもしれない。確認できる唯一の時期は紀元前六四七年、アッシュルバニパルとその兄シャマシュ＝シュム＝ウキンとのあいだで起きた内戦でバビロニアが陥落したわずか数カ月後だ。その結果は明白だ。アッシュルバニパルは戦勝に乗じて力で知識を奪い取り、自身の図書館を拡張したのである。[19]

しかし、アッシュルバニパルの図書館もまた、その後まもなく同様の運命をたどることになる。バビロニアに対する彼の勝利は猛烈な復讐心をかきたて、それは紀元前六三一年に父から王位を受け継いだ、アッシュルバニパルの孫に当たるシン＝シャル＝イシュクンの身に降りかかった。バビロニア人は、近隣のメディア人と同盟を結んだ。紀元前六一二年にニネヴェを包囲した連合軍はやがて街を占領し、なだれこむ兵は破壊のかぎりを尽くし、それはアッシュルバニパルがつくりあげた図書館を含む知識のコレクションにも及んだ。レヤードの発掘により、保存と収集という驚くべき偉業が明るみに出たが、彼が掘り起こしたあらゆる場所からは、同様に火災と暴力の痕跡も見つかっている。発掘の結果、灰の層がいくつかあらわれ、屋内で意図的に粉砕されたものも見つかった。その後の人骨の発見は、ニルムード付近を発掘した考古学者たちにとってひときわ恐ろしい経験となった。手足を縛られた状態で井戸に投げ込まれた遺体がいくつも見つかったのである。[20]

ニネヴェの陥落とともにアッシュルバニパルの図書館も破壊されたのはとてつもない惨事だが、具体的に何が起きたのか、ことの詳細はわかっていない。この大図書館とそこに集められた歴史的資料は、単に宮殿の建物の破壊に巻き込まれただけなのかもしれない。遺跡全体に火災と略奪の跡が見られ、図書館が狙い撃ちされたのかどうか判別できないのだ。ただ、特定の粘土板（外交条約など）が粉砕された証拠は存在する。[21] たとえばニルムードのナブー神殿では、アッシュルバニパルの父エサルハドンの印が押された隷属条約の粘土板が、床の上で粉砕された状態で見つかっている。偉大なる都市の周辺で激しい戦いが繰り広げられるあいだ、粉々になった粘土板は放置され、二五〇〇年後にようやく発見されたのである。[22]

ニネヴェの王立図書館は、メソポタミア文明を後世に伝える最も有名なコレクションだが、最古のものではない。イラク南部ウルクで、紀元前四〇〇〇年ごろの粘土板が五〇〇〇枚以上も発見された。おもに財政に関するものだが、なかには物のネーミングに関するものもある。その一〇〇〇年後の、シリアで発見されたエブラの古代遺跡（現在のアレッポの南に位置する）からは、写字室のほかに図書室や記録保管室も存在し、そこには粘土板を整理するのに便利な煉瓦のベンチまで置かれていたことがわかっている。図書館として独立した建物があったわけではないが、その時代以降、情報のさまざまな保管方法など、情報管理技術の出現を示す証拠の数が増えていく。たとえば、コルサバード（ニネヴェに移る前の、アッシリアの旧都）にあるナブー神殿の記録保管室で発見された木製の棚や石の分類棚、バビロニアの都市シッパルにある太陽神シャマシュの神殿の棚などは、収集した粘土板を整理するのに用いられていた。粘土板の数が多くなりすぎて、コレクションを整然と管理するための特別な技術が必要になったことがうかがえる。[23] 情報の取り出しに役立つメタデータ（粘土板の中身を示す表示等）の使用に加え、文書の保管と並行して行なわれた書写は、メソポタミア文明全体を通じて見られる革新的な特徴のひとつだ。知識を安全に保存し、複製によってその共有を可能にする必要性が生じたのはかなり昔のことで、文明そのものと同じだけの歴史をもつ。

古代世界に図書館や公文書館が存在した直接的な証拠は乏しく、粘土板のコレクションが形成された当時の社会は私たちの社会とは本質的に異なるため、同一視しすぎるのは危険だ。その点は注意しなければならないが、それでも大まかなパターンを示すことは可能だと思う。

メソポタミアの図書館や公文書館、とりわけアッシュルバニパルの図書館からは、古代世界が知識の収集と保存の重要性を理解していたことがわかる。古代文明はまた、洗練された手法を編み出した。粘土板を体系的に整理し、コレクションの規模が増大すると、今度はメタデータを加えて保管と取り出しを容易にしたのだ。文書の書写もまた、王家のなかでアクセスを許された少数の精鋭グループに知識を広めるのに役立った。

コレクションは多くの場合、知識の獲得が権力の拡大につながると考えた統治者によって形成された。近隣諸国や敵国から粘土板を強制的に収集することで敵から知識を奪い、弱体化させたのだ。粘土板に書かれた文書の多くは未来の予言に関するものであったため、粘土板を手に入れれば未来が予測しやすくなるばかりでなく、敵のほうは逆に先が読めなくなる。

アッシュルバニパルの図書館からは、知識の保存がのちの世代のために行なわれたことがわかる。『ギルガメシュ叙事詩』も含め、粘土板は父から息子に受け継がれているからだ。当時すでに、知識の保存は現在のためだけではなく未来のために役立つという認識があったのだ。コレクションそのものが後世まで存続したのは偶然のなりゆきだ。古代文明は滅び、永続しなかった。彼らの図書館や公文書館は、長い年月に耐えるようデザインされたものでさえ、発見されたのはここ数世紀のあいだであり、考古学の黎明期に学者たちによってようやく日の目を見たのである。

第2章 焚きつけにされたパピルス

Burning the Books

A History of Knowledge Under Attack

Chapter Two

巻物を手にもち、書見台とカプサ（巻物の保管箱）のあいだに腰かけている、ローマの詩人ウェルギリウス（５世紀初頭）。

古代図書館の遺産《レガシー》について考えるとき、ある伝説的図書館が頭に浮かぶ。他のどの図書館よりも後世に名を残した、アレクサンドリア図書館だ。それが存在したのはメソポタミアの図書館よりもずっとあとの時代で、しかも図書館そのものの物的証拠は何ひとつ現存していないにもかかわらず、アレクサンドリア図書館は西洋人が思い描く図書館の原型であり、いまもなお、偉大なる古代文明が生み出した最もすばらしい図書館と称される。

アレクサンドリア図書館に関する私たちの知識は控えめに言っても断片的であり、直接的な情報源はほとんどなく、すでに失われた、間接的すぎて検証できない他の情報源をくり返し用いているにすぎないのだが、世界中の知識を一カ所に集めた真にユニバーサルな図書館という概念が、長い歴史を通じて、著述家やライブラリアンたちにインスピレーションを与えてきた。古代のアレクサンドリアには、じつは図書館が二つあったことがわかっている。ムセイオンとセラペウム、つまり「内側」と「外側」の図書館である。ムセイオンはミューズ（歴史や叙事詩、天文学など、広く人間の創造性や知識つかさどるギリシャの九人姉妹神）の神殿で、「ミュージアム」の語源となっている。とはいえ、ミュージアムとはほど遠い、多数の書物（巻物）と学者たちであふれる活気に満ちた図書館だった。

ムセイオンは壮大な知識の宝庫であり、学者たちがやってきて研究する場だった。王宮に近い、王族の居住区であるブルケイオンに建物があったことからも、その重要性がよくわかる。[1] 古代ローマの歴史家・地理学者でギリシャ人のストラボンは、キリスト教時代の最初の数年間に書かれた著作のなかで、この図書館にとって王家の庇護がいかに重要であったかを強調するとともに、館内には共同の食堂があり、ときどき王が学者たちと食事を共にしたと記述している。[2] その学者たちの顔ぶれは古代世界の偉大な思想家たちが勢ぞろいした感があり、ユークリッド（幾何学の父）やアルキメデス（工学の父）はもとより、史上初めて驚くべき精度で地球の全周を計算したエラトステネスなど、錚々《そうそう》たる面々が顔をそろえていた。現代文明の基礎となる多くの知的発見は、元をたどれば彼らの研究に行き着くのである。

ムセイオンの分館が、「創造された」神セラピスの神殿であるセラペウムに置かれた。古代の著述家たちのあいだでは、エジプトにセラピス崇拝を持ち込んだのはプトレマイオス一世と二世のどちらかという議論がなされたが、考古学的証拠は、神殿を建てたのはプトレマイオス三世（通称エウエルゲデス一世、紀元前二四六〜二二一年）であることを示している。[3] 図書館の創設により、神殿にはいっそう箔《はく》がついた。ムセイオンと同様、セラペウムもまた、壮麗さを誇示するために建てられたものだ。ローマ帝国後期の歴史家アンミアヌス・マルケリヌスは、セラペウムについてこう記述している。「円柱で飾られた壮大な広間の数々、まるで生きているかのような彫像、おびただしい数の美術品。壮麗さにおいてこれに勝るものは、ローマを永遠の都たらしめるカピトリウム神殿（ローマの主要な神殿）をおいて、この世のどこにも存在しない」[4]

紀元前一〇〇年ごろに書かれた「アリステアス書簡」として知られる興味深い文書によれば、アレクサンドリア図書館は創設後に着々とその規模を拡大していった。この文書から、設立から短期間で所蔵する巻物の数は五〇万に達し、セラペウムの開設によってさらに収容能力が増したことがわかる。ローマの歴史家アウルス・ゲッリウスは、大著『アッティカの夜』のなかで、七〇万の蔵書が二つの図書館に分けて収蔵されていたと書いている。一方、一二世紀の文献学者ヨハネス・ツェツェスはもう少し正確で――ライブラリアンは、自分たちの蔵書数を正確にあらわしたがる傾向がある――ムセイオンには四九万、セラペウムには四万二八〇〇の蔵書があったとしている。古代に見積られた蔵書数については細心の注意をもって扱う必要がある。現存する古代の文献の量から見て、前述の蔵書数は現実的ではない。それらの数値は疑ってかかるべきだが、そこが巨大な図書館で、当時知られていたどのコレクションよりもはるかに多い蔵書数を誇っていたことは確かだ。[5]

　古代エジプト王国において、アレクサンドリア図書館はどのような役割を果たしていたのだろう。単なる知識の宝庫以上の存在だったのだろうか。この図書館がどのように運営されていたのかは、ほぼ何もわかっていない。しかし、知識を我がものとして保存したいという野心はもちろん、学問を奨励したいという願望もあったように思える。ギリシャの修辞学者アプトニオスは四世紀の著作のなかで、「知識の宝庫は……学問への熱意をもつ者に門戸を開き、都市全体が知恵を得るのを奨励する」と書いている。[6] アレクサンドリア図書館が「伝説的」なのは、蔵書の規模もさることながら、そこに収蔵された知識へのアクセスのしやすさとも関係があるのかもしれない。ローマの歴史家スエトニウスの記述から、紀元一世紀の終わりに、皇帝ドミティアヌスがアレクサンドリアに書記を派遣し、たび重なるローマの図書館火災で失われた文書を書写させたことがわかっている。[7] 二つの図書館の規模の大きさ、ムセイオンで研究する学者たちのコミュニティ、広く門戸を開く寛大なアクセスポリシーがあいまって生み出されたオーラが、アレクサンドリア図書館に学問の中心地としての座を与えたのである。

　アレクサンドリア図書館が引き合いに出されるときはたいてい、その破壊にまつわる教訓が語られる。膨大な知識の海をたたえると伝えられたその巨大な図書館は、激しい炎に包まれ焼け落ちた。この破壊はある意味、アレクサンドリア図書館が残した「遺産《レガシー》」にとって、その存在を超えるとは言わないまでも、それに劣らぬ重要な要素となっている。壊滅的な大火によって一度に焼け落ちたという通説がじつは「神話」であったことからも、それは明らかだ。世に定着したイメージは、実際にはいくつもの（しばしば相矛盾する）神話や伝説の寄せ集めなのだ。

最もよく知られるのは、アンミアヌス・マルケリヌスが『歴史』（三八〇～三九〇年ごろの著書）で述べている、「古代の記録はみな一様に、プトレマイオス朝の王たちのたゆまぬ努力により収集された七〇万もの書物が、アレクサンドリア戦役で独裁者カエサルに都市が略奪されたさいに焼失したことを物語っている」という説だろう。[8] もうひとり、一～二世紀の著述家プルタルコスが、この焼き討ちについてより詳しく伝えている。アレクサンドリアの暴徒がローマ軍に反撃し、カエサルは港のそばの王宮があるエリアに身を潜めざるを得なかった。そのとき「彼を艦隊から切り離そうとする」試みがなされたため、「カエサルは危険を回避しようと（味方の軍艦に）火を放つことを余儀なくされ、港から燃え広がった炎が壮大な図書館を焼き尽くした」というものだ。二～三世紀のローマの歴史家カッシウス・ディオの説は少し異なり、彼は『ローマ史』（二三〇年ごろの著書）のなかで、「多くの場所に火が放たれた」が、燃えたのはムセイオン（図書館）ではなく港にあった倉庫であり、「大量の上質な穀物と、おびただしい数の貴重な書物が破壊されたと伝えられる」と記している。[9]

破壊に何らかの形でカエサルが関与しているとするこれらの神話は、長年にわたり他の神話と張り合わなければならなかった。三九一年の時点で、アレクサンドリアはすでにキリスト教都市となっており、宗教的指導者である総主教テオフィロスは、セラペウムを異教徒が占有しているのに我慢がならず、この神殿を破壊した。六四二年にイスラム勢力がエジプトを征服し、アレクサンドリアは史上初めて占領された。図書館の消滅に関するある逸話は、このとき第二代カリフ、ウマルの命を受け、都市を征服したアラブ軍の指導者アムルが故意に破壊したとしている。そこではカリフにおかしな理屈を与えている。「もしギリシャ人が書いたものが神の書と合致するならば、それらは無用であり保存する必要がない。合致しなければ、それらは有害な書物だから破壊すべき」だというのだ。この逸話によれば、カリフの命令は「盲従的に実行され」、巻物はアレクサンドリアじゅうの四〇〇〇の風呂場に運ばれて湯を沸かす焚きつけにされ、使いきるのに半年かかったという[10]。

古代の歴史家たちがみな一致しているのは、アレクサンドリア図書館が破壊されたという点だ。影響力のある彼らの意見に後押しされ、神話は大きく広まった。そして一八世紀後半にイギリスの歴史家エドワード・ギボンの大著『ローマ帝国衰亡史』第三巻が刊行されると、その勢いは一気に加速された。そこには図書館の破壊にまつわるくだりが、それまで英語で書かれたなかで最も鮮明に記述されている。これにより、アレクサンドリア図書館の焼失はいまもなお、蛮行の強力なシンボルとなっている。「アレクサンドリアの貴重な図書館が略奪または破壊され、それから二〇年近くたったあとも、空っぽの棚を前に、宗教的偏見で心が完全に曇っていない者はみな嘆きと憤りを覚えた」とギボンは記述し、「いにしえの賢人たちが書き残したもの」の喪失を強調するとともに、膨大な数の作品が「消滅し、二度と取り戻せない」ことを嘆いている[11]。

これらの神話化された通念に共通するのは、知識を打ち負かそうとする蛮行の犠牲となった図書館を悼《いた》んでいる点だ。数々の神話はアレクサンドリア図書館の象徴化を促した。そして幾度となく語り継がれるたびに、普遍的な知識を集めたいという願望、あるいは膨大な量の知識の喪失を伝えるメタファーとして、アレクサンドリア図書館の名が引き合いに出された。だが実際のところ、アレクサンドリア図書館に何が起きたのだろうか。神話の陰に隠れた破壊、そしてその存在から、ほかに何か学ぶべきことがあるのだろうか。

アレクサンドリア図書館が古代以降に存続できなかったのはまちがいない。しかし、その真の理由は定かでない。アレクサンドリアの火災についてはカエサル自身が、紀元前四八〜四七年に起きた最強の敵ポンペイウスとの戦いによる偶発的な結果であると述べている。敵の軍勢を乗せた船が停泊する港のそばに、倉庫が建ち並んでいた。カエサル軍は船に火を放ち、それによって引き起こされた大火によって、いくつもの倉庫が焼け落ちた。アレクサンドリアでは、港に入ってくるすべての船に対し、書物が積まれていないか捜索するよう指示されていた。書物があればそれを書写して図書館に収めるためだ。押収された書物が一時的に港のそばの倉庫に保管されていた可能性は大いにある。こうして蔵書に甚大な損害が生じたのだが、図書館そのものが終焉を迎えたわけではない。そこから地理学者ストラボンの物語へとつながっていく。彼は自身の調査研究の多くを、紀元前四八〜四七年の出来事の数十年後に、おもにアレクサンドリア図書館にある資料を用いて行なったのである。[12]

二つの図書館は、非常に脆《もろ》い状態だった。セラペウムは一八一年ごろに、次いで二一七年に再び火災に見舞われたようだが再建された。その火災が図書館にも及んだのか、神殿の建物だけが焼けたのかはわからない。[13]二七三年、ローマ皇帝アウレリアヌスはパルミラの反乱軍に占領されていたアレクサンドリアを奪還した。そのさい王宮は破壊され、ほぼ確実に図書館（ムセイオン）にも被害が及んだと思われるが（もっとも、それを明確に裏付ける古代の文献はない）、これが史実であれば（一世紀以上が経過しても王宮一帯が再建されていなかった点からも）、セラペウムの図書館のほうがムセイオンよりも長く存続した可能性が高い。[14]

図書館の喪失に関するギボンの深遠な記述は多数の文献を丹念に読み解いた結果であり、最も可能性の高い破壊原因についての彼の判断は示唆に富んでいる。図書館はエジプトを征服したイスラム勢力によって破壊され、それを指示したのはカリフのウマルであるという説をギボンは否定した。それらの出来事は初期のキリスト教徒であった著述家たち（アブルファラギウスなど）によって伝えられたもので、とりわけ巻物がアレクサンドリアじゅうの何千という風呂の焚きつけにされたという話は人々の心を揺さぶった。この説が学者たちのあいだで大きな反響を呼んだと知り、ギボンは「古代の学問、人文科学、そして英知が、もはや回復不能なまでに破壊されてしまったと嘆いた」という。[15] 啓蒙主義時代の懐疑論者であった彼は、カリフがユダヤ教とキリスト教の宗教書を燃やすというのは明らかに理屈に合わないと冷徹に分析している。なぜなら、それらはイスラム教の聖典でもあるからだ。さらに、実際問題としてこの話はありえない。というのも、「（巻物を焚きつけにしてしまったのなら）燃えるものが足りず、大火はあっという間に鎮火したはず」だからである。[16]

ギボンにとって、アレクサンドリア図書館は古代世界が成し遂げた偉業のひとつであり、その破壊は――長いあいだ放置されたために、徐々に破壊が進行したと彼は結論づけている――ローマ帝国にはびこっていた蛮行の象徴だった。それにより、彼の時代に再び見いだされ評価されつつあったものが、文明から搾り取られてしまったのだ。火災は（偶発的に起きたにせよ、意図的なものであったにせよ）大事件であり、そのさなかに多くの書物が失われたが、図書館そのものは、その機構自体が放置されたこととパピルスの巻物の経年劣化とがあいまって、徐々に失われていったのである。

古代ギリシャの医学者ガレノスの手稿が、比較的最近になって、ギリシャの修道院の図書館で発見された。それまで知られていなかったローマの帝国図書館で一九二年に起きた火災の話が記されている。そこには、ドムス・ティベリアナと呼ばれるその図書館は、ローマの中心に位置するパラティーノの丘にあった。火災により巻物の原本がいくつも破壊され、そこにはギリシャの著名な学者が編纂したホメロスの作品集も含まれていた。ホメロスといえば、古代世界で（おそらく歴史全体を通じて）最も影響力のある作家のひとりである。[17] 重要なのは、それらの巻物が戦利品としてアレクサンドリア図書館からローマに運ばれてきたという点だ。有名なローマの将軍スキピオ（小スキピオ）の父ルキウス・アエミリウス・パウルスが、敗れたマケドニアの王ペルセウスから紀元前一六八年に略奪したもので、ローマに持ち帰られた最初の「パピルス巻物」の一大コレクションであり、ローマの文芸界に大きな影響を及ぼした。[18]

ものを書く紙としてパピルスを用いたのは、エジプトが最初だった。材料はパピルス草で、茎のなかの髄の部分を取り出す。それを何層にも重ねて水で溶かし、天日で乾かして、インクが乗るように表面をなめらかにする。通常はそのパピルスのシートを何枚もつなぎ合わせ、それを木の芯棒《ロッド》に巻きつけて巻物の形にした（巻物はラテン語で「*liber*（本）」と総称され、それが「library（図書館）」の語源となった）。のちにパピルスに代わり、より耐久性に優れた羊皮紙が用いられるようになるが、羊皮紙が登場するまでの四世紀のあいだは、パピルスが主要な筆記媒体だった。ちなみに羊皮紙は地中海西岸で生まれてヨーロッパ全体に広がり、その後はアラブの職人や商人によってアジアから西洋にもたらされた紙が取って代わる。

　パピルスの難点のひとつは、簡単に火がついてしまうことだった。有機物を乾燥させたものを木のロッドに巻きつけてあるため、もともと燃えやすい。それを同様の素材でできた図書館に置けば、両者の弱点が悲惨な結果を招きかねない。現存するパピルスの大半はエジプトのごみの山（有名なオクシリンコス遺跡など）で廃棄物として、もしくはカルトナージュ、すなわちミイラ化した遺体を包む材料として発見された。現在、パピルスの巻物コレクションはごくわずかしかなく、最も有名なものはイタリア南西部ヘルクラネウムにある。その地では一八世紀半ばに「パピルスのヴィラ」が発見された。紀元後七九年に近くのヴェスヴィオ山が噴火し、津波のごとく押し寄せた火山灰に封じ込められていたのだ。その邸宅《ヴィラ》から一七〇〇を超える巻物が発掘されたが、大半は噴火の熱で黒焦げになるか、完全に溶解していた。しかし中身が読み取れるものもあり、それを収集した人物がギリシャ哲学（とりわけガダラの哲学者フィロデモス）に心酔していたことがうかがえる。[19] ぼろぼろになった巻物をほどいて解読する作業がいまも続けられ、最近ではエックス線を使った解析も行なわれた。そして二〇一八年、巻物のひとつからセネカ（大セネカ）の失われた有名な歴史書の一部が見つかったと発表された。

　パピルスを長期間保存するには保管環境が重要だ。アレクサンドリアの港の気候は湿度が高く、古い巻物にはその影響が及び、カビが生えたり有機物の腐敗が進んだりしたことだろう。[20] 他の大規模なパピルスコレクション、たとえばペルガモン（現在のトルコ）の図書館にあったものは、パピルスの巻物から動物の皮を加工してつくられた羊皮紙への書写が行なわれた。これはある種、技術的進歩による、ひとつのフォーマットから別のフォーマットへの知識の移転だ。

何世紀にもわたる放置、リーダーシップや資金の欠如が、アレクサンドリア図書館が消滅した本源的な原因であると考えられる。アレクサンドリアの物語は、粗野な無知が洗練された真実に打ち勝ったという一大惨事に光を当てたものではなく、しのびよる衰退に警鐘を鳴らす物語なのだ。その衰退をもたらしたものは、資金不足や優先度の低下、知識を保存し人々と共有するための施設に対する社会の無関心だ。それとは対照的に、アレクサンドリア図書館の最大のライバルであるペルガモン図書館はコレクションを増やし、それを維持した。

近年の研究では、ペルガモンに図書館が創設されたのは紀元前三世紀の末だとされているが、ストラボンら古代の著述家たちは、紀元前二世紀の初めにアッタロス朝のエウメネス二世（紀元前一九七～一六〇年）によって創設されたとしている。[21] ペルガモンは、「古代世界最大の図書館」と評されるアレクサンドリアの名をおびやかす存在だった。両者は蔵書の中身や規模のみならず、図書館の一部として活動する学者たちの役割においても張り合っていた。[22] 古代の著述家によれば、その対抗意識は国家レベルに及び、プトレマイオス五世（紀元前二〇四～一八〇年）とエウメネスの対立を招いた。[23] 二つの図書館にはそれぞれスター級の学者がいた。アレクサンドリアには、ヘシオドス作品の注釈者として有名な文献学者サモトラケのアリスタルコスがいた。対するペルガモンには、ホメロス作品の注釈者である著名な文法学者マロスのクラテスがいた。アレクサンドリアと同様、ペルガモンの遺跡からは図書館の具体的な場所を知ることはできず、その衰退はアッタロス朝の衰退と密接にかかわっていたと思われる。つまり、図書館の威光は国家が置かれた状況とリンクしていたのである。紀元前一三三年にアッタロス王朝がローマ帝国に征服されると、図書館と国家との極めて密接な結びつきは断たれ、図書館そのものの衰退が始まった。

　アレクサンドリア図書館は、理想的な図書館とはどういうものかを私たちに教えてくれる。なにしろ（実際にどのような図書館であったのか、その詳細ははっきりしないにもかかわらず）、その後の何世紀にもわたり、アレクサンドリア図書館がつくりあげたひな形にならおうと、多くの図書館が競い合うように模倣したのだから。私たちはアレクサンドリア図書館から、偉大なるコレクションと、学問に貢献する学者たちのコミュニティとが結びついて生まれる力を学ぶ。彼らはそこで知識を共有し、研究を通じて新たな知識を生み出した。ストラボンはアレクサンドリアで地理学の調査を行ない、館員や学者たちを三〇人から五〇人の博学な男たちからなる「synodos（コミュニティ）」と呼んだ（どうやら女性は含まれていなかったようだ）。それは国際的なコミュニティで、当時アレクサンドリアを支配していたギリシャの出身者が数多くいたが、ギリシャ語の詩や戯曲を書写し注釈をつけたのはローマの学者たちだった。

　図書館の繁栄にはリーダーシップが非常に重要で、最初の六人の館長のうち五人――ゼノドトス、アポロニオス・ロディオス（ロドスのアポロニオス）、エラトステネス、アリストパネス、アリスタルコス――は、古典世界における第一級の著述家だった。[24]紀元前二七〇年ごろに館長となった大叙事詩『アルゴナウティカ』の著者アポロニオス・ロディオスは、シチリア島シラクサのアルキメデスという若き学者に、ムセイオンに来て研究するよう勧めたと伝えられる。そこで過ごした時期に、アルキメデスはナイル川の水かさが増減するさまを見て「ねじ」として知られる装置を発明し、それはいまでも「アルキメディアン・スクリュー（アルキメデスの螺旋《らせん》）」と呼ばれている。[25]数学者ユークリッドもアレクサンドリア図書館のコミュニティに加わるよう誘われ、近代数学の基礎とされる有名な『原論』はそこでまとめられたと考えられている。彼はまた、門徒であるペルガのアポロニウスの教育も行なっていた可能性がある。館員や学者たちは知識の保存のみならず、文書を標準化し、独自のアイデアをプラスして新たな知識をつくりあげた。この図書館で生み出されたのは、火災によっても、長きにわたる放置によっても失われなかったもの——私たちが現在「学問」と呼ぶ学びの手法だった。

古代の図書館と後世の図書館との直接的なつながりを証明するのは難しいが、知識を整理し保存するという共通の営みを見いだすことは可能だ。アレクサンドリアやニネヴェのライブラリアンの仕事がそのまま後世に受け継がれたわけではない。マニュアルが作成されたわけでもなければ、金言が伝わっているわけでもない。残されたのはむしろ理念——知識は偉大な力をもち、それを収集し保存することは貴重な仕事であり、知識の喪失は文明が崩壊する前兆になりかねないという理念だ。

日々ボドリアン図書館をめぐり歩いていると、ライブラリアンという仕事の変遷がたえず思い起こされる。ボドリアンを構成する二八の図書館からは、知識を保存し共有するための実際的な方法の進化が見て取れる。それらの建物はいまなお使われているが、多くははるか昔に（一部は六世紀以上も前に）図書館として設計されたものだ。その事実は、そこで働く私たち全員にたえず感動を与えつづけている。現在の建物には電気照明やセントラルヒーティング、コンピュータ、Ｗｉ‐Ｆｉ、その他の学習補助機器が設置されているが、このような技術革新のプロセスは、じつはアレクサンドリア図書館が創設される約二〇〇〇年も前から始まっていた。

古代図書館の遺物を調べてみると、じつに驚くべきものが残されていることに気づく。たとえば一九四〇年代後半、ムハンマド・エッ・ディーブというヤギ飼いの少年が、ジュダイアン砂漠のクムラン洞窟で陶器の壺をいくつも発見した。中身は何百もの巻物で、それらは旧約聖書を構成するほぼすべての書を書き写した、現存する最古の写本だった。発掘調査により、洞窟群周辺に人が居住していたのは紀元前一〇〇年から紀元後七〇年ごろ、写本が書かれたのは紀元前四世紀から（エルサレムの第二神殿が破壊された）紀元後七〇年のあいだと特定された。「死海文書」として知られる巻物は、いまにも崩れてばらばらになってしまいそうな状態でありながら、驚くほど長いあいだ存続しつづけた。それらの文書がどのような経緯でクムラン洞窟に保管されて（あるいは隠されて）いたのか、実際のところはわかっていないが、六六〜七三年の第一次ユダヤ戦争以降、ローマの弾圧を受けた時期に、ユダヤ教の一派が（現在では、エッセネ派と考えられている）意図的に隠したというのが定説となっている。砂漠という場所と保管方法が、文書の長期保存を可能にしたのだろう。死海文書の大半は羊皮紙に書かれていたが、パピルスに書かれたものもわずかに存在した。羊皮紙の文書のほうが耐久性は高い。

アレクサンドリア図書館から得られる貴重な教訓は、その消滅がのちの社会への警鐘となった点だ。歴史家エドワード・ギボンが提唱したように、ローマ帝国の滅亡後には「暗黒時代」が訪れたと広く考えられてきた。しかし現代の歴史家は、アレクサンドリア図書館の破壊後に「暗黒時代」はなかったと明言している。それでも「暗黒」が根強く残るのは、知識が保存されていた証拠がないからだ。知識は引き続き収集され、アレクサンドリアをはじめ文化の中心地で始まった学問は、ヨーロッパ、アジア、アフリカ、中東全域でその後も盛んに行なわれていた。古代ギリシャ世界の学問はアラブ文化を通じて最も効果的に保存されたが、それは書写と翻訳の力によるものだ。たとえば現在のイランの都市タブリーズなど、アラブの学問の中心地にある主要なコミュニティでは、ギリシャの文化や科学を伝達可能な形にし、その多くはラテン語に再翻訳され、アル＝アンダルス（イスラム勢力下にあったスペインの呼称）のトレドなど、国際都市における文化交流を通じて再び西洋にもたらされた。[26]

紀元後最初の数百年でアレクサンドリア図書館が崩壊していくなか、古代世界の知識はさまざまな図書館のおかげで維持された。そうした初期の図書館のひとつが存在した証拠を、イタリアのラヴェンナにある皇女ガッラ・プラキディア（ローマ皇帝テオドシウス一世の娘）の廟堂のモザイクに見ることができる。皇女の墓を収めるために四五〇年に建てられた礼拝堂のなかにあるそのモザイクには、本を収納する戸棚が描かれ、二段ある棚に本が二冊ずつ平らに並べて置かれ、それぞれに福音書の著者の名が記されている。その戸棚が頑丈な脚で床から持ち上げられているのは、おそらく中身を洪水から守るためだろう。[27]

イタリア北部ヴェローナにあるカピトラーレ図書館は、大聖堂の写本室に起源をもつ。この図書館とゆかりのある最古の書物は、大聖堂の下級聖職者であったウルシキヌスという人物が五一七年に書いたものだが、蔵書にはそれよりも一世紀以上古い本もある。アレクサンドリア図書館にかつての栄光の名残がまだいくらかあったかもしれない時期のものだ。それらの本は、コレクションを築くために持ち込まれた本を写本室で書写したものである可能性が高い。六世紀、ある宗教団体がシナイ半島の砂漠に聖カタリナ修道院を建てて図書館をつくり、重要な聖書の写本を収めた。なかでも貴重なのは「シナイ版聖書写本」として知られる、ギリシャ語版聖書の最も古く最も完全に近い写本で、四世紀の前半に作成されたものだ。この図書館はいまもなお写本や印刷本を保存し、地域社会や研究者たちのために役立てている。
しかしその一方で、現在「古代末期」と呼ばれる時期（およそ三世紀から八世紀）には多くの貴重な書物が失われた。私たちはその存在を、のちの書物でたまに見つかるかすかな痕跡や、過去一五〇年にわたる発掘調査で見つかったパピルスの断片から発見される未知のテキストによって知るのである。こうしたパピルスの発見により、中世期に知られていた古代の著作のより良い版が見つかることもあった。六世紀にビザンティウムのヨハネス・リュドゥスが所有していたセネカとスエトニウスの著作は、現代に伝わる版よりも完全に近い形だった。また、北アフリカの司教、聖フルゲンティウスは五世紀に、ポルトガルのブラガ大司教、聖マルティンは六世紀に、それぞれペトロニウスとセネカの文章を引用（実際にはむしろ盗用）しているが、それらの文章が現代まで生き残って古代ローマ著作全集に収録されることはなかった。[28]
文学的損失といえば、その最たる例がギリシャの詩人サッフォーだ。紀元前七世紀にレスボス島で生まれたサッフォーは古代世界屈指の知識人であり、プラトンは彼女を「（芸術・学問をつかさどる）一〇人目の女神《ミューズ》」と呼んだ。女性に向けた愛の詩で知られ、英語の「サフィック（女性の同性愛）」や「レズビアン」という言葉は、サッフォー自身の名と故郷の島の名に由来する。ホラティウスからオウィディウスまで誰もが彼女の名を挙げ、アレクサンドリアの学者たちによって九巻からなる校訂版詩集がひとつのみならず二つも編纂されたほどの人気を誇ったサッフォーだが、彼女の作品は断片的にしか残っていない。完全な形で現存する唯一の詩はギリシャ語の抒情詩集に収録されたもので、あとはごみの山――特にエジプトのオクシリンコス遺跡――で発見された陶器のかけらやパピルスに書かれた文言をつなぎ合わせたものだ。たとえば三八番目の詩は、「あなたは私を燃え上がらせる」という、ただの断片だ。アレクサンドリア図書館と同様に、これほど重要な詩人の作品が残っていない理由には諸説あるが、なかでも長年にわたり流布していたのは、道徳的な理由でキリスト教会が故意に破壊したという説だ。また、ルネサンス期の作家たちが提唱した、サッフォーの作品はローマ教皇グレゴリウス七世の命を受けて一〇七三年にローマとコンスタンティノープルで焼かれたとの説もある。だが実際のところは、サッフォーの作品は（難解なアイオリス方言で書かれており読みにくかったため）、コーデックス（冊子写本）がパピルスの巻物に取って代わった時期、羊皮紙に書き写すほどの需要がなかったために失われたのだろう。オクシリンコス遺跡はエジプト調査協会によって一八九七年に発掘され、現存するパピルス文献の七〇パーセント以上が、そのごみの山から出土している。

キリスト教信仰の定着とともに、ヨーロッパおよび地中海世界全体に書籍や図書館が広まっていった。断片的な証拠から、ローマ帝国のいちばん端に位置したブリタニア（属州があったブリテン島）にも、図書館が存在したと推測されている（二世紀の初めに亡くなったローマの諷刺詩人マルティアリスは、自身の作品がブリタニアくんだりでも読まれていると皮肉を込めて述べている）。コンスタンティノープル（三三〇年に再建される以前はビザンティウムと呼ばれていた）などの主要都市ではアレクサンドリアの精神が命をふきかえし、四二五年には皇帝テオドシウス二世によって帝国大学が再建され、聖職者のための学校も新設された。[29] 六世紀になると、学者で政治家でもあるカッシオドルスは、仕えていたイタリア王テオドリックの宮廷を去って修道士となり、イタリア南部カラブリア地方のウィウァリウムに修道院を建て、立派な図書館を創設した。その図書館にあった写本室は重要な知識の源となり、そこで書写された少なくとも二冊の本が、イングランド北部にあった初期のキリスト教コミュニティ、モンクウェアマウス゠ジャロウ修道院に送られた。一冊はカッシオドルス自身の著書『詩篇の注釈』(現在、八世紀の写本がダラム大聖堂の図書館にある)で、もう一冊は聖書の写本だった。その後、聖書はモンクウェアマウス゠ジャロウ修道院の写本室で書写され、現在コーデックス・アミアティヌス(アミアティヌス写本)として知られる本となり、贈り物としてまたローマに送られた。しかし到着することなく、現在はフィレンツェのラウレンツィアーナ図書館(ロレンツォ・メディチ図書館)に所蔵されている。コーデックス・アミアティヌスには図書館の挿絵もあり、本箱に本、その横で熱心に書き物をしている預言者エズラの姿が描かれている。[30]

この時期、知識はイスラム教およびユダヤ教社会によって複製され、キリスト教世界の外へ広まっていった。ユダヤ教では、旧約聖書その他の聖典の書写が非常に重要視され、書かれた言葉の扱いについても宗教法で規定されるようになった。[31] 一方イスラム教世界では、コーランを暗記して口承で伝える伝統は依然として優勢だったが、写本はコーランの教えやその他の思想を広めるための重要な知的手法となった。イスラム教社会は紙の製法を中国から学び、一三世紀の百科事典編纂者ヤクート・アル゠ハラウィによれば、七九四年から九五年にバグダッドに最初の製紙工場がつくられ、官僚たちがそれまでの羊皮紙やパピルスに代わって紙に記録できるだけの十分な量が製造されたという。[32] このように、パピルスよりも丈夫で羊皮紙よりもはるかに安価な紙が大量に入手できるようになったことで、イスラム世界には洗練された書籍文化が生まれ、その結果、バグダッドでは図書館や紙屋、本屋が日常の光景となり、本や紙を売る商人たちは博識者として知られるようになった。そしてほどなく、この文化はイスラム世界の他の都市にも広まっていくのである。

イスラム支配下のスペインからアッバース朝イラクに至るまで、各地に図書館が次々と誕生した。シリアとエジプトには壮大な図書館があり、イスラム・スペインには七〇を超える図書館があった。また、バグダッドだけで三六カ所もあり、最初の公的コレクションは、この偉大なる都市の創設者であるアッバース朝第二代カリフ、アル＝マンスール（在位七五四〜七五年）、もしくはその後継者である第五代カリフ、ハールーン・アッ＝ラシード（在位七八六〜八〇九年）の時代に集められた。ハールーンの息子で第七代カリフのアル＝マアムーンは「学問の館」を創設し、図書館および翻訳・研究・教育を行なう学術機関として八世紀に建てられたこの館には、さまざまな文化や宗教をもつ学者たちが世界中から集まった。そこでは再びアレクサンドリアの精神のもと、教師と学生がともに協力しながら、ギリシャ語、ペルシア語、シリア語、インド語の写本を翻訳した。カリフの庇護を受け、「学問の館」の学者たちはコンスタンティノープルから持ち込まれたギリシャ語の写本を研究しながら、アリストテレス、プラトン、ヒポクラテス、ユークリッド、プトレマイオス、ピタゴラス、ブラフマグプタなど、多くの著者の作品を翻訳することができたのである。その後もさまざまな図書館が創設されたが、そのひとつが、九九一年にペルシアのサブール・イブン・アルダシールが建てた「知識の館」だ。そこには一万冊を超える科学書が所蔵されていたが、一〇世紀の半ばにセルジューク朝の侵攻を受けて破壊された。[33]

百科事典を編纂したエジプトの文献学者アル＝カルカシャンディーは、「バグダッドにあるアッバース朝カリフの図書館には……計り知れない価値をもつ蔵書が無数にあった」と伝えている。しかしこれらの図書館は、一三世紀のモンゴル侵攻によって、意図的にも間接的にもダメージを受けることになる。[34]イスラムの学者たちはまた、とりわけ科学の分野において独自の洗練された学問を生み出し、それから一〇〇〇年以上の時を経てヨーロッパ各地の図書館がイスラム科学に関する書籍を収集したことで、新たな科学的アプローチの誕生が促進された。[35]

七世紀になると、北部ヨーロッパには数多くの修道院が存在し、その多くが図書館を備えていたが、蔵書数は多くなかった。ブリテン島では、カンタベリー、マームズベリー、モンクウェアマウス＝ジャロウ、ヨークといった初期のキリスト教コミュニティが「図書館」と呼べるだけの蔵書を所有していたが、ヴァイキングの襲撃を切り抜けたのは、ごくわずかだった。[36]

九世紀初頭、スコットランド西岸沖にあるアイオナ修道院（聖コルンバが島に創設したキリスト教コミュニティ）の宣教師たちがヴァイキングに虐殺され、修道院の大切な写本室が破壊された。一説によれば、『ケルズの書』として知られる有名な装飾写本は、じつはアイオナ島で書かれ、ヴァイキングの襲撃を恐れてケルズに移されたという。[37]また、ヴァイキングの急襲に耐えたある本、世界的に有名な『リンディスファーン福音書』（現在は大英図書館に所蔵）は、リンディスファーン島のキリスト教コミュニティで八世紀に生み出され、約一五〇〇年後に島を離れた。コミュニティがブリテン本島のより安全な場所に拠点を移すさい、精神的指導者であった聖カスバートの遺骨とともに、その本をもっていったと伝えられる。この『リンディスファーン福音書』は、なかに目をみはるほど美しい緻密な挿絵が描かれていることから、いまでは初期のキリスト教芸術としてよく知られるが、当時は北部ヨーロッパのキリスト教化の強力なシンボルとして重要な役割を果たしていた。

リンディスファーン島を離れて一世紀後、貴金属や宝石をあしらった贅沢な装丁がほどこされたこの貴重な本は、信者たちのコミュニティとともにイングランド北東部のダラムに落ち着いた。そして一〇世紀半ば、のちにダラムの姉妹コミュニティであるチェスター＝ル＝ストリートとつながりをもつ修道士アルドレッドが、ラテン語で書かれたこの福音書に古英語で注解を加え、これが事実上、新約聖書の最初の英語訳となるのである。彼はまた、本の来歴を記録した奥付も加えている。それによると、この本はリンディスファーンの司教イードフリース（六九八〜七二二年）によって書かれ、後任の司祭アエセルワルド（七四〇年没）によって製本され、ビルフリースが表紙を金、銀、宝石で飾った。そして一二世紀、ダラムの修道士シメオンが、「この教会に保管されている」本が聖カスバートの遺骨に劣らず貴重なものであることに気づいたのである。[38]

ボドリアン図書館は、その時代にコンスタンティノープルの図書館にあった二冊の本を所蔵している。それはユークリッドの『原論』とプラトンの『対話篇』の現存する最古の完全写本で、いずれも九世紀後半に、カエサレアのアレサ（ギリシャのパトラで生まれた神学者、司教）が所有していたものだ。

一〇六六年にノルマン人が侵攻したころのイングランドでは、イーリー修道院の図書館を含め最大規模のコレクションでも蔵書数は数百冊にすぎず、イスラム世界のコレクションに比べてはるかに小さかった。ノルマン・コンクエスト以前のイングランドの図書館の多くは、頑丈な収納箱か戸棚がいくつかあれば足りる程度のもので、図書館を備えた修道院も数えるほどしかなかった。そのひとつ、七世紀に創設されたピーターバラ大修道院（のちの大聖堂）には、ウィンチェスターの司教エセルウォルド（九七〇年にこの修道院を再建した人物）が寄贈した本のリストがいまも残っているが、そこに載っているのはわずか二〇冊のみである。[39] ベーダ・ヴェネラビリス（「尊敬すべきベーダ」と呼ばれるイングランドの聖職者、歴史家）は、七世紀の初めにローマ教皇グレゴリウス一世がカンタベリーの聖アウグスティヌスに多数の書物を送ったと伝えているが、それらは祈禱書や聖書であったかもしれない。ベーダの記述から明らかに図書館とわかるのは唯一ノーサンバーランドのヘクサム修道院のもので、そこには殉教者たちの情熱を伝える歴史書のほか、さまざまな宗教本が確かにあったようだ。[40]

古代文明が終焉したあとも図書館は存在しつづけたが、ギリシャ、エジプト、ペルシア、ローマの図書館がそのまま存続したのではなく、書写という行為を通じて生み出された新たな書籍を収めるために、新たな図書館がほどなく創設されたのである。こうして新設されたキリスト教図書館のなかには、聖カタリナ修道院の図書館やヴェローナのカピトラーレ図書館のように、古代世界の末期に創設され、現在まで存続しているものもいくつかある。また、それ以後の世紀につくられた図書館も数多く現存している。それらは知識を広く普及させるためのひとつの様式を生み出し、図書館どうしのネットワークを築き、中世の西洋および中東の社会を支えたのである。

アレクサンドリアの伝説は、図書館や公文書館は新たな知識が生まれる場所であるという概念を生んだ。それはすなわち、ムセイオンに見られるような、本と学者とが混在する場所なのだ。アレクサンドリア図書館の名声は古代世界に広まり、後世に受け継がれ、世界の知識を収集し系統立てて整理するという、その使命の模範を示した。一六四七年に出版された自伝『トマス・ボドリー卿の生涯（The Life of Sir Thomas Bodley）』の序文で、ボドリーは自身が創設した偉大なる図書館は「誉れ高きエジプトの図書館」をもしのぐと自慢している。[41] アレクサンドリアが残したレガシーはまた、知識を守り保存するために戦うライブラリアンやアーキビストたちに希望と励ましを与えつづけている。

第3章
本が二束三文で売られたころ

Burning the Books
A History of Knowledge Under Attack

Chapter Three

キリストの足元にひざまずく聖ダンスタン。10世紀後半に書かれた『聖ダンスタンの教本』より。

中世のイングランドで、ある男が国王ヘンリー八世の命を受け、各地の修道院を転々としながら全国をくまなくめぐった。ひとり馬の背にまたがって旅をした、ジョン・リーランド。波乱に満ちたテューダー朝時代を背景に浮かび上がる、その孤高の姿は印象的だ。彼の旅からはまた、宗教改革の名のもとに破壊される直前の修道院図書館の中身が垣間見えた。

リーランドは、世の中が変わりつつある時代に生まれた。それまで一〇〇〇年以上にわたり教育と知識を牛耳ってきたのはカトリック教会（カトリックという言葉には、「普遍」という意味もある）で、修道院のネットワークや修道会が図書館や学校を運営していた。しかし、長きにわたる血なまぐさい内戦からの回復途上にあったイングランドでは新王家――テューダー家――が王座につき、ヨーロッパ全体に、教会の富と権力をめぐる不穏な空気が漂い始めていた。そんななかで起きた、言語学習や古代文芸の研究を推奨する新たな知的ムーブメント――人文主義運動《ヒューマニズム》――は知的な刺激を産み、新たな世界観をもたらした。思想の根源を問い物事の前提を疑う手法が、ヨーロッパのエリートたちのあいだで定着しつつあった。イングランドを代表する人文主義者《ヒューマニスト》（国王の顧問官で『ユートピア』の著者であるトマス・モアや、セント・ポール大聖堂の参事会長ジョン・コレット）は、新たな世代の学者たちに人文主義を教え、彼らを通してそのメッセージを広めようとしていた。リーランドは孤児だったが、養父が彼をジョン・コレットが再建した学校に入れ、その学校の最初の生徒のひとりとして、リーランドはラテン語とギリシャ語を学んだ。こうした学校は従来のものとは大きく異なり、聖書やカトリック系の著者の作品だけではなく古典を読むよう生徒たちに奨励した。

ケンブリッジ大学で学んだのち、リーランドは第二代ノーフォーク公爵トマス・ハワードの子息の家庭教師となり、その後オックスフォード大学に進学し、大学を構成するカレッジのひとつオール・ソウルズ・カレッジに所属していたと思われる。裕福でもなければ高貴な血筋でもなかったが、リーランドはパトロンであったトマス・ウルジー枢機卿に劣らず、賢く野心的な人物だった。ウルジー卿の後押しを受け、海峡を越えてパリにわたった彼は、フランス王室の資料管理者であった学者のギヨーム・ビュデや、修辞学の名教授フランソワ・デュ・ボアなど、当時の錚々《そうそう》たる知識人たちとの交流を深めた。彼らに促され、リーランドは詩作に励み、人文主義的学問に没頭し、情報源となる写本を見つけては研究した[1]。

一五二九年にリーランドがフランスから帰国したとき、ウルジー卿はすでに信望を失っていたため、新たなパトロンとなったトマス・クロムウェルと同様に、彼もまた、陰謀、裏切り、断罪、処刑と、危険な空気が漂うヘンリー八世の宮廷で、どうにか生きのびる道を見いださなければならなかった。

ちょうどそのころ、ヘンリー八世はカトリック教会との議論を重ねていた。それは当初、王妃キャサリン・オブ・アラゴンと離婚して若く美しい女官アン・ブーリンと結婚する方策を見いだすためのものだった。ヘンリーの優秀な顧問官たちは神学的な論法で彼の主張を支えたが、離婚の訴えに始まったこの議論は、イングランドにおける教皇の権威という、より根本的な論争へとエスカレートしていった。そこへさらに、無謀なまでのご都合主義が影を投げかけた。うまくいけば、ヘンリーは王国における宗教的権威のみならず、カトリック教会が何世紀にもわたって築き上げてきた巨万の富までも手中に収めることができるかもしれないのだ。これは、私たちが現在「宗教改革」と呼ぶ現象のイングランド版である。一五一七年にドイツで始まった宗教改革は、マルティン・ルターが先導し強力に推し進められた改革運動で、一六世紀にヨーロッパ全土に広まった。リーランドとトマス・クロムウェルはいずれも、イングランドの宗教改革において中心的役割を果たそうとしていた。

ヘンリーはテューダー朝になってまだ二代目の王であり、男子の跡継ぎがいない彼の王権は脆弱だった。そのためカトリック教会とのバトルにおいては、過去の改ざんが極めて重要な武器となった。全国各地の修道院にある図書館で見つかった歴史書や年代記の写本が、古代、とりわけノルマン・コンクエスト以前のイングランドが教皇の権力から独立していたことを示す貴重な証拠となり、アーサー王といった伝説上の人物までが論議の場に持ち出された。各地の修道院図書館には、ヘンリーの未来を解き放つ鍵となるものが所蔵されている可能性があった。そこでリーランドはチャンスとばかりに、学者としての才能を生かして宮廷内における足場を固めようとしたのだ。彼はアーサー王の専門家となり、その歴史的真実性を証明する本を二冊書いた。こうして彼は「アンティクアリアス（古物研究家）」と呼ばれるようになった。これは正式な役職ではないが、過去に深い関心をもつ者にふさわしい称号だった。

国王ヘンリー八世の計画は、徐々に実現した。一五三三年五月三一日、アン・ブーリンは意気揚々とロンドン入りし、その翌日にウェストミンスター寺院で戴冠式が行なわれ、王妃となった。トマス・クロムウェルが演出したこの輝かしい式典のために、リーランドは公式なラテン語の祝賀詩を書き、そこではアンの多産への王の願いが八回も述べられた。しかし王がリーランドに望んだのは、詩を書くことではなかった。戴冠式のあと、国じゅうの「修道院や大学の図書館をめぐってすべての蔵書を熟読し、丹念に調べるという、じつに贅沢な任務」を与えられた、とリーランドはのちに回想している。[2] この任務によって、リーランドは王にとっての「重要案件」――すなわち、キャサリン・オブ・アラゴンとの婚姻無効宣言と新たな妻アン・ブーリンの正当性を支える論拠づくり——において積極的な役割を果たした。こうして議論が重ねられた結果、イングランドは正式に教皇の権威から離脱し、イングランド国教会では教皇ではなく国王が最高権力者となるとの主張がなされたのである。

　特別任務の旅のあいだ、リーランドは一四〇カ所を超える図書館の棚で見つけた本を読みあさった。熱心な研究者である彼は、調べた本を記録し、訪れた図書館を離れる前には、そこで出会ったものをメモに残した。リーランドの死後、友人たちがそのメモを順番に整理しようとしたが、それは容易ではなかった。一五七七年、歴史家のジョン・ハリソンはそのメモについて、「虫が食い、カビが生えてぼろぼろ」で、本は「完全に破損し、湿気や風雨にさらされて汚れ、欠けている巻がいくつもあり、結果的に不完全なものだった」と報告している。「彼の注釈はあまりにも支離滅裂で、誰もそこから意味のあるものを掘り出すことができない」[3]という文面からは、混沌たるメモを読み解こうとしたハリソンのフラストレーションが伝わってくる。

　一八世紀にボドリアン図書館にやってきたとき、そのメモはきれいに製本されていたが（私にとってはじつに好都合だった）、もともとはリーランドの手書き文字で埋め尽くされた大量の紙にすぎなかった。紙という紙には線を引いて消した跡や訂正があり、折りたたまれていた形跡が残るものや染みがついたもの、濡れて傷んだものもあれば、破れたり擦り切れたりしているものもあった。リーランドは自分が特に興味をもった本だけを選んで記録しているが、メモには破壊されていまはない本の詳細が大量に記され、残存した多くの本についても、それがもともとあった場所を知る手がかりを与えてくれる。なかにはリーランドの活動が直接的なきっかけとなって残存した本もある。彼のメモにはまた、訪れた図書館についての個人的見解も数多く書かれている。とかく長旅となった図書館めぐりは、事前に計画が立てられ、整然としたリストが作成され、ときにはルートを示すラフな地図まで描かれていた。

田舎を旅するとき、私たちは当然のように地図を使えばいいと考えがちだが、リーランドが旅をしたのは、クリストファー・サクストンが初めてイングランドの印刷地図を製作する三〇年も前のことだ。リーランドのメモには旅支度の詳細のほか、訪れるべき図書館のリストや、さまざまな場所を描いた小さなスケッチもあり、効率的にめぐるための段取りの跡が見て取れる。イングランド中東部を流れるハンバー川の河口付近の地図があり、そこには彼が一五三四年に訪れた、リンカンシャーとヨークシャーに密集する修道院が描かれている。[4]

リーランドがまとめあげようとしていたのは、中世期にブリテン島にあった約六〇〇の図書館に分散していた豊富な知識であり、そのうち八六〇〇冊以上の書物が現存している。その中世コレクションは、小さな教区図書館が所有する数冊の祈禱書から、修道会の図書館にある整然とまとめられた一大コレクションまで多岐にわたった。中世イングランドで最も有名な図書館のひとつが、カンタベリーにあったベネディクト会聖オーガスティン修道院の図書館で、中世期最後の蔵書目録が作成された時点で（一三七五年から一四二〇年に作成され、一四七四年から一四九七年に追加された）一九〇〇冊近い蔵書があった。そのなかで現存が確認されているのはわずか二九五冊である。[5] 聖オーガスティン修道院の図書館は中世の基準からすると規模が大きく、蔵書目録には、その修道院で書かれた本や寄贈された本が一〇世紀後半までさかのぼって記載されていた。大半は宗教関係の書物、すなわち聖書や、後世の神学者（ベーダ・ヴェネラビリスなど）による聖書の注釈書、教父の著作などだが、この図書館のおかげで、修道士たちはさまざまな人知に関する本を読むことができた。歴史（古代のものから、その時代の歴史家の著書まで）、科学（天文学、数学、幾何学を含む）、医学に加え、古代世界の偉大なる博学者、かの有名なアリストテレスの著作もひとつの主要なセクションをなしていた。それよりは小さいが、目録には詩、フランスに関する本、文法、教会法、論理学、聖人の生涯、書簡などの項目もあった。

イングランド西部にあるグラストンベリーは国内最大の修道院のひとつで、リーランドがぜひとも訪れたい場所だった。この修道院はアーサー王の墓所であり、それゆえにヘンリー八世の政略上、非常に重要だったが、それだけではなく、国内屈指の図書館がある場所でもあった。そこを最初に訪れたときのことを、リーランドは生き生きと綴っている。「なかに足を踏み入れ、はるか昔の書物をひと目見るや畏敬の念に打たれ、呆然として、しばしその場から動けなかった。その後、この非凡なる場所に敬意をあらわしつつ、多大なる好奇心を抱きながら何日もかけてすべての書棚をくまなく調べた」[6]。リーランドのメモにあるのはわずか四四冊の本で、そのほとんどは古物研究家である彼の主要な研究テーマに合致するものだった。彼が調べたのは、イングランドの歴史の偉大な記録者たち――ウィリアム・オブ・マームズベリー、ジェラルド・オブ・ウェールズ、ジェフリー・オブ・モンマス、そしてドミニコ修道会のニコラス・トレヴェット――の本だ。しかしリーランドは、多くの古文書も丹念に調べていた。アルクイン、ベーダ・ヴェネラビリス、エルフリック、さらには聖アウグスティヌスやナジアンゾスのグレゴリウスなど教父たちの著作である。グラストンベリー修道院には、それらの写本が何世紀も前から保存されていた。そうした本の一部はヘンリーの政略上非常に重要なものであったが、そのほかは古物研究――とりわけ、ブリテン島の主要な作家の逸話を集めた大著『著名人伝（*De uiris illustribus*）』の執筆――を進めるうえで、リーランド自身が純粋に興味を覚えたものだ。たとえばジェフリー・オブ・モンマスに関するリーランドのメモからは、ヘンリー二世が発した特許状や石に刻まれた碑文を調べたことがわかるが、彼がグラストンベリーの図書館で最も「熱心に」読んだのは、ジェフリーの『マーリンの生涯』などの写本だった。[7]

リーランドの言葉を借りれば、グラストンベリーは「我々の島全体で最も古く、同時に最も有名な修道院」だった。彼はのちに、「長期にわたる調査で疲れ果てていたが、リチャード・ホワイティング（修道院長）の心尽くしのおかげで気分を一新させることができた……じつに高潔な人物であり、私にとって特別な友人である」と語っている。[8] リーランドは訪れた図書館や修道院を自由に見て回ることを許され、彼を迎え入れた側もまた、博識な訪問者とブリテン島の歴史について語り合うのを楽しんでいた様子が目に浮かぶ。グラストンベリーで繰り広げられたその光景が、のちに『著名人伝』に記されたあるくだりにちらりと顔をのぞかせる。それは、ホワイティングに図書館内を案内されてリーランドがジョン・オブ・コーンウォールの著作の写本を見ている場面だ。「実際にその本をこの手に取り、最初に目を通したときの喜びはじつに大きかった」が、修道院長に「呼ばれて別の本を見ているうちに」リーランドは「（さっきの本を）もう一度探すのを忘れてしまった」のである。[9]

リーランドがそこで見た本の一部は現存し、なかでも貴重な何冊かはボドリアン図書館にある。グラストンベリー修道院にあった本のなかで最も有名なのが、『聖ダンスタンの教本』という、九世紀、一〇世紀、一一世紀に書かれたものをひとつにした合本で、ケルト文化圏であるウェールズとブルターニュからイングランドに持ち込まれたものだ。[10] この写本は四つの異なるパートから構成され、文字のスタイルから羊皮紙に至るまで、パートごとに見た目も感触も大きく異なる。スエードのように柔らかく、厚く、なめらかな手触りの部分もあれば、それよりもずっと薄くてカサカサした部分もあり、中世初期における羊皮紙の製造方法の違いがうかがえる。

この本から、イギリスの歴史上、他の時代に比べて知的生活の痕跡がわずかしか残されていない貴重な時代が垣間見える。最も古い第一のパートはエウテュケスという古代の著述家による文法書（「*De verbo*」と呼ばれる文書）で、九世紀から一〇世紀のラテン語とブルトン（ブルターニュ）語で注釈が加えられていることから、ヨーロッパの思想との結びつきがわかる。第二のパートは一一世紀後半に古英語で書かれた、真の十字架の発見に関する法話である。第三、第四のパートは九世紀にウェールズで書かれたもので、有用な知識についてのアンソロジーと、誘惑の技法に関する有名なローマの詩、オウィディウスの「アルス・アマトリア（恋愛術）」に加え、ウェールズ語の注解がついていた。個々のパートがいつひとつにまとめられたのかはわからないが、巻頭には聖ダンスタンの絵がある。九五九年から九八八年にかけて、ウスター司教からロンドン司教、最終的にカンタベリー大司教となった人物で、キリストの足元にひざまずき加護を乞う姿が描かれ、のちの碑文によると、その絵は聖ダンスタン自身の作品だった。[11] イングランドにおいてヨーロッパの修道院が思想的影響力をもったとされる時代、彼は初期のイングランド国教会における有力者のひとりとして教会を率い、なかでもベネディクト会の改革を主導した。

中世の蔵書目録が現存するおかげで、この本が一二四八年にグラストンベリー修道院の図書館にあったことがわかる。また、一五世紀には修道士のひとりブラザー・ラングリーが保管していたこともわかっている。この本は、一五三〇年代にグラストンベリーの図書館を訪れたリーランドが無我夢中で眺めた四〇冊余りの本のなかの一冊でもあり、彼はノートに「エウテュケスの文法書、以前は聖ダンスタンの一部」と記録している。

しかし、この教本やその隣人たちが図書館の棚に座を占めていた日々は、長くは続かなかった。一五三四年、国王至上法（首長令）はヘンリー八世をイングランド国教会の首長と定め、イングランドとウェールズの信仰生活からローマ教皇の権威が正式に切り離された。それを境に修道院の解体が正式に始まり、一五三六年に増収裁判所法（修道院が所有していた財産の処分方法を定めたもの）と小修道院解散法が可決されると、その動きはよりいっそう顕著になった。大規模な修道院の一部は当初、自分たちは解散をまぬがれると考えていたが、やがてトマス・クロムウェルは過度に政策を推し進め、一五三九年に大修道院解散法が可決されると、大規模な修道院にもついに受難が降りかかり、自発的解散もしくは強制的廃止を余儀なくされた。それら「大修道院」のひとつがグラストンベリーであり、イングランドで最後の、そして最も残虐な宗教改革の舞台となるのである。

現存するグラストンベリーの財務記録によれば、一五三九年の夏のあいだ、この巨大なコミュニティはそれまで何世紀ものあいだ続けてきたのと変わらない日常のリズムを刻みつづけ、食堂用の食料品が購入され、敷地は整備され、水路は清められ、七〇歳になった修道院長は従来通りこの施設を統括していた。[12] ホワイティングはおそらく、リーランドと親交があり、議会では宗教改革に反対せず（彼は貴族院に所属していた）、他の多くの修道院長と同様、国王至上法を受け入れる誓約書にも署名したことから、自身の修道院は大丈夫だと考えたのだろう。しかし、グラストンベリーは裕福な修道院として知られ、さらなる富を求める王の欲望はとどまるところを知らなかった。一五三九年九月、トマス・クロムウェルはグラストンベリーに監督官を派遣し、ホワイティングについて「神を知らず、神の子も、神を信仰するキリスト教徒のことも何ひとつ知らない」という悪評を広めた。九月一九日、彼はシャーパム・パークにある自宅で尋問を受け、監督官は彼の「堕落した反逆心」の証拠が見つかったと宣言した。それでもホワイティングが修道院を自主的に放棄するのを拒むと、彼らは修道院を捜索し、王の離婚を非難する文書のほか、隠匿されていた貨幣を「発見」する。それだけあれば、有罪の証拠として十分だった。一五三九年一一月一四日、ホワイティングは隣町のウェルズで裁判にかけられた。おもな罪状は、「グラストンベリー教会からの略奪」である。翌日、町の通りを引き回されたのち、グラストンベリー・トー（グラストンベリー近郊の丘）に連れていかれた彼は「みずからが犯した大罪に対する神と王の慈悲を乞い」、絞首刑に処された。遺体は解体され、体の四分の一はウェルズの町でさらしものとなり、もう四分の一はバースに、残りはイルチェスターとブリッジウォーターに運ばれた。そして頭部は、グラストンベリー修道院の門の上に置かれたのである。

この血なまぐさい一連の措置によって、グラストンベリー修道院は破壊された。二、三日後には略奪が始まり、隅から隅までくまなく捜索が行なわれた。[13] 燭台や聖杯などの銀器から、法衣やオルガンといった教会の備品、調理器具や陶器、カトラリーなどの実用品、果ては窓ガラスやベッド、テーブル、舗装用の厚板まで、修道院の財産はすべて売りに出された。屋根の銅板や鐘の金属は特に貴重だった。

本もたちまち売れた。宗教改革直前の図書館についてはリーランドのメモが唯一の手がかりだが、もっと前に作成された蔵書目録と、ほかの修道院で失われたものに関する大まかな記述をもとに見積もって、おそらく一〇〇〇冊ほどの写本が破壊されたと思われる。現在、グラストンベリーの蔵書と特定できるものは六〇冊ほどしか残っておらず、世界各地三〇カ所の図書館に所蔵されているが、実際はもっとある可能性が高い。写本の多くは、中世期にどの図書館にあったかを特定できる印などついていないからだ。

　グラストンベリー・トーで繰り広げられた出来事は、宗教改革がブリテン諸島とヨーロッパにもたらした暴力と破壊のほんの一部にすぎない。ブリテン島だけでも、じつに何万冊もの本が燃やされ、あるいは解体されて「くず紙」として売られた。一七世紀の作家で古物研究家のアンソニー・ウッドは、こう記している。「本は二束三文。図書館丸ごとでも、ただ同然の金額で手に入れることができただろう」[14]。

　ヨーロッパにおいても、宗教改革によって修道院や他の宗教団体の図書館が被害を受けた。ドイツ北西部ニーダーザクセンにあったカトリック修道院では、建物が取り壊されると、本を含めて動かせるものはすべて、逃げ出す修道士や司祭によって運び出された。一五二五年に起きた農民戦争では、多くの図書館や公文書館が農民たちに襲撃された。それらの場所には、農民を土地に縛りつける封建的土地所有特許状や課税台帳が保管されていたからだ。そこでは宗教改革をきっかけにより大きな社会運動が巻き起こり、文書化された過去がひとつのターゲットとなったのである。一六世紀ドイツの歴史家ヨハネス・レッツナーはヴァルケンリートの町で調査を行ない、一五二〇年代に焼け落ちた図書館の消失を嘆いた。修道院の図書館にあった貴重な本の数々が、ぬかるんだ道に敷く踏み石代わりに使われていた。ドイツの神学者キリアクス・シュパンゲンベルクは、一五二五年にある修道院の井戸に写本が押し込まれたと記述している。またカレンベルクでも、古い宗教に関連するという理由で市民による焚書が行なわれたとレッツナーは記録している。[15]

リーランドの後任者ジョン・ベイルは、リーランドの著書『困難な旅（The laboryouse journey）』〔訳注：実際のタイトルはもっとずっと長い〕について語ったなかで、より深く踏み込んでいる。

後先を考えず闇雲に行なわれる破壊は、イングランドに永遠に消えないおぞましい汚名を残すだろう。いわくつきの邸宅を購入した人々の多くは、その図書館にある本を残しておいたが、なかにはそれを靴磨きに使う者もいた。八百屋や石鹼屋に売る者もいれば、異国の製本屋に送る者もいたが、わずかな数ならいざ知らず、ときには何隻もの船に山ほど積み込んで、他の国々を驚かせた。……我らが王国にとって、国民が学問嫌いであることを広く世に知らしめること以上に大きな恥辱はあるだろうか？[16]

意図的な破壊により書籍が失われた証拠が、当時の装丁として生きのびた本の断片から発見されることがある。一九世紀半ばに製本が機械化される以前、本は手作業で綴じられており、そうしたハンドメイドの製本では、本の表紙の内側の「見返し」と呼ばれる部分が使用済みの紙や羊皮紙で補強されていることが多く、そこに廃棄された本の紙がよく再利用されたのである。

古い本を意外な方法で再利用するやりかたは中世期にはすでに行なわれており、内容が古くなった本や使い古して日々の使用に耐えなくなった本（代表的なのは、司祭が礼拝を行なうのに必要な祈禱書）は解体し、紙を売るか再利用した。羊皮紙は補強材として本以外にも再利用された。たとえば、現在コペンハーゲン大学にあるアイスランド語の写本は、司教がかぶるミトラを補強する芯に使われた状態で発見された。

宗教改革は、製本屋のために膨大な量の材料を生み出した。彼らの大半は本づくりの拠点となる都市に集中しており、イングランドではそれがロンドン、オックスフォード、ケンブリッジだった。オックスフォード大学では、写本の断片を使って製本する慣行について細かい研究が行なわれてきた。[17]一五三〇年から一六〇〇年まで、製本屋では時代遅れになった本や使い古しの本、とりわけ大学の学生が使った本の廃材が用いられた。やがて宗教改革がもはや歯止めのきかない勢いで進展し始めると、のちの時代に製本された書籍のなかにその痕跡が見られるようになった。その多くが、現在もなおオックスフォードにあるいくつもの図書館の棚に残されている。一五四〇年より前にオックスフォードで本の見返しに祈禱書が使われることはめったになかったが、一五五〇年代以降は頻繁に用いられた。この時代に製本された書籍の研究により、祈禱書、聖書の注釈書、聖人の伝記のほか、教会法、スコラ神学、教父、中世哲学など、あらゆる本が製本用廃材となったことがわかった。

オックスフォード大学では学内の報告書が大切に保管されていたおかげで、詳しい実例を知ることもできる。一五八一年、オール・ソウルズ・カレッジの図書館に、一五六九年から七三年にアントワープでつくられたある有名な印刷版聖書が寄贈された。印刷業者クリストフ・プランタンの名にちなんだこの「プランタン聖書」は大判の本八巻からなる大作で、大学から修理を依頼されたオックスフォードの製本屋ドミニク・ピナールは、革表紙の構造を支えるために大量の羊皮紙を必要とした。そのため、一三世紀に書かれ、一五世紀にカレッジの図書館に寄贈されたレビ記の大型注釈本から、ページが三六ないし四〇枚切り取られた。この本のページはのちに、ピナールがウィンチェスター・カレッジ（全寮制のパブリックスクール）に依頼されて製本した別の本でも見つかっている。だが不思議なことに、残りのページは使用されず、不完全な形となったこの本は、いまもカレッジの図書館にある。[18]

破壊され消失したのは、元修道院の蔵書だけではない。破壊の対象に選ばれた書物はほかにもあった。それは、当時違法とされたカトリック教会の祈禱書類、すなわち、ミサ典書、交唱聖歌集、礼拝式書など、宗教改革以前の中世の教会において、司祭たちが神を崇《あが》める複雑な儀式を正しく行なうために長年用いてきたすべての書物である。修道院や教会では宗教改革の初期段階からこうした本の破壊が始まったが、一五四九年に「さまざまな書籍および肖像を破棄し、排除するための法」が可決されると、破壊に対する国の後押しが強化された。

とはいえ、こうした破壊や検閲への抵抗がなかったわけではない。イングランド東部ノーフォークの村ランワースの教区教会である聖ヘレン教会のためにつくられたある交唱聖歌集（聖歌隊が用いた、楽譜付きの大型祈禱書）が現存している。この聖歌集には、教区司祭や教区委員などの教会関係者の生活を支配していたであろう新たな宗教検閲法に従うべく慎重に手が加えられた。一五三四年の国王至上法には、イングランドの聖人トマス・ベケット（イングランド王に従わなかったために殉教した）を聖人名列《カレンダー》から削除しなければならないとの規定があった。カレンダーとはあらゆる祈禱書に含まれる、各聖人や重要な宗教的祝祭の記念日が何年分も細かく記されたものだ（地元の聖人をそこに含めることが多かった）。ランワースの交唱聖歌集では、ごく薄い斜線を引いて聖トマスの名が「削除」されたため、その後も容易に読むことができた。そしてメアリー一世が王座につき、再びカトリック信仰を課すと、交唱聖歌集には聖トマスに関する文言が再び書かれるようになった。[19]

宗教改革による損失は甚大だったが、生き残ったケース（中世期にブリテン諸島の修道院図書館にあった本のうち、現存しているのはわずか五〇〇〇冊あまり）は、個人がいかにして知識の破壊に抵抗しうるかをあざやかに証明している。いくつかのケースでは、修道士や修道女、托鉢修道士、司教座聖堂参事会員らが修道院を追われるさい、特に貴重な本をもって出た。ヨークでは、ベネディクト会大修道院の元修道士リチャード・バーウィックが図書館から本を何冊か持ち出し、世俗の友人に遺贈した。ヨークシャーのモンクブレトン修道院が解散したとき、最後の院長ウィリアム・ブラウンは一四八冊の本を持ち出した。また、ウスターシャーのエブシャムにあるベネディクト会修道院の最後の院長フィリップ・ホーフォードは、一五五七に亡くなるさい七五冊の本を所有していたが、そのほとんどが修道士時代に入手したものだった。[20]中世期の本のなかでも特に有名で、いまやダブリン大学トリニティ・カレッジの至宝である『ケルズの書』も、おそらく最後の院長リチャード・プランケットによってケルズのセント・メアリー修道院から持ち出されたと思われる。そうした書物は、記念に持ち帰るには危険な品であり、宗教改革の時代、とりわけプロテスタント運動が激しさを増し、北部ヨーロッパの教会から装飾や色彩、彫像や宗教的図像が排除された時期にはなおのこと危険だった。

『聖ダンスタンの教本』は、ルネサンス期の収集家トマス・アレンの手に渡ったおかげで後世に残された。アレンは、全国の解散した修道院の図書館にあった本を集めていた。そんなとき、あるオックスフォードの書籍商が古い写本を大量に手に入れたようだ。「国王エドワード六世の時代に宗教改革が行なわれ、マートン・カレッジの図書館から荷車に山積みにした写本が運び出され……アレン氏いわく、書籍商のガーブランドじいさんが……カレッジからそれを買い取り……その一部をアレン氏がガーブランドから買い取った」のである。おそらく書籍商のガーブランド・ハークス（一五三〇年代から、少なくとも一五七〇年代までは活動していたとされている）は、常連客のためにもっと遠くからも写本を仕入れることができただろう。[21] 一六世紀末になると、収集家たちは国内の遠く離れた場所からでもグラストンベリーの写本を購入できるようになっていた。そして一六三九年の時点で、北アイルランド南部アーマーの大司教で学者のジェームズ・アッシャーは、グラストンベリー大修道院の巨大な「マグナ・タブラ」をすでに目にしていた。それは桁外れに大きな折りたたみ式の木製パネルで、文字が書かれた羊皮紙が板面に貼られている。アッシャーがそれを見たのは、イングランド北部カンブリアのはずれ、ハドリアヌスの長城にほど近いナワース城だった。マグナ・タブラには、（イエスのおじと推定される）アリマタヤのヨセフがグラストンベリー大修道院を創設したという伝説や、そこに埋葬されている聖人たちの物語が書かれており、修道士や礼拝者が眺めたり読んだりできるよう、修道院の教会堂に立てておくためにつくられたと思われる。閉じた状態でも二フィート×三フィートを超える大きさで、ボドリアンで最も重い写本のひとつであり（書庫から本を出してくる係は、研究者にその本を見せてほしいと言われるたびに大きなため息をつく）。それをグラストンベリーからナワースまで運ぶのは容易でなかったはずだが、そうして遠くまで運ばれていたことは、近世イングランドにおいて古書の売買が着実に、かつ驚くほど効率的に行なわれていた証拠である。[22]

こうした書物を破壊から守るのに大きく貢献した人物のひとりが、誰あろう、国王ヘンリー八世の求めに応じて動いていた、あのジョン・リーランドだった。著書『困難な旅』で、彼はどのようにして修道院の本を「保護」したかを語っている。また、「アンティフィラルキア」という問答のなかでは、グリニッジ、ハンプトンコート、ウェストミンスターにある王立図書館を整備し、解散した修道院の蔵書を入れる棚を新たに設置したと報告している。そのなかには、彼が発見した本もあった。いまでは貴重な文化財とされている多くの本が、リーランドによって王立図書館に収めるべき価値を見いだされたのだ。たとえば、いまは大英図書館が所蔵する九世紀の福音書は、アングロサクソン系のイングランド王アゼルスタンと密接なかかわりがあるものだが、この本はリーランドがヘンリーのためにカンタベリーの聖オーガスティン修道院から入手した本の一冊だ。[23] この本がアングロサクソン系の王家とつながりがあるのはよくわかる。だが一方で、一二世紀にトリノのクローディアスによって書かれたマタイの福音書の無名な注釈書（リーランドが一五三三～三四年にラントーニー小修道院で目にしたもの）までがなぜ入手され、ウェストミンスターの王立図書館に収められたのかはよくわからない。[24]

リーランドは修道院を訪問中に選んだ本をすぐに運び出したのかもしれないが、それよりも、監督官が修道院を訪れるようになるまで、そのまま元の場所に置かれていた可能性のほうが高い。王室コレクションとして現存している本（その大半は、現在ロンドンの大英図書館にある）には、リーランドが介入した形跡はほとんど見られないが、それでも彼がそれらの本の保存に重要な役割を果たしたのはまちがいない。[25] サフォーク州ベリーセントエドマンズのベネディクト会修道院にあった大図書館に関するある手紙から、その一端がうかがい知れる。一一月四日に正式な解散命令が出た五日後、リーランドは再びその修道院を訪れ、「図書館にどの本を残しておき、どの本を建物のほかの場所に移すか」指示をしたという。[26] また、彼の友人で後任者でもあるジョン・ベイルはリーランドの私的な書庫に少なくとも一七六冊の本があるのを目撃しているが、ベイルがおそらくそのコレクションの一部しかリストに記載していないこともわかっている。

書物が散逸してしまったことにリーランドはいくらか責任があるが、書物が破壊されたことに彼は恐れをなし、パトロンであるトマス・クロムウェルに宛てた手紙に、「いまやドイツ人は我々の無頓着さに気づき……日々若き学者たちをこちらに送り込んでは（本を）図書館から略奪して持ち去り、自国の偉業として国外に普及させております」と書いている。[27] しかし、解散命令が図書館にいかに甚大な影響を及ぼしたか、また、ヒューマニストとしての出発点から自身がどれだけ逸《そ》れてしまったかを身に染みて感じたのは、忙しく旅をしていた時期から一〇年あまりの歳月が流れ、四〇代半ばで宮廷内の支持を失ったあとだったのかもしれない。「突然の失墜を嘆く悲痛な」手紙が残されている。[28]

一五四七年、ジョン・リーランドは正気を失った。狂乱状態におちいり、ロンドンの旧カルトゥジオ会小修道院の敷地内に建つ、「チャーターハウス」と呼ばれた彼の小さな住まいは乱雑を極め、家じゅうに書類が散乱していた。友人たちが手をさしのべたが、時すでに遅く、「急激な精神的打撃、何らかの脳の欠陥、悲嘆による狂乱の発作、憂鬱、あるいはその他の精神的素因によって、完全に狂気または精神障害におちいって」いた。ヘンリー八世の死去からわずか数週間後の一五四七年二月二一日、リーランドは公式に精神異常を宣告され、「その日をもって狂人となり、二度と元には戻らなかった」。一五五一年のある公文書に、彼は「無分別で、非常識で、常軌を逸し、逆上し、狂乱状態にある」と記されている。[29] リーランドは精神障害を起こしやすかったのかもしれない。彼の精神状態がどのように悪化していったのか、それをたどってみることはできないが、自身の仕事があれほどの破壊の一因になったと理解するのは、彼のような「本好き」にとって耐えがたいことだったのかもしれない。一五五二年四月にリーランドは亡くなったが、宗教改革はその後も推し進められた。[30]

　壊滅的な被害を受けたのは、旧来の宗教に関する文書とそれが保管されていた施設にとどまらなかった。修道院やその他の宗教施設にあった中世のアーカイブ（公文書）もまた破壊の対象となった。それらはおもに、法または行政上の手続きを容易にするために保管されていたもので、土地や建物の新たな所有者が賃料を取り立てるのに役立っていた。賃料を徴収するにも不動産を売却するにも、権利証書は不可欠だった。一五二〇年代、宗教改革の前兆として、オックスフォードの二つの修道院――聖フライズワイド修道院と、オスニーにあるアウグスティノ修道会の大修道院――に対する弾圧が行なわれた。両修道院は閉鎖されて、建物の一部を使ってカーディナル・カレッジが創設され、一五二五年に古い建物の改修と新しい建物の建設が始まった。この新たなカレッジは、ヘンリー八世からウルジー枢機卿への「プレゼント」だった。だが一五二九年にウルジー卿が失脚すると、カーディナル・カレッジはさらなる変革の時期を経て一五四六年にプロテスタント系のクライスト・チャーチとなり、聖フライズワイドの古い小修道院聖堂は、オックスフォードの大聖堂として生まれ変わった。クライスト・チャーチの新たな管理者たちは、自分たちのものとなった広大な土地の所有権を組織的に堅持しようとしていた。二つの修道院の文書庫の中身は、一五二〇年代のある時点で一カ所の記録保管庫に移され、権利証書その他の文書もそこに保管されるようになったに違いない。こうしてクライスト・チャーチの回廊から離れたある部屋に文書が積み上げられる結果となり、一七世紀の半ば、古物研究家のアンソニー・ウッドがその場所で文書の調査を行なった。

その結果、土地の所有に関する権利証書その他の記録を整理する過程で、いくつかの文書が意図的に放置されていることが判明した。「ここの要員は証書がかかわる土地の所有者ではないため、それらを大切に扱わず片隅に放っておいたせいで、大半が風化して朽ち果て、判読不能になってしまった[31]」のである。ウッドはそこで見つけた資料を自由に扱うことができ、彼が保存していた文書のなかには、一三世紀に作成された、中世イングランドで最も重要な政治文書であったマグナ・カルタ（大憲章）の公式な写しが、少なくとも二部、おそらく三部あった。

一二一五年六月、ジョン王とイングランドの封建貴族たちが最後に会見したのち、ラニーミードの野で署名されたマグナ・カルタ。その原本は残っていない。現存するのは、イングランド王室の司法機関であった大法官府で国の書記官が作成した一連の写しで、国王の印が押され、原本と同じ法的効力が与えられたものだ。一三世紀を通じてその文書は定期的に発行され、各州に送られて王の代理人である州長官によって読み上げられた。州長官はその後、文書を保管する安全な場所を探したが、オックスフォードシャーで最も安全に保管できそうな場所といえば、オスニー修道院だった。そして一五二〇年代に、一二一七年と一二二五年に作成されたマグナ・カルタの写しが、他の歴史的資料とともにこのオスニー修道院からカーディナル・カレッジに移された[32]。

しかしマグナ・カルタは土地の所有権とは無関係であったため、写しは不必要な文書の山に移されていた。けれどもアンソニー・ウッドはその重要性をひと目で見抜き、保存した。そしてその文書は最終的に、ボドリアン図書館にたどりついたのである。ウッドのような個人、そしてボドリアンのような機関によって正式な写しが保存されたおかげで、マグナ・カルタの趣旨は一七世紀および一八世紀の憲法論議において民主主義と法の支配を支える柱となり、こんにちもなお、善政とは何かという理念に大きな影響を与えている。

ヨーロッパで宗教改革が起きた一六世紀は多くの点で、知識の歴史のなかで最悪の時代のひとつと言えるだろう。何十万冊もの本が破壊され、ほかにも無数の本が、もともとあった図書館から別の場所に移され、多くは何世紀ものあいだそのままになっていた。宗教改革の矢面に立たされた修道院のアーカイブについては本と同程度には研究が行なわれてこなかったが、マグナ・カルタの例が示すように、膨大な数の歴史的資料が破壊された。ライブラリアンやアーキビストの役割を果たしてきた修道士や修道女たちには宗教改革の力を食い止めることはできず、そのため文書を保存する役目は一群の個人に委ねられた。一七世紀の著作家ジョン・アールの言葉を借りるなら、彼らは「過ぎ去った時を妙に惜しみ」、概して「古い記念碑《モニュメント》の錆を賛美し」、「皺に魅了され、（オランダ人がチーズを愛するように）カビの生えたものや虫に食われたものをこよなく愛する」人々だ。それは好古家であり、アールによれば、典型的な好古家とは、「朝から晩まで写本に読みふけり、それが虫食いだらけの本であればなおいい」[33]という人種なのだ。彼らは過去に深い関心を抱き、しきりに図書館の残骸を集めたがる。彼らを衝き動かすものは多くの場合カトリックの教義だが（貴族で古物商だったウィリアム・ハワード卿のように）、ときにそれは新教だった（リーランドの場合は、つまるところ離婚とローマからの分離を求めるヘンリー八世の主張を裏付けることが目的だった）。好古家たちを結びつけたものは過去への情熱、そして思想と知識の回復であり、彼らはネットワークを築いて互いの本を書写し合い、一六〇七年には協会も設立した。この協会は長続きしなかったが、一世紀後に再び設立され、考古協会としていまも存続している。このような人々によって、中世の知識のかなりの部分が保存された。彼らの活動をきっかけに、現代の重要な図書館が数多く創設され、さらにライブラリアンとアーキビストという職業が確立されたのである。

第4章

学問を救う箱舟

Burning the Books
A History of Knowledge Under Attack

Chapter Four

トマス・ボドリー卿（1545〜1613年）。作者不明の肖像画（1590年ごろの作品）。

修道院の図書館が閉鎖され、あるいは運営資金面での支援体制を失うと、知識の保存に空隙が生じた。それを埋めるのに重要な役割を果たしたのが個人であり、なかでも最も尽力した人物のひとりがトマス・ボドリー卿だった。当時のイングランドきっての知識人フランシス・ベーコンは、ボドリーの貢献――いまなおその名を冠する図書館の創設――を「大洪水から学問を救う箱舟」と表現した。[1] ベーコンの言う大洪水とはもちろん、宗教改革のことだ。宗教的動乱がオックスフォードを襲ったころには、大学の蔵書は規模においても質においても、修道院以外では最大級の機関コレクションに成長していた。

オックスフォードに大学図書館的なものが最初に出現したのはその四世紀前、当初は貴重品である本を担保にお金を借りられる「ローン・チェスト」のような意味合いのものだった。オックスフォードの街に図書館文化が芽生え、初期の大学が誕生するのに重要な役割を果たしたのが修道院で、街で最初の組織的な図書館は、オスニーの大修道院と聖フライズワイド修道院を設立したアウグスティノ修道会によって一二世紀に創設され、一三世紀になると、ルーリーの大修道院を建てたシトー修道会も図書館を創設した。これらの修道院は大学の一部ではなかったが、すべて図書館を備えていた。一方、托鉢修道会（各地をめぐりながら都市に居住し、勉学や伝道を行なう修道者）、特にドミニコ会やフランシスコ会の托鉢修道士は大学との結びつきがずっと強く、オックスフォードにある両会派の修道院にも図書館があった。[2] ドミニコ会にはさらに、「リブラリウス（*librarius*）」と呼ばれる、本の手入れや使用の管理をする責任者がいた。まもなく、資金力のあるカレッジでは彼らのやりかたを真似て独自のコレクションを築き始めた。一三世紀の後半以降、托鉢修道士たちは蔵書をうまく体系化して一部の本を「貸し出し可能」とし、学生（見習い修道士）が本を借りて自室に持ち帰り、個人的に使用できるシステムを構築していた。それと並行して従来どおりの図書館も維持され、閲覧用として専用の部屋に保管されている本をその場で静かに読むことができ、多くの場合、本は部屋の家具に鎖でつながれていた。オックスフォードでこのような方式が最初に確認されたのは一三世紀のフランシスコ会修道院で、そこでは修道院の蔵書《ライブラリ》（*libraria conventus*）と学生用のそれ（*libraria studencium*）とが別々に保管されていた。[3] この「二つのコレクション」方式はまもなく大学のカレッジでも採用され、一二九二年に更新されたユニバーシティ・カレッジの規則に正式に記載されており、オーリエル、マートン、エクセター、クイーンズ、ベイリオル、モードリン、リンカーンの各カレッジでも同様に見られる。「ライブラリ」といえば物理的な空間としての図書館と考えがちだが、実際には二つのコレクションの総体がライブラリを構成していたのである。[4]

大学では（個別のカレッジや校舎、修道院とは対照的に）、ローン・チェストの蔵書が大幅に増え始め、一四世紀初頭にはそれを保管する専用の図書室が必要になった。そこで、大学の教会（ローン・チェストが置かれていた）の隣に建てることが提案されたが、一四三九年から四四年のあいだに、五度にわたる豪勢な寄贈を受け、蔵書の規模は二倍に膨れ上がった。贈り主はヘンリー五世の弟、グロスター公ハンフリーで、すでに中世期の図書館にあった堅苦しい学術書に、人文科学の書物が初めて仲間入りした。そこにはプラトン、アリストテレス、キケロなど古代の著述家の作品のほか、フランスの人文主義者ニコラ・ド・クラマンジュや、イタリアの人文主義者レオナルド・ブルーニによるプルタルコスの著作の翻訳版も含まれていた。[5] 大学当局はすぐに、すでに進行中であった新築計画（こんにちディヴィニティ・スクールとして知られる、中世の壮麗な部屋）を変更し、その上に二階を加えて大学の蔵書を入れることを決めた。新設された図書室は蔵書を保管するだけではなく、大学の学者たちが本を利用できるようデザインされていた。一五世紀半ば以降、オックスフォードの街並みも大学も驚くべき変化を遂げたが、石造りのこの部屋は奇跡的に当時の姿をとどめ、いまも図書室として機能している。[6]

現在「ハンフリー公図書館」として知られるこの部屋に置かれた本は、貴重な書物を人々が利用できるように、紛失しないよう鎖でつないであった。そしてこの部屋は学問の拠点となったのである。この図書館を利用する学生や研究者たちはいまもなお、クリストファー・コロンブスがアメリカ大陸に上陸する四年前に開館したその学びの場から、石造りの窓や、人や動物の頭部があしらわれた屋根の受け材《コーベル》を眺めることができる。

中世の大学図書館を利用していた学者たちは、蔵書へのアクセスを容赦なく断たれてしまった。一五四九年から五〇年にかけて、国王エドワード六世が派遣した監督官が大学にやってきた。詳しい経緯はわからないが、一五五六年の時点で蔵書は一冊も残っておらず、大学は上級幹部を何人か選び、家具を売却する手配をさせた。このとき大学図書館にあった本の九六・四パーセントが失われたと推計されている。[7]いまも残るのは、ほんのわずかな本と、一五世紀につくられた書架が石の支柱に落とす影のみ。

では、本はどうなったのか？　それから一世紀以上の時を経て、古物研究家のアンソニー・ウッドは著書『オックスフォード大学の歴史と遺物（History and Antiquities of the Universitie of Oxford）』（一六七四年）のなかで、「宗教改革家によって持ち出された本の一部は焼却され、一部は二束三文で書籍商に売られ、あるいは手袋屋にわたって手袋の重しに使われ、仕立屋の巻き尺になり、製本屋が綴じた本のカバーになり、なかには宗教改革家が自分用にとっておいた本もあった」[8]と書いている。

生きのびたのは、たった一冊だった。こんにちボドリアンの書架に残るのは、イングランドの歴史家ジョン・キャプグレーヴによる『出エジプト記注解（Commentary on the Book of Exodus）』、古代の著述家小プリニウスの『書簡集』（一四四〇年ごろにミラノで書写されたもの）、そして一四四四年に大学に寄贈されたニコラ・ド・クラマンジュの『著作集（Works）』のわずか三冊である。[9]

しかしこの破壊のなかから、世界で最も優れた図書館のひとつが誕生した。ボドリアン図書館のなかで最も新しいウェストン図書館には、その立役者となったある人物を描いた一六世紀の肖像画が飾られている。その人物とは、トマス・ボドリー卿である。現代人の目で肖像画を見つめると、ボドリーという人物がもつ奔放な魅力が伝わってくるはずだ。上等な衣服を身にまとい、ひげはきれいに手入れされ、その目には確かな輝きがある。ボドリーは一五四五年に裕福な家庭に生まれ、いまだ宗教改革の暴力と不穏の傷痕が残る時代に幼少期を過ごした。彼の両親は新教を深く信奉していたため、一五五三年にメアリー一世が王座につき、カトリックへの復帰を推し進めると、ボドリー一家は亡命を余儀なくされる。女王が死去すると一家はイングランドに戻り、トマスはオックスフォード大学モードリン・カレッジに進学し一五六三年に卒業、その後三〇年にわたり、イングランド南西部エクセターで商人として成功を収めた（サーディンの売買で財をなした裕福な未亡人との結婚にかなり助けられた部分があった）。彼はまた外交官としてエリザベス一世に仕え、宮廷の一員となった。一五九〇年代にオックスフォードに戻った彼は、旧友のヘンリー・サヴィル卿とともに大学図書館の再建に乗り出した。[10]

トマス・ボドリー卿は自伝のなかで、みずからの使命について、「私はついに、オックスフォードの図書館の入口に我が職杖を立てようと決めた。その決意はゆるぎなく……あの場所を（当時は、いたるところに破壊されたものやがらくたが転がっていた）学生たちが利用できる公共の場にできるなら、それ以上にやりがいのあることはない」[11]と述べている。彼は一五九八年にすでにこのアイデアをオックスフォードの副学長に詳しく伝え、「かつてオックスフォード大学には公共の図書館があった。それは残された部屋からも、記録に残る規則からも明らかだ」と指摘した。そして「私がみずからの責任と費用において、その場所を元通りの用途に使えるようにしよう。図書館にふさわしく、整然と椅子や棚、机を並べ……たくさんの本を供給するべく力を尽くそう」と、このプロジェクトへの巨額の資金援助を快く申し出たのだった。[12]

一五九八年以降、新しくなった建物にたちまち大量の書籍が集まってきたのは、新たな図書館が待ち望まれていた証拠だった。ボドリーは自身のコレクションから一五〇冊を超える写本を寄贈したが、そこにはボドリアン図書館が所蔵するなかでほぼまちがいなく最も豪華な装飾写本である、詩人アレクサンドル・ド・パリ（アレクサンドル・ド・ベルネイ）による『アレクサンドロス・ロマンス』も含まれていた。これは一三三八年から四四年にフランドルで書かれ装飾がほどこされたもので、同じ物語が中英語で書かれた写本と、さらにマルコ・ポーロの『東方見聞録』のフランス語版を中英語に翻訳したものも一緒に製本されている。そしてこの『東方見聞録』の部分に、ヴェネツィアを描いた最も有名な絵のひとつがある。一四〇〇年前後にイングランドで制作されたその絵は、長年にわたり、ヴェネツィアの歴史書には必ずといっていいほど掲載されてきた。『アレクサンドロス・ロマンス』は相当裕福な人物──おそらく有力な貴族もしくは王族──の依頼で作成されたに違いない、最高級の書記と画家が力を結集させてつくりあげた壮麗な本だ。中世のその時期の写本としては大型で、花の模様や余白部分に描かれた驚くほど印象的で独創的な絵など、各ページには装飾がふんだんにほどこされ、日々の場面が描写されている。私がボドリアン図書館に来て一七年になるが、この本を見るたびに、いまでも背筋がぞくぞくするほどの感動を覚える。金箔の輝き、ページを鮮やかに彩る顔料、文字の美しさ、そしてページをめくるときに大判の羊皮紙がたてる重厚な音に、五感が喜ぶのだ。これは世界で最も貴重な文化遺産のひとつだ。

一八五七年四月二七日、エクセター・カレッジの若き学部生が特別な許可を得て『アレクサンドロス・ロマンス』を閲覧した。その学部生とは、のちに一九世紀で最も影響力のある画家、デザイナー、作家、そして政治思想家のひとりとなるウィリアム・モリスだった。その写本を見てまもなく、モリスとエドワード・バーン＝ジョーンズは、ラファエル前派の画家仲間たちとともに、オックスフォード・ユニオン図書館の壁をアーサー王のテーマで飾った。戦う騎士や騎士道的行為、宮廷の儀式などを描いた彩色挿絵《ミニアチュール》に影響を受けたのだ。モリスとバーン＝ジョーンズは豪華な装飾写本に触れたことで深く感化され、二人の心に中世の美的感覚が強く芽生えた。[13] モリスは生涯にわたり中世の美学やものづくりの手法からインスピレーションを得つづけたが、その中心となったのが、中世と同じスタイルでの本づくりで、そのために独自の印刷所まで立ち上げた。それがロンドンのケルムスコット・プレスである。

トマス・ボドリーの友人や同業者たちが、写本や古文書、印刷本、コイン、地図、その他の資料のほか、新たに書籍を購入する資金の提供を申し出た。寄贈された資料のなかには、解散した修道院の蔵書であった写本も数多くあったが、前世紀の出来事にかかわる国家文書も含まれていた。この新しい施設が当時のどの図書館とも大きく異なる性質のものであることを、彼らは認識していたのだ。初期の寄贈者のなかには、ウィリアム・カムデン（偉大な歴史学者）やロバート・コットン卿、トマス・アレン（『聖ダンスタンの教本』の所有者）、ウォルター・コープ卿といった好古家たちもいた。ほかにはボドリー自身の家族もおり、彼の兄でエクセター大聖堂の司教座聖堂参事会員であったローレンスは、参事会長と会員たちを説き伏せ、一六〇二年に大聖堂の図書館から八一冊の写本を寄贈した。しかしボドリーには、過去を保存するだけではなく、どうしてもやりたいことがあった。のちの世にも価値をもちつづける図書館をつくりたかったのだ。一六一〇年、ボドリーはロンドンの書籍出版業組合と契約を結び、そのメンバーである出版業者が発行し組合事務所に登録されたすべての本について、一冊を新設された図書館に寄託することが取り決められた。[14]

西洋文明が長年描きつづける夢、それは、すべての知識をひとつの図書館に集約させるというものだ。アレクサンドリア図書館の神話に始まったこの夢は、ルネサンス期を経て、図書館とは地域社会があらゆる人知を身につけるのに役立つ場所、少なくとも重要な学術研究に関する参考資料はすべて見つかる場所であるという認識が高まると、勢いよく復活した。宗教改革はヨーロッパの多くの図書館を破壊し、なかでもブリテン諸島の図書館は壊滅的な被害を受けた。その損失を正確に数値で表すことはできないが、さまざまな断片的証拠から、宗教改革以前にブリテン諸島の図書館にあった蔵書の七、八割が失われたことがわかる。そしてヨーロッパの修道院図書館の棚からも、それをわずかに下回る割合の本が失われた。

宗教改革はまた、別の形でも本に損害を与えた。特に大きな打撃となったのが、反宗教改革によって引き起こされたヘブライ語の本への反感だ。数々の猛襲を生きのびた本の少なさを見ると、カトリック中世の膨大な知識が失われたことは否定できない。失われたのは作家が書いた文章だけではない。有名な作家の作品がさまざまな宗教コミュニティや人々のあいだで読まれていた証拠までが失われてしまったのだ。中世の修道院のアーカイブが破壊されたことで、日々の行動を記した証拠文書は失われた。また、マグナ・カルタの例が示すように、そこには極めて重要な文書が思いがけず保存されていることもあったのである。

図書館の設立規約に、ボドリーは保安や維持、入念な管理等に関する多くの詳細な条件を盛り込んだが、これはある意味、それ以前に起きた知識の破壊への直接的な対応でもあったのだろう。こうして保護を徹底することで、ボドリーは大学関係者だけではなく「学問にたずさわるすべての人々」が資料を利用できるようにした。広く知識を提供するという斬新な発想だった。ヨーロッパにおいて、蔵書の保存と拡大にこれほど力を注ぎ、同時に内輪の枠を超えて地域社会にアクセスを広げた図書館はほかにない。ボドリアン図書館のアーカイブには、一六〇二年に正式に開館してから数年間の利用記録が残されており、そこには国内の他の地域のみならず、ダンツィヒやモンペリエ、ハンブルクからやってきた学者たちの名もある。[15]

ボドリーが行なったもうひとつの改革は、蔵書目録の発行だった。最初の本格的な目録はオランダのライデン大学図書館のもので、新館のオープンを記念して一五九五年に発行された。一六一〇年に制作された、この図書館を描いた有名な版画を見ると、蔵書が神学、法学、医学、数学、哲学、文学、歴史の七つのカテゴリーに分けて並べられていたことがわかる。[16]

「探しているものを誰もが見つけられる、図書館にとってそれ以上の栄誉はない」これは、フランスの有名な図書館研究家ガブリエル・ノーデが、ミラノのアンブロジアーナ図書館（ヨーロッパでは数少ない、一般に公開された図書館のひとつ）への批判を込めて一六二七年に書いた言葉だ。そこではテーマごとの分類が不十分で、本はサイズごとに「雑然と詰め込まれて」いた。[17]それとは対照的に、ボドリアン図書館は非常に整然としていた。また、イングランドでいち早く、（開館から三年後の）一六〇五年に蔵書目録を印刷して販売した。この目録では、学問分野の分類は美術、神学、法学、医学のわずか四つだったが、著者名による総索引のほかに、アリストテレスや聖書の注釈者に特化した索引もついていた。目録を作成したのは、初代館長トマス・ジェームズだ。彼とボドリーとのあいだで交わされた書簡のほとんどが現存するが、目録に関するやりとりが驚くほど多い。

最初の蔵書目録は一覧表（「テーブル」と呼ばれていた）で、こんにちハンフリー公図書館と呼ばれる再建された部屋の各書架の端に木枠に収めて掲示され、「図書を配架、整理するさいには、アルファベット順であれ科目順であれ、順番への配慮をけっして怠ってはならない」と定められていた。[18]最終的には、書架に置かれるようになった最初の蔵書目録は科目ごとに並べたリストだった。それは「クォート（四折判）」と呼ばれる判型の小型本で、縦は約二二センチしかなかったが、本文だけで四〇〇ページ以上あり、さらに二〇〇ページを超える補遺と六四ページの索引がついたかなりの大冊だった。この蔵書目録は広く出回り、フランクフルト・ブックフェア（いまも年に一度出版社が集まる重要なイベントであり、ここで新刊本の宣伝が行なわれる）で販売され、書籍収集家や他の図書館が利用するようになった。たとえば、パリに住むフランスの偉大なる収集家ジャック＝オーギュスト・ド・トゥーや、エディンバラに住むスコットランドの詩人ウィリアム・ドラモンド（通称ホーソンデンのドラモンド）も、一六〇五年版の蔵書目録を所有していた。一六二〇年、ボドリアンは初の試みとして、著者名のアルファベット順に配列した新版の蔵書目録を作成した。この方式はスタンダードとなり、その後何世紀にもわたり踏襲されているが、当時は知の歴史における画期的な出来事だった。[19]

近世ヨーロッパにおいてボドリアン図書館が他の図書館と異なっていたのは、保存された知識に人々がアクセスできるようにした点だ。現在、ボドリアンの蔵書目録は世界中のどこからでも検索が可能で、たとえば二〇一八年九月から二〇一九年六月までの学年度では、一四〇〇万回以上の検索が行なわれた。また、三〇万人を超える読者が学外から閲覧室を訪れ、さらに（北朝鮮を除く）世界各国の何百万もの人々がデジタルコレクションをダウンロードした。この保存とアクセスの組み合わせにより、一七世紀から一八世紀初頭において、ボドリアンは事実上の国立図書館となったのである。

一方、文書の保管方法についても変革が行なわれた。中世期のオックスフォード大学では、多くのカレッジや校舎、学生寮をもつ複雑な構造上、膨大な量の文書や管理情報を保管する必要があった。大学が運営権を獲得し、学位その他の授与権が発生すると、その記録を保管する必要性も生じた。最も古い記録は、学生の勉学および風紀について定めた校則集だった。また、大学に宛てた現存する最古の書簡（おそらく、この大学が重要な機関であったことを示す最古の証拠）は、教皇特使（ローマ教皇の代理人）のグアラ・ビッキエーリ枢機卿から一二一七年もしくは一二一八年に届いたものだ。[20]大学が徐々に大きくなり秩序が整ってくると、初期の大学職員（学生監など、一部の役職は現在も残っている）は入学試験簿（入学試験を経て、正式に教科過程への入学が認められる）や教職員会簿（学寮長その他の大学職員のリスト）を作成するようになった。いまでもこれらに相当するリストが存在し、誰が学位やこの大学の一員としての特権を与えられているか（もしくは与えられていたか）を示す「マスターファイル」として参照されている。

　こうした手法が用いられたのは、何も大学だけではない。政府の目的に沿った情報収集方法が中世期に確立され、イングランドにおいては一六世紀に飛躍的進歩を遂げた。その原動力となったのが、ヘンリー八世と、彼に仕えるウルジー枢機卿とトマス・クロムウェルが推進した宗教改革だ。ウルジー卿が一五二〇年代に行なった調査や、バロール・エクレシアスティカス（ヘンリー八世の監督官が一五三五年に行なった教会の収入調査の結果をまとめた膨大な目録）、一五四〇年代の寄進委員会（Chantry Commission）はいずれも、教会の財政状況を正確に把握し、王の支配下に置くためのものだった。一五三八年、クロムウェルはすべての教区に対し、洗礼、結婚、埋葬の記録を法的に義務づけた。さらに土地譲渡の登記制度も導入されて、国による前例のない長期的情報収集が行なわれるようになった。そこから政府の情報監視が始まり、データは国のアーカイブに保管された。[21]

　この時点まで、「知識の保存」というプロセスには、いまではめったに使われないが保存の真価を端的に表す「muniment」という言葉が用いられていた。「権利や特権の証拠を残すための記録」という意味の言葉だ。証拠となる文書を保管しておく慣行は、かなり組織的な活動のレベルに達していた。国の情報を一カ所に集めた初の中央公文書館は、スペインの記録を集めるために、神聖ローマ皇帝カール五世（スペイン国王カルロス一世）によって一五四二年にスペイン北部シマンカスにつくられた。イングランドでは、一六一〇年にジェームズ一世がレヴィナス・モンクとトマス・ウィルソンを「書類と記録の保管および登録官」に任命した。[22] また、財務府裁判所の副会計官シピオ・ル・スクワイヤーのように、記録を管理するだけでなく、その記録をまとめたリストを作成するために雇われた者もいた。[23] 一六一二年には、現在と同様の形のヴァチカン公文書館も誕生した。

　情報管理は法令の整備や国家財政の拡大に不可欠だが、公共目的にも役立つとの見方がなされるようになった。政府が果たすべき役割のひとつは、市民に広く政治を行き渡らせることだ。一七世紀、ロンドンのイギリス学士院とグレシャム大学を中心とする著名な知識人たちが、政府を「より信頼できる秩序立った」ものにし、市民の「幸福と偉大さ」を守るために社会統計データを収集することを奨励した。[24]

　また、非を改めより良い政府になるためには人々に届くよう情報を広く拡散させなければならないという考えも浸透し始めた。それを中心となって提唱したジョン・グラントは、一六六二年の著書『死亡表に関する自然的および政治的諸観察』のなかで、死亡表（ロンドンでの死亡者数を記載し、死因を分析した文書）にまとめられたデータは、単に国の政府に役立つ情報と考えるべきか、より広い社会に役立つものと見るべきかを決めかね、「多くの人々にとって必要なのだろうか」と疑問を投げかけている。[25] 死亡表は「明確な情報」を提供するために公表されたが、その目的は、ロンドン社会の現状に対する理解をより完全なものとし、個々の市民が行動を改めるよう促すこと、グラントの言葉を借りれば、「一部の男たちを囲い込んでいる柵」を強固にし、「無節制」から遠ざけることにあった。[26] 死亡表が作成された元データは、教会書記名誉組合の記録保管庫で調べることができた。教会書記はデータを集める役目を担い、海軍大臣となった文官サミュエル・ピープスがのちに日記に書いているように、一般市民は実際に、報告される情報を頼りに自身の行動を管理していた。一六六五年六月二九日の日記に、ピープスはこう記している。「この界隈は、日々ペストの感染状況が悪化している。死亡表の数は前回よりも約九〇人増えて二六七人に達した。そのうち四人を除き、都市の住民だ——我々にとっては、じつにありがたいことに」[27]。

科学理論家サミュエル・ハートリブは「オフィス・オブ・アドレス・アンド・コレスポンデンシー（発信と応答の事務所）」の創設を提唱した。一般に公開されている経済、地理、人口統計、科学に関する情報を幅広く提供する場で、「これにより、王国全体で望まれる有用な情報がすべて、それを必要とする人に伝わる」というものだ。このハートリブのプランは、影響力をもつ多くの著名な改革者の強い支持を受けたが、なかでもオックスフォード大学における支持は大きく、ボドリアンの第二代館長ジョン・ルースが病に倒れたとき、ハートリブはその後任の座を真剣に打診された。彼が本格的な情報提供機関をつくるプランを立てた当時、その設置場所としては大型図書館がベストと考えられたからだ。なにしろ彼が求めたのは、「助言、提案、交渉、その他あらゆる貴重な知的情報が出会う中心地」なのだから。しかしながら、このプランに反対する者もいたため、結果的に館長の後任に指名されたのは、王党派の支持者で、歴史家のチャールズ・ウェブスターいわく「学問的に見てオーソドックス」なトマス・バーロウだった[28]。

ボドリアン図書館によって数多くの重要な文書が保存されたが、時代を超えて最も大きな影響を及ぼしたものはマグナ・カルタだ。なかでも重要な条項である、いかなる自由人も「同輩による合法的裁判または国法によらずして」逮捕・監禁され、あるいは財産を奪われることはないと定めた三九条と、正義と司法の売買、拒否、遅延を違法とする四〇条は、いまも忠実に守られている。これらの条項はこんにちに至るまでイギリス法に正式に記され、アメリカ憲法をはじめとする世界中の法にも見られ、また、人権に関する国連憲章の重要な典拠のひとつとなっている。[29]

啓蒙時代の高名な法思想家ウィリアム・ブラックストンは、マグナ・カルタの法的・政治的意義をより広く認識させ、一八世紀の議論に広がりをもたらした。著書『大憲章及び御猟林憲章（The Great Charter and the Charter of the Forest）』（一七五九年）は、一七五四年にボドリアン図書館に遺贈されたマグナ・カルタの写しを綿密に研究して書かれたものだ。[30] この本と、彼の代表作である『イングランド法釈義（Commentaries on the Laws of England）』（一七六五〜六九年）は、アメリカ独立の父たちに絶大な影響を及ぼし（たとえば、トマス・ジェファソンの個人蔵書にもあった）、また革命期フランスの知識人にもその影響は及んだ。実物のマグナ・カルタが一三世紀に発揮したような威力がいまだに残っているかどうかは疑問だが、現存する一七の写しのうちのひとつが、一九四一年にアメリカに送られている。第二次世界大戦でアメリカをなんとか連合国側に引き入れるために、結びつきの印としてウィンストン・チャーチルが送ったものだ。

宗教改革の時期に図書館や公文書館が破壊されたことで、当時の古物収集家たちは駆り立てられるように過去の記録を救出し、昔の資料を集められるだけ集めたが、その一世紀前にリーランドが誇らしげにヘンリー八世の「アンティクアリアス（古物研究家）」に任ぜられたころとは状況が一変していた。当時の人々から見れば古物収集家たちはじつに奇異な存在であり、そのため芝居や詩、諷刺漫画でよく笑い者にされた。一六九八年に刊行された『新古今流行語俗語辞典（The New Dictionary of the Terms,

Ancient and Moderm of the Canting Crew)』でも、「古物収集家（antiquary）」は「昔の硬貨や宝石、碑文、虫の食った記録や古文書に興味をもつ、好奇心の強い鑑定家。また、遺物や遺跡、昔の風習、語句、様式を好み、盲目的に愛する者」と定義されている。しかし、そうした人々が救った「虫の食った記録や古文書」こそが、一六世紀の終わりから一七世紀にかけて創設される大規模な機関図書館の所蔵品の土台となったのだ。[31]古物収集家たちの深い愛着によって、過去は未来のために保存されたのである。

ボドリーもまた、知識の破壊を二度とくり返してはならないという強い信念を抱く人々のひとりだった。もうひとり、ブラウンシュヴァイク＝リューネブルク公アウグスト二世もまた書籍の収集にのめりこんだコレクターで、一六六六年に亡くなった時点で、自身の書庫に一三万冊の印刷本と三〇〇〇冊の写本を所有していた。その数は、当時のボドリアンの蔵書をはるかに超える。[32]結果的に三〇年戦争へと発展する激烈な宗教的動乱のさなかにあったドイツで若年期を過ごしたアウグストが書籍を集めるようになったのは、知識を保存するためだった。ボドリーのように彼もまた代理人を使って（遠くはウィーンやパリからも）本を買い集め、一六〇三年にははるばるボドリアン図書館を訪れている。正式に開館してわずか数カ月後のことだった。ボドリーの図書館に刺激を受けたアウグスト二世は以前にも増して精力的に収集を続け、集めた蔵書は、ドイツのヴォルフェンビュッテルに創設されたヘルツォーク・アウグスト・ビブリオテークとして知られる大規模な学術図書館（国と州の政府が出資）の基礎となった。

ボドリーは先を見据えて綿密な準備を行なっていた。規約案を作成し、資金を寄付し、古い建物は再建し、新しい建物の建設計画を立てて着工した。そして彼は、館長という新たな役割を「勤勉な研究者としての評判が高く、すべての言動に信頼がおけ、活動的で、慎み深く、学位取得者でなおかつ言語学者であり、結婚という重荷も、聖職禄という重荷も背負っていない者」（つまり、教区司祭ではない者）が担うことを望んだ。著名な学者で欽定《きんてい》訳聖書にもたずさわったトマス・ジェームズが初代館長に任命されたとき、創設者であり後援者でもあるボドリーはたえず不安を覚えていたようだ。現存する二人の書簡からは、壮大な図書館の創設にかかわること細かな指示が出されていたことが、いやというほど伝わってくる。ボドリアンの館長はいまもなお「ボドリーのライブラリアン（司書）」と呼ばれ、私はその二五代目に当たる。

　箱舟は絶対に水を通さない完璧なものでなければならなかった。一六〇九年、トマス・ボドリー卿は「慎重に観察した結果、キリスト教世界において名だたる図書館の一部が完全に崩壊し失われたおもな原因は、継続的に維持するための確かな財源がしかるべく供給されなかった点にあるのは明らかである」[33]とする基金創設証書を作成した。そして彼は私財をその財源に充てるため、家族を相続人から除外した。

第5章

征服者の戦利品

Chapter Five

ワシントン焼き討ちの場面を背景に立つ、海軍少将ジョージ・コーバーン卿。ジョン・ジェームズ・ホールズによる肖像画を、C・ターナーが版画にしたもの（1819年）。

あちらこちらで上がる火の手に空は鮮やかに彩られ、道を照らす暗赤色の光で、男たちは互いの顔をはっきりと見ることができた。……我が人生のいかなる時期においても、これ以上に鮮烈で荘厳な光景を目にした記憶はない。[1]

イギリス軍兵士として従軍した若きスコットランド人ジョージ・グレイグは、一八一四年のワシントン焼き討ちを複雑な思いで見つめていた。彼は海軍少将ジョージ・コーバーンと陸軍少将ロバート・ロスが率いる遠征隊の一員としてアメリカと戦うために大西洋をわたり、ワシントン史上最も破壊的な攻撃に加担した。グレイグはじつに知的な観察者であり、一八一二年から一四年にかけてのイギリスのアメリカ遠征を、彼はまちがいなく一方の立場から見ていたはずだが、それでもなお、まのあたりにした光景に胸を痛めた。

ワシントンを攻撃したイギリス軍はホワイトハウス（当時はプレジデンシャル・マンションと呼ばれていた）と合衆国議会議事堂に火を放ったが、その議事堂にはアメリカ議会図書館が設置されていた。堂々と丘の上に鎮座する議事堂は「洗練されたじつに優雅なつくり」で、「数多くの窓」と「立派な螺旋状の吊り階段」、さらに「公共図書館用にしつらえた」区画があり、「二つの広い部屋には、おもに現代語で書かれた貴重な書物が多数備えられ、ほかにも公文書や国の法令、議会議事録その他の文書で満たされた部屋や、図書館員用の部屋もあった。「立派な図書館に何軒かの印刷所、そして国の記録文書がみな炎に包まれた。それらは政府の所有物に違いないが、焼かずにおいても良かったのではないか」[2]というグレイグの記述からは、後ろめたい気持ちがありありと伝わってくる。

ワシントンの焼き討ちはアメリカにとって強烈な打撃となり、その影響はのちの世代にも及んだ。イギリス人はその残虐な行為によって激しい非難を浴び、焼き討ちは神話となって、その後の数世代にわたりアメリカ国民が結束を強めるのに役立った。そして、彼らが逆境を乗り越え首都と政府を再建できたのは、立ち直る力と才覚、成功へのゆるぎない決意のあらわれであることを証明したのである。

一八一四年当時、議会図書館はまだ新しかった。独立戦争でイギリスを打ち破ったのち、上院と下院からなる議会を中心に新政府が誕生した。最初の議会（一七八九～九一年）では、首都と政府をどこに置くかが検討され、アメリカ合衆国建国の父と呼ばれた三人――トマス・ジェファソン、アレグザンダー・ハミルトン、ジェームズ・マディソン――の意見は、大統領であるジョージ・ワシントンが好むポトマック川沿いの場所で一致した。現在のワシントンＤＣはもともと、ボストン、フィラデルフィア、ニューヨークといった大都市から遠く離れた、森林と農地が混在する場所だった。政府を主要な大都市から離れた場所に置くことは、この新しい国に対する政府の影響力を小さく抑えたいという意図を象徴していた。こうした政略的手法は、いまもなおアメリカ政治の要となっている。

政府が大きく発展し始めると、情報や知識にアクセスする必要性も高まった。政治家や政府高官の多くは高学歴の男性だったが、連合会議では早くも一七八三年に、ヨーロッパからの書籍の輸入が発議された。こんにち「アメリカ合衆国憲法の父」と称されるジェームズ・マディソンが委員会の議長をつとめ、「各国の法令、条約、交渉等に関する書籍で、適切に手続きをとってくれる著者によるもの」、さらに「合衆国の古事や情勢に関連するすべての書籍および小冊子」の購入を推奨した。[3] しかしこれは純粋な歴史的興味からではなく、ヨーロッパの大国がアメリカの領有権を主張することが予想されたことから、それに対抗するための証拠を用意するのが目的だった。[4]

一八〇〇年には、議会の資金を書籍購入に充てるのを認める法案が可決された。マディソンの委員会がまとめた三〇〇冊を超える書籍リストには、啓蒙主義の偉大なる「バイブル」、すなわちフランスの啓蒙思想家ディドロとダランベールが編纂し、出版業者シャルル＝ジョゼフ・パンクークが刊行した一九二巻からなる『百科全書』（一七八二～一八三二年）のほか、フーゴー・グロティウスやエドワード・コークら法学者の著作が含まれていたが、そのなかでも特に重要なのが、イギリスの法学者ウィリアム・ブラックストンの『イングランド法釈義』全四巻（一七六五～六九年）と『大憲章及び御猟林憲章』（一七五九年）だった。さらに、ジョン・ロックやモンテスキューなど政治哲学者の著作や、多大な影響力をもつ経済学者アダム・スミスの『国富論』（一七七六年）もあった。ほかにもエドワード・ギボンやデイヴィッド・ヒュームら一八世紀の思想家の著作もあったが、購入リストには地図などのより実用的な品々も含まれていた。[5]

リストにはこのように魅力的なタイトルが並んでいたにもかかわらず、議会は当初、委員会に書籍購入資金を与えなかった。図書館の資金は議会頼みだが、議会のほうは必ずしも図書館を優先事項とは考えていないという、のちに「おなじみ」となる問題が、このときすでに起きていた。

独立戦争以降、アメリカは教育を重視し、書籍の取引が活発に行なわれる国として発展したが、取引の多くはイギリスをはじめヨーロッパの書籍市場と結びついたものだった。また、初期のアメリカには商売としての貸本屋が数多く存在し、非営利的な公共図書館は、本を買えない人々にも新しい知識や情報を得る場を提供していた。[6] 私的に本を所有するのはまだ中流階級や上流階級だけだったが、貸本屋や会員制の有料貸し出し図書館、コーヒーハウスなどに設置された文庫の登場で、より幅広い層の人々が知識にアクセスできるようになった。そしてこの動きは、一九世紀のあいだに大西洋の両岸で大きく拡大するのである。しかし初期の連邦議会議員のほとんどは裕福な家庭の出身者で高学歴の者が多く、たいていは家に独自の蔵書があったためか、当初、彼らは議会のなかに図書館をつくる必要性を感じていなかったようだ。

一七九四年、上院で使用するウィリアム・ブラックストンの『イングランド法釈義』とスイスの法学者エムリッシュ・ヴァッテルの『国際法（Law of Nations）』の購入費が議会に割り当てられたが、これは特筆すべき例外であり、一八〇〇年に議会がワシントンに移転し、マディソンの法案が可決されてようやく図書館費が予算に計上された。だがそれでもなお、その年にジョン・アダムズ大統領が署名した法案「合衆国政府の移転に向けた設備の拡充」では、図書館よりも道路の舗装や大統領の住居のほうにより重点が置かれていた。図書館に充てられた予算は、次のとおり。

当該ワシントン市において議会が使用するために必要な書籍を購入し、それらを収容する適切な部屋を用意する費用として、ここに合計五〇〇〇ドルを計上し……購入は、その目的のために設置される両院の合同委員会が提示する目録に従って行なうものとし……前記書籍は当該都市の議事堂内にある適切な一室に設置し、前述の委員会が定める規則に従って、議会両院およびその議員が用いるものとする。[7]

ここで優先事項が示されたことは重要だ。議会は当初、自分たちの職務と直接的に関係のある情報、つまり法律および政府関連の本があれば十分だと考えていたからだ。また、ニューヨークやフィラデルフィアとは違い、ほかに図書館などなかったワシントンでは、効率的な運営のための準備は特に重要だった。

蔵書は膨大ではなかったが、その数は急速に増えていった。印刷された最初の蔵書目録が一八〇二年に発行され、そこに記載された本は二四三冊だったが、翌年には補遺が必要になった。この最初の蔵書は、おもに英語で書かれた法律および政府に関するベーシックな品揃えで、イギリスの『制定法規集』や『下院議会日誌』、一四巻からなる『国事判例集』などが含まれていた。[8]ロンドンの書籍商や出版社からもさらに本が購入された。[9]議会図書館の二代目館長パトリック・マグルーダーは新聞広告を出し、著書が図書館に入れば国の名士たちの目に留まり宣伝になるといって、著者や出版社に本の寄贈を呼びかけた。また、ナショナル・インテリジェンサー紙に掲載されたある告知記事は、誇らしげにこう喧伝する。「嬉しいことに、本や地図、海図の著者や編集者は、この図書館の棚に一冊置くことで、通常の蔵書目録や宣伝広告よりも広く情報が広まる効果に気づき始めている」。[10]

一八一二年の時点で、蔵書目録には三〇〇〇冊を超える本や地図が掲載され、そのすべてを紹介するには一〇一ページを要した。このように、独立戦争後まもない時期、アメリカ議会図書館は――そして急速に増大していく、広範な分野に及ぶコレクションは――アイデンティティを形成しつつある国家の象徴だった。昔の格言にあるように、知識とは力であり、コレクションはまだまだ小さいが、その恩恵を受けるべき連邦政府とともに成長していた。

ゆえに、イギリス軍がワシントンに到達したさい、議会図書館がおもな標的のひとつになったのも不思議はない。戦争はすでに壊滅的な被害をもたらし、図書館が破壊されたのもこれが初めてではなかった。一八一三年四月に、イギリス領の都市ヨーク（現在のトロント）を攻撃したアメリカ軍が、立法府の建物内にあった図書館を焼き払ったのだ。[12]

一八一三年、パトリック・マグルーダーが病気のため長期にわたり図書館から離れることを余儀なくされ、兄または弟のジョージが館長代理に任命された。イギリス軍がやってきたのは、八月一九日のことだった。進軍の知らせが伝わると、図書館では避難の準備が始まった。[13]しかしジョージ・マグルーダーは、陸軍省の事務官が行政記録の荷造りを始めたと確認されるまで退避しないよう指示を出した。政府機関のほとんどがすでに荷造りを始め、大事な物品を安全な田舎に運ぶ荷馬車を確保していることを彼は知らなかった。

政府で働く男たちの多くは市民軍の志願兵でもあり、ほんの数人を残して、大半が市の防衛に当たっていた。図書館の事務補助サミュエル・バーチと副館長のJ・T・フロストも残留組で、二人は本を開いて風を通すために残っていた（ワシントンの夏はかなり湿度が高く、重要な作業だった）。八月二一日の午後、バーチは市民軍での持ち場を離れることを許され、図書館に戻った。そして翌二二日、彼とフロストはついに、陸軍省の事務官がワシントンから脱出し始めたとの知らせを受ける。

こうしてようやく退避の決定がなされたが、遅すぎた。市内に残る荷馬車は、すでに他の部局にすべて徴用されていた。バーチは何時間もかけて探しまわった末、ワシントン郊外の村でやっと一台見つけ、その荷車と六頭の牛とともに戻ると、その日のうちにフロストと二人で本と文書を積み込み、二三日の朝にワシントンから九マイルほど離れた安全な場所に運んだ。ほかにもささやかな対策はなされ、たとえば連邦最高裁判所の書記イライアス・コールドウェルは、裁判所の本を何冊か自宅に持ち帰った。[14]

イギリス軍は八月二四日にワシントンに入り、事態はそこから急速に悪化した。イギリス軍を率いるロバート・ロス少将は当初、期限付きの休戦を申し入れたが、その後銃撃を受け、馬を殺された。次に起きたことを、ジョージ・グレイグは克明に記録している。しかし、ここで注目すべきは、他の図書館襲撃のエピソードでもよく聞かれるように、休戦中の発砲が言い訳に使われている点だ。

いっさいの配慮は即座に排除され、軍勢はただちに町に入り、まず銃弾が発射された家にいた全員を斬り殺してその家を灰に変えると、すぐにまた前進し、政府とかかわりのある建物をすべて、ごくつながりの薄いものまでことごとく火を放ち焼き払った。この大規模な破壊は、上院、大統領官邸、広大な造船所に武器庫、二〇〇〇から三〇〇〇人を収容する兵舎、陸海軍の軍需物質で満たされた大型倉庫数棟、さまざまな仕様の大砲数百門、さらに兵士二万人分ほどの小火器に及んだ。[15]

アメリカ議会図書館の歴史学者ジェーン・エーキンによれば、イギリス軍は本と一緒に建物内にある可燃物を積み上げて、そこに火をつけた。どのようなことが行なわれたのか詳細はわからないが、そこから伝説がかたちづくられていった。時が流れ一九世紀に入ってから『ハーパーズ・ニュー・マンスリー・マガジン』に掲載された議会図書館の焼き討ちに関する記事では、イギリス軍兵士が図書館の本を使って火をつけたと断定している。[16]

この壊滅的な破壊により、しばらくのあいだアメリカ政府の効率的な運営が妨げられた（もっとも、ボルティモアのマクヘンリー要塞の戦いでアメリカ陸軍が決定的勝利を収めることができなくなるほど長きにわたったわけではない）。標的となったのは図書館だけではないが、アメリカ政府の中心的建物内というロケーションは格好のターゲットであり、火が燃え広がるのに必要な可燃物の供給源でもあった。それに、イギリス軍のなかで少なくともひとりは、図書館の破壊がもつ象徴的なパワーに気づいていたようだ。ワシントンの中心地が破壊されるなか――グレイグはそれを、単に「煙を吐くいくつもの廃墟の山」と報告している――勝利を得た軍の指揮官によって、一冊の本が記念品として持ち出された。[17] それは『一八一〇年版アメリカ合衆国歳入歳出報告書（An Account of the Receipts and Expenditures of the U.S. for the Year 1810）』（ワシントン：A&Gウェイ・プリンターズ、一八一一年）で、表紙に貼られた革のタイトルラベルには、「アメリカ合衆国大統領」と献辞が型押しされていた。この本が、一九四〇年一月に伝説の書籍商A・S・W・ローゼンバックによって議会図書館に寄贈された。これは海軍少将ジョージ・コーバーンが弟に贈った本で、明らかに記念の品だった。コーバーン自身が手に取ったのかイギリス軍の兵士が見つけたのかはわからないが、記念品として本を持ち帰ったことは、非常に大きな意味をもつ。「戦争のあらゆる慣習に照らし、征服された町にある公共財産はそれがなんであれ、当然ながら征服者の正当な戦利品となる」[18] とジョージ・グレイグは記述している。

焼き討ちが行なわれて数日のあいだに、破壊のすさまじさが明らかになった。石造りの建物は残ったが、中身はことごとく焼失してしまった。イギリス人は、巣立ったばかりの政府に、しかもその心臓部に一撃を加えたのだ。議員は無事だったが、議事堂は燃え、議会運営の拠り所であった情報も破壊されてしまったため、彼らの政治的地位を早急に立て直す必要があった。

こうして最初の議会図書館の灰のなかから、新たな、そして以前よりも優れた図書館が誕生することになる。この再生のために中心となって動いたのが、アメリカ革命と合衆国建国を知的に推し進めた立役者のひとりである、元大統領トマス・ジェファソンだった。一八一四年当時、ジェファソンはワシントンから南西に一〇〇マイル離れたヴァージニア州モンティセロで半隠居生活を送っていた。彼の個人蔵書は一生涯にわたる熱心な読書によって築き上げられたもので、当時のアメリカで最も高尚かつ大規模な私的コレクションといっても過言ではなかった。火事で蔵書を失うとはどういうものかを、ジェファソンは知っていた。最初に集めた法律関係の本が一七七〇年に焼失し、また一からコレクションを再構築しなければならなかったからだ。ワシントン焼き討ちの数週間後、ジェファソンは丁寧に書き上げた手紙を、ワシントンに拠点を置く共和党系の有力紙ナショナル・インテリジェンサーの発行人サミュエル・ハリソン・スミスに送った。

拝啓

新聞報道によれば、敵はワシントンにおいて公共図書館を破壊し、その蛮行が自然科学や人文科学を打ち破ったとのこと……。この一件について……世界はある心情を除くさまざまな思いを抱くことでしょう。一国が突如、武器で身を固め、手を戦利品で満たし、大規模な戦争から撤退するのを世界はまのあたりにするのです。自分たちが無理やり戦争に引き入れた、態勢も整わない無防備な国の弱みにつけこみ、文明の時代にあるまじき蛮行にふけるさまを……。

議会にとって、書籍収集の再開が喫緊の課題のひとつではないでしょうか。しかしながら、戦争が続くあいだはそれも難しく、ヨーロッパとの取引は多大な危険をともないます。私の蔵書は、その状態も規模もご存じのとおりです。五〇年かけて集めたもので、労も費用も惜しまず、機会は逃さず、現在のような形になり……こうしてつくりあげたコレクションは、おそらく九〇〇〇から一万冊のあいだで、科学および文学の分野で一般に価値があるとされるものが中心ですが、他の分野、とりわけアメリカの政治家に必要な分野にも及び、なかでも議会や外交に関しては特に充実しています。だいぶ前から、このまま個人の所有物としておくべきではないとの思いがあり、私の死後に議会が言い値で買い取れる優先権を与える心づもりをしておりました。しかし、議会が損害をこうむったいまこそが、その潮時と言えるでしょう。残されたわずかな時間で私が蔵書を楽しんだところで、さして役にも立たないのですから。そのようなわけで、我が友人として、議会の図書館委員会にこの件を提案していただけないものかと……。[19]

ジェファソンのこの申し出の価値をめぐっては、考察や議論が延々となされ、国の財源が乏しく軍事費に充てるべき時期に、失われた図書館の復元に多額の資金を投じることの是非についても激しい論争が繰り広げられた。そして同じような議論が、その後の図書館の歴史のなかで何度もくり返されることになる。

「アメリカの政治家《ステーツマン》」（当時の政治家は、もちろん全員が男性《マン》だった）に必要なものをすべて提供するというジェファソンの申し出は、思いがけない幸運だった。元通り三〇〇〇冊のコレクションを再構築するにしろ、ジェファソンの個人蔵書に負けまいと六〇〇〇から七〇〇〇冊の本をそろえるにしろ、長い時間と入念な管理が必要だったからだ。つまりジェファソンは、大規模なコレクションを築く近道を提供したことになる。しかも、新たな国家の政府を樹立した人物が収集し、まさにそれらの本から得た知識を原動力にその偉業が成し遂げられたという付加価値までついているコレクションなのだ。

だが、ジェファソンの申し出は、完全に利他的なものだったわけではない。というのも、彼には返済すべき多額の借金があったからだ。ジェファソンはまた、窮地にある同胞に手をさしのべつつも、コレクションは一括して売却すると明言していた。売却のさいに多くの収集家が危惧する「選《え》り好み」を避けるためだ。「議会が蔵書に加えたくない学問分野のものが入っているかどうかはわかりません。しかし実際のところ、議員が参照する機会のないテーマなどひとつもありません」と彼はスミスへの手紙に書き、全部まとめて買うか、買わないか、全か無かの取引であることを明言した。[20]

一八一四年一〇月、議会は蔵書の買い替えについて本格的に検討を始め、合同委員会を立ち上げて第三者に評価を求めたのち、十分な情報を得たうえでジェファソンの申し出を受けるかどうかを判断した。それを受けて一一月には上院で「元合衆国大統領トマス・ジェファソンの蔵書の購入を認める」法案が提出され、一二月に可決された。[21]

しかし下院は審議を一月まで先送りし、だらだらと続いた議論は険悪な雰囲気に包まれていた。連邦主義派の議員たちは、ジェファソンのコレクションに彼の無神論的で不道徳な傾向があらわれているのを懸念していた。ある議員は、書籍の購入は「財務省を破産させ、国民を貧困におちいらせ、国の名誉を汚す」と考えた。また、ジョン・ロックやヴォルテールなど啓蒙主義思想家の著作を挙げ、それらの存在がジェファソンのいかがわしい「無神論と、不道徳と、生半可な知性偏重主義、さらにフランスへの盲目的な心酔」を物語っていると主張する者もいた。[22] これらの議論を取り上げた国内各紙も両派に分かれ、アメリカン・レジスター紙は「議会で出たジェファソンの本の購入に対する反対意見に、次の世代は赤面するだろう」と予測した。[23]

購入賛成派は、「グレート・ナショナル・ライブラリ」をつくるチャンスととらえた。彼らはその言葉を、現在の私たちが解釈する「壮大な国立図書館」という意味で使ったのではないかもしれない。だがジェファソンのコレクションは、結果的に蔵書のすべてを入手するには至らなかったものの、「壮大な」図書館をつくりあげる第一歩にふさわしい広がりと奥行きをもっていた。購入を許可する法案を下院はわずか一〇票差で可決し、一八一五年一月三〇日、一八〇九年に大統領に就任したジェームズ・マディソンがそれに署名した。その後、ジェファソンとの交渉を経てワシントンで承認され、六四八七冊の本が二万三九五〇ドルで購入された。[24] こうして議会図書館は一気に、一八二九年当時三万ないし四万冊の本を所蔵していたハーバード大学図書館を除き、北米で最大かつ最も高尚な機関図書館となった。[25] その規模は火災前の二倍を超え、ジャンルの幅も劇的に広がり、一八一二年の蔵書目録にはほとんどなかったヨーロッパ各地の啓蒙主義系出版社が発行する本も加わった。

このようにすばらしい書籍の投入があったにもかかわらず、アメリカ議会図書館は他の壮大な図書館《グレート・ライブラリ》と比べればまだ小さかった。ダブリン大学トリニティ・カレッジの図書館は、一八〇二年の時点で五万冊以上の本を所蔵していた。またケンブリッジ大学図書館は、一七一五年にムーア主教の蔵書を継承した段階で四万七〇〇〇冊以上を所蔵していたが、一八一四年にはそれをはるかに超え、おそらく九万冊に迫っていただろう。一方、大英博物館図書館（当時、事実上の国立図書館だった）では、一八一三年から一八一九年にかけて七巻からなる印刷本の蔵書目録が発行され、約一一万冊の本が掲載されていた。写本や地図、その他の資料も合わせれば、アメリカ議会図書館の一五倍以上の規模になる。[26]

ジェファソンの蔵書を確保した議会の次なる課題は、そのコレクションの適切な保管場所を見つけることだった。連邦議会議事堂の修繕と改装が行なわれるあいだ、議会と図書館は当初、ブロジェッツ・ホテルに設置されていた。本がモンティセロから届いたのは一八一五年五月、二カ月後には箱から出され、ジェファソン独自の分類法の簡略版に従って並べられた。ジェファソンが用いていたその分類法とは、ルネサンス期イングランドの哲学者フランシス・ベーコンとフランスの啓蒙主義者ダランベールが考案した知識の整理方法をベースにしたものだった。[27]

一八一五年三月、マディソン大統領はジョージ・ワッターストンを、初めてとなる専任の「アメリカ議会図書館長」に任命した。ワッターストンは作家、詩人、新聞編集者で、弁護士の資格ももっていた。議会図書館のコレクションを核に「国立図書館」をつくりあげるという構想に想像力を大いにかきたてたのか、ワッターストンはナショナル・インテリジェンサー紙に広告を出し、作家や画家、彫刻家たちに作品を寄託するよう呼びかけた。同紙は、「アメリカの議会図書館や国立図書館は世界中の文献を集めた巨大な宝庫となるべき」であり、「そのための巨大な知識の貯蔵庫を提供し……政府のメンバーのみならず一般の市民が利用できるようにする」のが政府の役目だと考えた。当時の新聞記事には、同じような意見を反映したものがほかにもあった。他国との比較こそしていないが、それらの記事が意味するところは明らかだ。要するに、アメリカには世界中の有用な知識を集めた国立図書館が必要だということだ。こうして一九世紀のアメリカで、アレクサンドリアの影が再びちらつくようになる。

「合衆国図書館蔵書目録（Catalogue of the Library of the United States）」と題する最初の目録が発行されたのは一八一五年の秋のことだった。合同委員会は館長の給与を増額し、利用者の範囲を司法省の職員と外交官まで拡大した。[28] 一八一七年には、著作権取得のために国務長官に寄託された本を議会図書館に提供する初の試みがなされ、同じ年、図書館が入る建物を別棟でつくろうという声が上がり始めた。しかし、そうした声はしばらくのあいだ聞き届けられなかった。

ジェファソンの蔵書を購入するかどうかを決める過程で、議会図書館を実質的に国立図書館の中核とする案が提起され、そこからさらに、政府の図書館には単に政治家や官僚のための実用的価値をもたせるだけでなく、それを軸により幅広いコレクションへと広げていくべきだとの主張もなされた。とはいえ、火災をきっかけに生まれた国立図書館の構想が具体化するにはまだまだ時間がかかり、じつのところ、本格的にはずみがつくには二度目の火災（今回は不慮の事故だった）を必要とした。

一八五一年のクリスマスイブ、図書館の煙突から炎が広がり、五万五〇〇〇冊あった本の半分以上が燃え、そのなかにはジェファソンの蔵書の大半が含まれていた。図書館の再建は、南北戦争が終結し、エインズワース・ランド・スポッフォードがリンカーン大統領によって六代目のアメリカ議会図書館長に任命されるまで待たなければならなかった。スポッフォードは議会図書館が国立図書館になる道筋をはっきりと見据え、そのビジョンを明確に示すために議会の書籍購入費を増額し、さらにスミソニアン協会図書館を議会図書館に移す計画を立てるなどしたが、なかでも重要なのは、一八七〇年の著作権法によって、議会図書館をアメリカの刊行物を法定納本する場所に定めたことだ。[29]

一八一四年のイギリス軍による議会図書館の破壊は、一国が相手国の政治と政府の中枢を弱体化させるために意図的に行なった政治行動であり、その意味で、この焼き討ちは古代世界で起きた知識への攻撃を彷彿《ほうふつ》とさせる。議会図書館の破壊への対応は、一五五〇年代にオックスフォード大学の図書館が破壊されたときと同様、その歴史に変革をもたらした。生まれ変わったアメリカ議会図書館は破壊された当時よりも規模が大きくなっただけではなく、民主的で開かれた国家とはどうあるべきかという新時代の思想に立脚する国によりふさわしい知識の源となった。創設までには時間を要したが、いったん確立されると世界一の知識の保管庫となり、この世で最も強大な国家に情報や思想を供給する役目を果たしたのである。

第6章 守られなかったカフカの遺志

Burning the Books
A History of Knowledge Under Attack

Chapter Six

フランツ・カフカ。1906年、プラハにて。

知識の運命を左右するのが「キュレーション」という概念だ。これはもともと「世話をする」という意味をもつ聖職関係の言葉で、一般的には教区民の「世話をする」司祭を指す。司祭は「魂の救済《キュア》」すなわち信者たちの精神的ケアを行なうとされていることから、キリスト教の多くの宗派では、助任司祭はいまでも「キュレート」と呼ばれている。図書館や博物館のキュレーター（資料管理者・学芸員）は、管理しているものの世話をするのが役目だ。ライブラリアンの場合、その範囲は物理的対象に含まれる知識そのものにも及ぶ。キュレーションという行為には、そもそも何を収集するか、どのように収集するか、何を保存し何を処分（すなわち破棄）するかの決定や、自由に閲覧できるようにするか一定の期間書庫に収めておくかなどの判断が含まれる場合もある。

個人の記録文書《アーカイブ》を破棄するか保存するかは、極めて難しい判断かもしれない。一五三〇年代、トマス・クロムウェルは大量の私的文書を管理していた。その大半が書簡であり、国政が大きく近代化を遂げた時代に、彼はヘンリー八世の秘書官としてそれを管理していた。当然ながらクロムウェル自身のアーカイブもよく整理され、かなりの量に及んでいたが、そのことは、現存する一部の文書（現在は国立公文書館と大英図書館の二カ所に保管されている）からのみうかがい知れる。個人の場合は受け取った書簡だけが保管されているのが普通だが、近世の王室では、発信した書簡についても秘書官がすべて写しを作成し、情報の流れを両側から把握できるようにしていた。「クロムウェルほどの几帳面な人物ならば、必要なときにいつでも自身の手紙を読み返せるようにしておいたはず」だ。受け取った書簡しか残らなければ、「意図的な破棄により、発信した書簡が根こそぎ失われるという甚大な損失」を招くのは避けがたいからだ。[1]

クロムウェルがヘンリー八世の寵愛を失い一五四〇年六月に逮捕されたとき、主人が罪に問われてはならないと、彼に仕える使用人たちはクロムウェルが出した手紙の写しを破棄し始めた。ホルバインによる有名な肖像画を見ると、クロムウェルは向かって左のほうを向いた、ほぼ横向きに近い姿で描かれ、そこからは重々しいほどの真面目さと謹厳さが伝わってくる。裏に毛皮のついた黒い上着に、黒い帽子。その平凡な服装からは、彼の人となりは何も見えてこない。この肖像画が露呈するのは富や名声ではなく、むしろ「知識の掌握」だ。左手で法的文書をしっかりと握りしめ、目の前の机には本が置かれている。富と権力を示すのは、その部屋でもクロムウェルの服装でもなく、この一冊の本、革の表紙に金の飾り彫りをほどこした本だ。この本にはさらに、金箔を貼った二本の留め金でしっかりと閉じられている。画家はこの絵で、クロムウェルが真に重視しているものを示しているのだ。

クロムウェルが発信した手紙は家庭内で――自宅の書斎で――破棄された。家庭内においては、いまも日常的に知識の破壊が行なわれている。以前、妻と私とで親族の家の片付けをしたとき、手紙や写真、日記などが出てきた。私たちはどれを処分するかを決めなければならず、処分するべき正当かつ合理的な根拠はいくつもあった。ほかにも無数の家族が、これと同じ状況に直面してきたのだ。取るに足らない中身であったり、保管するには場所をとりすぎたり、残された家族にとって不幸な記憶が呼び覚まされるエピソードが語られていたり、中身を知った子孫が永遠に隠しておきたくなるような新事実が明かされている場合もあるだろう。

このような個人的判断は日々行なわれているが、文書の運命を決する判断は、ときに社会や文化に大きな影響を及ぼすことがある。故人が著名な人物であった場合はなおさらだ。愛する人の死後、遺族は私的な記録――特に手紙や日記――の運命を決めなければならず、それが文学史に大きな衝撃をもたらした例もある。その判断は故人の名声を守るためになされることが多いが、一方で残された側の名誉のためになされる場合もある。その意味で、こうした判断はじつは「政治的」に行なわれるというのが私の見解だ。それはつまり力の行使――すなわち、世間の評価を、また何を公表し何を人目にさらさずにおくかを、力で左右することだ。

デジタル時代を迎えたいま、個人が日記をつけることは少なくなったが、一九世紀から二〇世紀にかけて、日記はひとつの大きな文化的現象だった。一方で文章のやりとりはいまでも主要なパーソナル・コミュニケーションのひとつだが、現在では電子メールやデジタルメッセージが主流で、私的な通信では、日記と同じように胸の内が吐露されることも多い。また、作家は作品の構想や創案、別バージョンなどを記録しておくこともあり、文学作品の創作過程がわかるそうした記録は、研究者や批評家にとって作品そのものに劣らない価値をもつ。こうした個人のアーカイブには、ほかにも金銭関係の記録（たとえば会計帳簿などは、さまざまな文学活動の成功・失敗を浮き彫りにする）や、写真アルバム（手紙からはわからない人間関係の側面がうかがえる）、さらに雑多な印刷物（芝居のプログラムや購読雑誌などは、文学研究者にとって有用な情報となる）などが含まれるだろう。ボドリアン図書館の特別収蔵品庫の棚は、このような魅力的な資料が詰まった箱で満たされ、そこには当館で最も人気の高いコレクション、すなわちメアリー・シェリーとパーシー・シェリー、J・R・R・トールキン、C・S・ルイス、W・H・オーデン、ブルース・チャトウィン、ジョアンナ・トロロープ、フィリップ・ラーキンらの資料もある。

作家自身による文学的資料の意図的な破壊は、ある種の極端なセルフ・エディティング（自己編集）だ。

それは先を見越した行為であると同時に、未来の希望をないがしろにする行為でもある。未来が過去を批判的にとらえるだろうということの発想こそが、歴史上行なわれてきた多くの図書館やアーカイブへの攻撃に根拠を与えてきたのだ。

太古の昔から、作家たちは自身の作品を破壊したい衝動にかられてきた。伝記作家アエリウス・ドナトゥスが伝えているように、古代ローマの詩人ウェルギリウスは、壮大な（しかしその時点では未刊だった）叙事詩『アエネーイス』の手稿を火にくべて処分しようとした。イタリア南部ブリンディジで死の床についていたウェルギリウスについて、ドナトゥスは次のように記述している。

> この身に何かが起きたときには『アエネーイス』を焼却処分してほしい、ウェルギリウスはそうウァリウス（詩人でウェルギリウスの大親友）にもちかけたが、それはできないとウァリウスは断った。そのため病で死期が迫ったとき、みずからの手でそれを燃やそうと、ウェルギリウスはしきりに本箱を手元に運ばせようとしたが誰ももってはこず、ウェルギリウスもとりたてて策を講じることはなかった。[2]

後世の作家や学者たちは、このエピソードをさまざまな意味に解釈した。ひとつは、極端な謙虚さのあらわれ、すなわちウェルギリウスは自身の作品に何ら価値を認めず、破棄を望んだというものだ。また、作品を処分する決断を、苦悩を抱えた人間のどこか神経症的な行為、極端なセルフ・キュレーションととらえる説もあった。また別の解釈はこれを、決断を他者に委ね、その人物が「キュレーター」の役目を担うことで文学的名声が築かれたひとつのエピソードとしてとらえている。この場合、ウェルギリウスにとって鍵となるのはアウグストゥスの後ろ盾であり、ローマ皇帝であったアウグストゥスみずからが、未来のために偉大なる古典文学を守り、同時にウェルギリウスの名声をも守ったのである。

こうしたさまざまな解釈は、ずっとあとの時代の作家たちの原稿――および作家自身の名声――に対してなされた決断にも当てはめることができる。たとえばジョージ・ゴードン・バイロン卿は、ほぼまちがいなく一九世紀初頭で最も有名な文筆家だった。彼に関しては「悪評高き」という表現のほうがより的確かもしれない。若い時分、地中海諸国を広く旅したバイロンは、とりわけギリシャをこよなく愛し、ギリシャはトルコの占領下から解放されるべきだと考えた。彼は『イングランドの詩人とスコットランドの批評家』（一八〇九年）で文学界に注目されたが、この諷刺詩は、一〇代のときに出した詩集『懶惰《らんだ》の日々』（一八〇七年）に対する酷評を受けて発表された強烈な文学批評だった。バイロンはその後も詩作を続け、初の本格的な詩集となる『チャイルド・ハロルドの巡礼』は、詩で綴られた一種の旅行記だった。この詩集は一編書き上げるごとに出版され、最初の二編は一八一二年に出た。刊行後、バイロンが「目が覚めると……いつのまにか有名になっていた」と語ったという話は有名だ。続いて『アバイドスの花嫁』（一八一三年）や『海賊』（一八一四年）などの詩を発表するが、代表作といえば『ドン・ジュアン』だ（最初の二編が一八一九年に出版された）。一八一五年、バイロンはアナベラ・ミルバンクと不運な結婚をし、娘が誕生する。数学者の草分けで、ラブレース伯爵夫人となるエイダ（一八一五〜五二年）だ。（ボドリアン図書館のアーカイブには、母娘のあいだで交わされた書簡がある）。クレア・クレアモント（メアリー・シェリーの異母妹）とのあいだに生まれたもうひとりの娘アレグラは、五歳のときにチフスまたはマラリアにかかって死亡した。

バイロンはそのライフスタイルによって名を馳せ、ロンドン社交界の仲間入りを果たすが、彼をさらに有名にしたのは、メルバーン子爵夫人キャロライン・ラムとの嵐のごとき不倫騒動と、自身の異母姉オーガスタ・リーとの不倫疑惑だった（彼女とのあいだに、もうひとりメドラという娘をもうけたというのが定説だ）。一八一六年、悪名とどろくさなか、バイロンはイングランドを離れヨーロッパに旅立ち、まずジュネーヴに滞在する（レマン湖畔のコロニー地区に借りた別荘で、彼はパーシー・シェリーとメアリーをもてなし、パーティーゲームとして行なった怪奇談義で、メアリーはフランケンシュタインの物語を生み出した）。コロニーでのこの滞在——史上最もすばらしい「文学者たちのお泊りパーティー」のひとつ——のあと、バイロンはパーシーとメアリーとともにイタリア各地を旅し、その間も詩を書いて発表した。この時期、パーシー・シェリーとの親交はたえず続いていたが、一八二二年にシェリーが友人を訪ねた帰りに溺死したことで悲しい終焉を迎える。こよなく愛したヨット（バイロンのために、しぶしぶ「ドン・ジュアン」と名付けた）で航行中、イタリア中部ヴィアレッジョ沖で嵐に巻き込まれたのだ。

バイロンの人生のあらゆる側面がゴシップやうわさ話の種となったが、彼のペットも例外ではなかった。イタリアに滞在中、バイロンはさまざまな生き物を集め、そのさまは動物園さながらで、シェリーによれば「一〇頭の馬、八匹の巨大な犬、三匹のサル、五匹の猫のほか、ワシが一羽、カラスが一羽、ハヤブサが一羽いた。そして馬以外のすべてが我が物顔で家じゅうを動きまわり、ときおり仲裁しようのない諍《いさか》いの声が響きわたった」[3]。バイロンは一八二四年に最愛のギリシャに移り住み、その年の末に熱病にかかって世を去った。じつに創造的で実り多い、だが一方でセンセーショナルな人生によって、バイロンは一躍、全世界にその名を知られる存在となったのである。作家や詩人たちは彼の死を悼《いた》み、イギリスの詩人テニスンは後年、次のように回想している。「彼の死を知ったのは、一四歳のときだった。それはとてつもなく不幸な出来事で、慌てて外に飛び出し、ひとり地面に座りこみ、大声で叫びながら『バイロンが死んだ！』と砂岩に書いたのを覚えている」[4]。

バイロンの詩は、イギリスのみならずドイツやフランス、アメリカでも広く読まれ、悪評や彼を取り巻くスキャンダルにもかかわらず、友人や文学的ファンたちは熱烈な忠誠心を貫き、ある種のカルトに近い様相を呈していた。そしてこのカルト状態が、彼の私的文書の扱いに影響を及ぼすのである。

詩人としてのキャリア全体を通じて、バイロンの作品はすべてロンドンのジョン・マレー社から出版された。一七六八年に初代ジョン・マレーによって設立された出版社で、七人のジョン・マレーによって代々経営が受け継がれてきたが、二〇〇二年には個人経営をやめ、最終的にフランスの出版社〈アシェット〉の傘下に入った。会社が売却されるまで、マレー社はロンドンのピカデリーのすぐそば、アルバマール・ストリート五〇番地の端正な建物を拠点としていた。この建物はいまも文学的な集まりの場として使われており、優雅だが老朽化してきしむ階段をのぼって二階に行くと応接室があり、そこにはまだ羽目板が張られ、本棚が並んでいる。そして暖炉の上には、バイロンの肖像画が飾られている。この部屋に立っていると、ついさっきまで出版人と著者とのあいだで会話が交わされていたかのような気になる。[5]

二代目ジョン・マレーは非常に優れた出版人で、どの作家の作品を出版するかを的確に判断し、一九世紀初頭という時代の風潮を、同社が世に認めさせた作家たちとともにどうつくりあげ、作品に反映させていくかを巧みに見極めた。マレー社が抱える作家には、ジェームズ・ホッグ、サミュエル・テイラー・コールリッジ、ジェーン・オースティンらがいた。マレーとバイロンとの関係は特に密接で、幾多の浮き沈みはあったが、貧しい詩人は出版人に頼り、助言や支援、資金援助を求めた。一八一九年、『ドン・ジュアン』をめぐり世間が論戦を繰り広げるなか、バイロンは私的な回想録の原稿を、当時イングランドに住んでいたアイルランドの作家で友人のトマス・ムーアに渡し、「ふさわしい」と思う仲間たちに読んでもらってほしいと告げた。いずれかの時点でその回想録を読んだ人たちのなかには、パーシー・シェリーとメアリー、アイルランドの詩人ヘンリー・ラトレル、小説家ワシントン・アーヴィングのほか、ダグラス・キナードやメルバーン子爵夫人キャロライン・ラムなど、バイロンの友人たちもいた。ムーアが多額の借金を抱えているのを知っていたバイロンは、その原稿を売り、自分の死後に出版されるようにすればいいと提案した。一八二一年、ジョン・マレーはムーアが回想録を出版向けに編集するという条件で彼に前金を払うことに同意した。重要なのは、ここで回想録の原稿がマレーの手に渡ったことだ。[6]

しかし、ギリシャでのバイロンの死がロンドンに伝わった一八二四年五月以降、回想録が置かれた状況が変わり始める。これを読んだバイロンと親しい友人たちのなかに、彼の近親者は含まれていなかった。そのため、回想録を出版すべきだとする人たちと、（バイロンの友人ジョン・カム・ホブハウスやジョン・マレーのように）出版すれば道徳的に世間の反感を買い、バイロン自身のみならず、残された親族の名声にも取り返しのつかない害が及ぶと考えた者たちのあいだで対立が勃発した。社会的影響力をもつ『クォータリー・レヴュー』誌の編集者ウィリアム・ギフォードは、その回想録は「売春宿向けとしか思えないもので、もし出版されれば、バイロン卿にはある種の汚名が着せられることになるだろう」と考えた。[7]

回想録の出版に反対しなかった人々は、そこから得られる金銭的利益に心を動かされたのかもしれない。別の出版社に原稿を持ち込んだほうがもうかると考えたムーアは、マレーとの契約を破棄しようとした。ジョン・カム・ホブハウスは、ムーアが私利私欲のために出版しようとしているのを知っていたが、本来ならば出版の可否はバイロンの遺族が決めるべきだと感じていた。それはホブハウスひとりではなかった。彼は一八二四年五月一四日の日記に次のように書いている。「キナードを訪ねると、彼はじつに寛大にもムーアに手紙を書き、原稿が誰の手元にあろうと、バイロン卿の遺族のためにそれを確保するべく――つまり、その原稿を破棄するために、すぐにでも二〇〇〇ポンドを支払うともちかけた」[8]。ダグラス・キナードもまたバイロンの親しい友人で、一八一六年にバイロンが最後にイングランドを離れたあとの財産管理を任されていた。キナードの手紙によって難しい立場に追い込まれたムーアは、自分の利益のために回想録を出版しようとすることに躊躇を感じ、「選ばれた何人か」で原稿の運命を決めようと提案した。マレーもまた回想録の破棄を望んでいたため、ホブハウスは彼に、バイロンとの手紙のやりとりを見直し、評判にかかわるような内容のものがあれば処分するよう勧めたが、私たちにとってはありがたいことに、マレーはその勧めに従わなかった。

事態が山場を迎えたのは、一八二四年五月一七日のことだった。ムーアは友人のヘンリー・ラトレルとともに、バイロンの姉と未亡人に関する諸事を扱うロバート・ウィルモット＝ホートンとフランク・

ドイル大佐と直談判するために、ジョン・マレーの住まいであるアルバマール・ストリート五〇番地で午前一一時に会うことになった。こうして男たちは通りに面した応接室で顔を合わせたが、まもなく中傷合戦が始まり、非難の応酬が行なわれるなか、原稿の運命という重要な問題はわきへ追いやられた。やがて問題の原稿が、ムーアが作成した写しとともにマレーによって部屋に運び込まれた。続いて何が起きたのか定かではないが、結果的に原稿は破られ、応接室の暖炉の火にくべられた。

燃え尽きるまで、しばらくかかったに違いない。原稿は少なくとも二八八ページあったからだ（それがわかるのは写しの表装が現存し、残された白紙のページが二八九ページから始まっているからだ）。その場にいた人々のさまざまな証言によれば、バイロンの異母姉オーガスタと妻アナベラの代理人であるウィルモット＝ホートンとドイルは最終的に破棄に同意したが、オーガスタたちの許諾をはっきりと得たわけではなさそうだ。マレーは原稿の法的な所有者であるにもかかわらず、破棄を可能にした。だがじつは彼は、（ムーアが懇願しようとしまいと）独自の判断で破棄を阻むことができたはずなのだ。

マレーとホブハウスには、破棄を支持する複雑な動機があったのではないだろうか。下院議員に選出されたばかりのホブハウスは、バイロンとの関係から自身の名声を守りたい一心だったのだろう。また、バイロンが自分たちではなくムーアに回想録を委ねたことに、二人とも嫉妬を覚えていたのかもしれない。マレーは自身の社会的ステータスを強く意識し、バイロンの遺族の肩をもつことで、商売人よりも紳士のイメージをつくりあげようとしたのではないか。一方で道徳心もまた、それに劣らぬ大きな影響を及ぼし、彼は回想録を出版することで得られる目先の商業的利益と、モラル面で問題をはらむ出版がもたらしうる害とを天秤にかけなければならなかった。ジョン・マレーの出版社はまだ若い会社で、ときには慎重に、ときにはリスクを負って勝負に打って出たおかげで生き残ってきた。そして今回はリスクを回避した形になる[9]。バイロンの回想録の原本がアルバマール・ストリート五〇番地の火格子のなかで焼かれて以来、一冊の写しも世に出てきていないのは、彼の友人たちがそれだけ強く行く末を案じ、また歴史をコントロールする必要性を感じていたことを物語る。

バイロンの友人たちは最終的に回想録を破棄し、そうすることで彼の名誉を守ろうと判断したが、同様に逆の判断がなされ、著者の親しい友人たちが本人の意向を守らないケースもある。作家のフランツ・カフカは、古代ローマの詩人ウェルギリウスと非常によく似た指示を遺言執行者のマックス・ブロートに出していた。そしてウェルギリウスの親友であるヴァリウスと同様、ブロートもまた友の指示に従わない決断を下したのだ。カフカは現在、史上最も偉大な、最も影響力のある作家のひとりとされている。

フランツ・カフカは作家としての道を歩み出したが、一九二四年に亡くなるまでに発表した作品はごくわずかだった。晩年、結核を患うカフカは、ドイツの海辺のリゾート地グラール＝ミューリッツで出会ったドーラ・ディアマントという若い女性と真剣に交際を始める。二人はその地で、ユダヤ人のサマーキャンプに参加していたのだった。ディアマントは作家としてのカフカではなく彼の人間性に惚れ込んだのであり、一九二五年に遺作として出版されるまで、彼が『審判』を書いていたことを知らなかったようだ。故郷プラハに一時帰国したあとの一九二三年九月、カフカはベルリンに移ってしばらく滞在し、そこにディアマントも合流してシュテーグリッツ郊外で一緒に暮らし始めたが、二人は未婚であったため、双方の家族は動揺した。それでも、カフカにとってはかなり満ち足りた日々だった。家族と離れて自立した生活を送ることができたし、つねに健康が優れず、猛烈なインフレに見舞われたベルリンでの生活には金銭的な制約もあったが（彼にはわずかな年金があり、病気のために早くからそれを引き出していた）、二人はしばしば幸せに暮らしていた。

生前、カフカは短編集『田舎医者』を含めて数点の作品を発表したが、金銭的には成功したとは言えず、出版社クルト・ヴォルフから印税の形で支払われるごくわずかな収入しかなかった。作家としてほぼ無名だったカフカが、未発表の作品が自身の死後も世に残り人々に読まれることを望まなかったと知り、多くの人は不思議に思った。一九二一年から二二年にかけて、カフカは自分の作品をすべて破棄すると決め、親しい友人で遺言執行者でもあるマックス・ブロートに口頭だけでなく書面でも伝えた。ブロートは後年、「私にそんなことができると本気で思っているならこの場で言っておくが、きみの願いをかなえるつもりはないよ」[10]と答えたと語っている。

一九二三年の秋、ベルリンは寒く、過ごしにくかった。生活費にも事欠き、健康状態がますます悪化すると、カフカは実際に自分のノートを（ディアマントとともに）何冊か焼却処分した。少なくとも、カフカが亡くなったときにディアマントはブロートにそう語っており、ノートとはおもに二人がベルリンで一緒に暮らしたときに家にあったものだという。カフカには街へ行くときにノートをもっていく習慣があり、忘れるといつも新しいノートを買っていた。彼の指示で二〇冊ほどのノートを処分した——ディアマントはそうブロートに告げたが、じつはノートは無事で、ディアマントの書き物机にしまってあった。彼女はそれらのノートを、自身の最も大切な持ち物として大事にしていたのだった。[11]けれども悲しいことに、一九三三年三月、彼女の手元にあったすべての書類がゲシュタポ（国家秘密警察）に押収された。その後、何度も捜索が行なわれたが、ノートも、三五通あるというカフカからディアマントへの手紙も、四作目の小説の唯一の写しもいっこうに見つからなかったことから、おそらく破棄されてしまったのだろう。[12]

しかし、このような破壊に見舞われたにもかかわらず、カフカの文学作品の多くは残存し、その大部分はいまなお、彼の両親が住んでいたプラハのアパートにある〔訳注：その建物内にカフカ博物館がある〕。ブロートはノートの表紙も発見したが、中身が失われており、こちらはカフカ自身が破棄に成功したと思われる。

カフカの死後、ブロートは彼が亡くなったウィーン近郊の病院と、プラハの両親のアパートの一室にあるカフカの机に残された書類を集めた。その過程でカフカからブロートに宛てた手紙が二通発見され、ブロートはそれをカフカの死後まもなく公表した。最初の一通には、じつに明確な指示が書かれていた。

親愛なるマックスへ

これは、きみへの最後のお願いだ。ぼくが残していくものすべて……日記、原稿、手紙（受け取ったものも、ぼくが書いたものも）、本の草稿、その他すべてを読まずに燃やしてほしい……きみやほかの誰かの手元にある文書や草稿も全部だ……もし誰かがきみに手紙を渡したくないというなら、せめて自分で燃やすと確約させてほしい。

友情を込めて　フランツ・カフカ[13]

プロートが書類を集める過程で二通目も見つかったが、こちらは一通目のシンプルでわかりやすい指示よりも複雑な内容だった。

親愛なるマックスへ

今回はさすがに、もうだめかもしれない。肺熱がひと月も続いたのだから、肺炎を発症するのはほぼまちがいない。ものを書くことにはある種の力があるといっても、書き留めたところで肺炎を食い止めるのは無理だろう。

そうなった場合、ぼくの遺言として、すべての作品については次のようにしてほしい。

これまでに書いた全作品のうち、価値があるのは『判決』、『火夫』、『変身』、『流刑地にて』、『田舎医者』、それに短編小説の『断食芸人』のみ……この五作には価値があるとはいえ、それらが再版されて未来に受け継がれるのを望んでいるわけではない。それどころか、完全に消えてなくなるなら、それこそ望むところなのだ。だが実際に存在する以上、誰かがとっておきたいというなら、それを妨げるつもりはない。

しかし、ぼくが書いたほかのものはすべて……受け取った相手から回収できるかぎり、ひとつ残らず回収してほしい（相手のほとんどを、きみは知っているはずだ。おもにフェリーツェ・M夫人と、ユーリエ夫人、旧姓ヴォリツェク、それにミレナ・ポラック夫人だ。特にポラック夫人がもっている数冊のノートは忘れずに回収すること）。そして例外なくすべて、できれば読まずに（きみが目を通すのを止めはしないが、できれば見ないでほしいし、きみ以外の人間には絶対に見せてはいけない）、一刻も早くすべて焼却処分してほしい。

フランツ[14]

この指示は明快だが、ブロートに重大なジレンマをもたらした。友情の根幹をゆるがすジレンマだ。一九〇二年にプラハのカレル大学（旧プラハ大学）の学生として知り合った二人は、長年にわたり友情を育んできた。彼らの知力は同等ではなかったが、そんな二人が私的な関係を築いたのは、ブロートの献身によるところが大きい。世渡りのうまさと、友の文学的才能への心酔とがあいまって、ブロートは文学の道で成功を目指すカフカの「エージェント」的な存在となった。しかし、カフカの病弱さ、生来の寡黙さ、自己批判の激しさなどが、ブロートが自身に課した役目を非常に難しいものにした。だがそうした困難にもかかわらず、ブロートはつねに変わらぬ友情で、カフカが作品を執筆し世に送り出すのに必要な励ましを与えただけでなく、出版社への対応といった実質的な手助けも行なった。[15]

それゆえに、ブロートがどのようなジレンマにおちいったのかは明らかだ。友の最後の願いを聞き入れるべきか、文学作品を世に残し、より多くの人々に読んでもらうべきか。そうなればカフカはきっと喜んだはずだと、彼にはわかっていた。ブロートは結局、友の遺言に従わないと決めた。その理由として、（ブロートには）決心がつかないとカフカは初めからわかっていたはずで、もし本気で処分してほしかったのなら、ほかの誰かに頼んだだろうと弁明している。

ブロートはどうしても、文学界におけるしかるべき地位をカフカに与えたかった。その資格があると自覚しながらも、生前ついに得られなかった地位を。彼はまた、カフカの原稿がもつ、イギリスの詩人フィリップ・ラーキンがのちに「魔術的《マジカル》」と呼ぶ特性を見抜き、それを足掛かりにカフカの文学的名声を築いていくことになる。プラハの作家でカフカの友人だったゲオルク（イジー）・ランガーが、ある逸話（カフカに関しては、「伝説」という言葉のほうがふさわしいかもしれない）を語っている。一九四〇年代に、ひとりの作家がテルアビブにいるブロートのもとを訪ねたときのことだ。その作家はカフカの原稿を見にやってきたのだが、停電によって阻まれた。やがて電気は復旧したが、ブロートはもう二度と原稿を見るチャンスを与えなかったという。ブロートは文書を厳重に管理し、カフカの作品を世に出そうと努め、さらに一九三七年にはカフカの伝記を出版し、そのすべてが、カフカのまわりに（少なくとも、最初はドイツ語圏の文学界において）見事な文学的オーラを生み出すことにつながった。[16]

ブロートが編集し準備した『審判』は、一九二五年にベルリンのディ・シュミーデ出版社から刊行され、彼が編集した未完の作品は、もともとカフカの作品を出版していたクルト・ヴォルフから『城』というタイトルで一九二六年に刊行された。一九二七年には小説『アメリカ』も出版されたが、これはカフカが書きためたものをブロートが「完成させた」作品だ。その後もカフカの日記や手紙をもとに、より多くの選定や編集作業を要する作品が刊行されたが、それが可能だったのは、日記や手紙がブロートの手元にあったからだ。それらはさほど場所をとるわけでもなく、カフカに死後の成功をもたらし、近代の偉大な作家としての名声を確立しただけでなく、ブロート自身にも収入と信望をもたらした。

一九三〇年になると、スコットランドの詩人で作家のエドウィン・ミューアとその妻ウィラによる翻訳で英語版が出始めた。初期の英語版の読者にはオルダス・ハクスリーやW・H・オーデンもおり、いずれもカフカの作品の熱心なファンとなった。ヨーロッパの作家たちが続々と彼らに続いたが、なかでもヴァルター・ベンヤミンとベルトルト・ブレヒトは、二つの世界大戦に挟まれた時期、カフカの名声を高めるのに貢献した。もしもブロートが友の遺志に背かず、カフカの文書を破棄していたならば、世界は二〇世紀で最も独創的で影響力の強い作家のひとりを失っていただろう。

カフカのアーカイブは、一九二四年にブロートによって保存されて以来、幾多の危険をくぐりぬけてきた。一九三九年、ナチスがプラハの街に侵攻し反ユダヤ主義の圧政が始まると、ブロートは書類がいっぱい詰まったスーツケースとともに、最後の列車のひとつで街を離れた。一九六〇年代には、アラブ・イスラエル紛争によって、カフカの書類が保管されている街が砲撃される危険性が生じたことから、ブロートはスイスの銀行の金庫に移すことにした。現在、書類はおもに三カ所に置かれている。大部分はオックスフォードのボドリアン図書館にあり、ドイツのマールバッハにある文学史料館（Deutsches Literatur Archiv）にもかなりの量が保管され、残りはエルサレムのイスラエル国立図書館にある。この三つの機関は連携し、カフカの非凡なる文学的遺産の保存と共有のために尽力している。

偉大な文学作品の「キュレーション」に関する決断は、倫理的に複雑で難しい。トマス・クロムウェルが出した手紙の意図的な破棄は、彼とその使用人たちを守るための賢明な措置として意図的に行なわれたものだった。しかしその結果、クロムウェルという歴史上の重要人物に関する私たちの理解度は（ヒラリー・マンテルがイマジネーションと調べ上げた史実を織り交ぜた三部作〔訳注：邦訳は『ウルフ・ホール』、『罪人を召し出せ』、『鏡と光』〕でその間隙を埋めてくれるまで）劇的に低下していた。バイロンの回想録が燃やされたおかげで、当時の愛読者たちは衝撃や嫌悪感に襲われずにすんだことだろう。だが何世紀ものあいだに、失われた回想録の神秘性は、時代を先取りした作家、作品と同様にその生涯もまた注目に値する作家としての名声をバイロンに与えたのではないだろうか。破壊をまぬがれたカフカのアーカイブが彼の名声を高める役に立つまでには、より長い時間を要した。世界的文化の保存に大きく貢献したとしてブロートの決断が賛美されるようになったのは、比較的最近のことだ。私たちの文化に『審判』や『変身』がなかったらどうか、想像してみてほしい。文明が生んだ偉大なる作品に世界がアクセスしつづけるためには、ときにマックス・ブロートのような「私的な」キュレーターの勇気と先見の明が必要なのだ。

第7章

二度焼かれた図書館

Burning the Books

A History of Knowledge Under Attack

Chapter Seven

1914年の火災以前のルーヴァン大学図書館。

ワシントンの焼き討ちからちょうど一世紀、また別の侵攻軍がある図書館に遭遇し、それを敵の心臓部に打撃を与える格好の標的と考えた。だが今回のこの軍事行動は、世界中に衝撃を与えることになる。ジョージ・グレイグ青年が胸を痛めたアメリカ議会図書館の火災から一世紀のあいだに、ニュースの伝達手段が大きく様変わりしていたからだ。ルーヴァン大学（当時の名称はUniversité catholique de Louvain）の図書館は、侵攻するドイツ軍によって一九一四年に焼かれ、この焼き討ち事件は激しい政治的な怒りの的となり、ワシントンのときとは異なり、図書館の運命に国際社会の注目が集まった。ルーヴァンの若きイエズス会士ウジェーヌ・ドュピエルーは、一九一四年の日記にこう書いている。

> 私は今日の今日まで、新聞が伝えるドイツ人の残虐行為を信じまいとしてきた。けれどもルーヴァンで、彼らの文化《クルトゥーア》がどのようなものかをこの目で見た。その残虐さは、アレクサンドリア図書館を焼失させた第二代カリフ、ウマルの時代のアラブ人の比ではない。彼らはこの二〇世紀という時代に、有名な大学の図書館に火を放ったのだ。[1]

ルーヴァン大学は、現在のベルギーで最も古い大学だ。一四二五年に創設され、神学者の聖ロベルト・ベラルミーノ、人文学者のユストゥス・リプシウス、地図製作者のゲラルドゥス・メルカトルらをはじめ、多くの偉人を輩出してきた。ルーヴァン大学は個別のカレッジで構成され（一六世紀末の時点で、四六のカレッジがあった）、中世期には各カレッジが独自に本を集めていたため、一六三六年に大学の中央図書館が設立されるまで、中心的な図書館は存在しなかった。その後の一世紀半のあいだに購入や寄付によって蔵書が増え、この中央図書館はしだいに大きくなった。ルーヴァンは比較的裕福な大学で、それが図書館の発展に役立ち、一七世紀後半には、フランスで確立されたばかりの新しい書架システムが導入された。図書室の壁と垂直に棚を置く従来のルネサンス方式とは異なり、壁に沿って窓の下に書棚を並べる方式だ。一七二三年から三三年にかけて新館が建てられ、一八世紀には、大学の潤沢な資金のおかげで、学者たちが実際に必要とするもの以外にもさまざまな本を購入することができた。また、一七五九年にネーデルラント総督シャルル・アレクサンドル・ド・ロレーヌ（カール・アレクサンダー・フォン・ロートリンゲン）によって法定納本を受ける特権を与えられたことも、ルーヴァン大学図書館が大きく発展する追い風となった（同じく、ブリュッセルの王立図書館にも特権が与えられた）[2]。数年後には、近隣の図書館が強制的に閉鎖され、ルーヴァンはその恩恵を受ける。一七七三年のイエズス会解散令を受け、近くのイエズス会修道院の図書館にあった本を買い取ることができたのである（現在、ルーヴァンのイエズス会が所有していた本は世界各地に分散しており、ときどき古書市場に登場する）[3]。

一八世紀の終わりから一九世紀初頭にかけてフランス革命戦争がヨーロッパ全体に波及すると、大学は苦難に見舞われる。一七八八年から九〇年、ルーヴァンにあった学部が強制的にブリュッセルに移され、大学は一七九七年に正式に廃校となった（その後、一八一七年に再建される）。一七九四年から九五年には、図書館の蔵書のほぼ一〇パーセント――インキュナブラ（一五〇一年以前に印刷された、揺籃期活字本）、挿絵入りの本、ギリシャやヘブライ語の本など、八〇〇冊以上――が、マザラン図書館の職員によって強制的にパリへ持ち去られた（これと同じ運命が、王立図書館を含めた域内のほかの図書館にも降りかかった）。そのあと残った本のなかから、ブリュッセルのエコール・サントラル（中央学校）の司書が目ぼしいものを選び取った。

一八三〇年には革命が起き（この独立革命を経て、ベルギーという国が誕生した）、ルーヴァン大学とその図書館は再び一時的に閉鎖された。その後、大学は一八三五年にカトリック大学として再開され、図書館は国家再生のシンボル、知的・社会的パワーの原動力、そしてベルギー国民の意識に大学の新たな役割を定着させる極めて重大な要素となった。この図書館はまた、リエージュ、ゲントと並び、ベルギーの三大公共図書館のひとつとなり、三つのなかで最大とされていた。[4]

一九一四年の時点で、ルーヴァン大学図書館の蔵書は三〇万冊を超え、世界に誇る数々の上質な特別収蔵品もあった。この図書館がいかに価値の高いものであったかは、華麗なバロック様式の建物からも見て取れた。蔵書はベルギーの文化的アイデンティティを反映し、その地が生んだ偉人たちの知的貢献を物語るとともに、大学がもつ色濃いカトリック文化の特色をとどめていた。ルーヴァン大学図書館は国の財産でもあり、法定納本制度が適用された図書館として一般にも開かれていた。一〇〇〇点近い写本は、その多くが古典作家の著作、または教父の著作を含む神学関係の文献で、中世の哲学書や神学書もあった。さらに、多数のインキュナブラに加え、東洋の書物や、ヘブライ語、カルデア語、アルメニア語の写本といった未分類のコレクションも相当な数にのぼった。第一次世界大戦以前の一九一二年に館長に就任したポール・ドラノワは、組織面で学術図書館のトレンドに乗り遅れ、閲覧室も閑散としていた図書館の現代化に着手した。未処理のまま滞積していた蔵書の分類・整理を進め、新しい学術文献をそろえ、時代に合った新たな体制づくりに乗り出したが、一九一四年八月二五日、そのプロセスは突如として中断された。アメリカ議会図書館と同様、続いて行なわれた破壊はすさまじいものだったが、その破壊は同時に、大きな前進をもたらすことになる。

ドイツ軍は、一九一四年八月一九日にルーヴァンに到着した。ベルギーの中立的立場を踏みにじるように、彼らはフランスへ進軍する途中でこの地を通過し、約一週間にわたり、ルーヴァンの街はドイツ第一軍の司令本部となった。ベルギーの文官当局は事前に一般市民からすべての武器を没収し、ドイツ軍に対し何らかの行動をとることができるのはベルギー軍のみであると警告を発していた。第一次世界大戦に関する近年の研究では、市民がドイツ人に対して反乱を起こした証拠は何も見つかっていない。八月二五日、ルーヴァンで一連の残虐行為が行なわれたが、これはドイツ兵の一団がパニック状態におちいり、味方の兵士数人に発砲したのが発端だったと思われる。その夜、報復が始まった。民間人が自宅から無理やり連れ去られ、即座に処刑された。そのなかには、ルーヴァン市長と大学の学長も含まれていた。そして真夜中ごろ、ドイツ軍は大学の図書館に侵入し、ガソリンをまいて火をつけた。図書館の建物全体と蔵書の大半が——当時の印刷本や雑誌のほか、写本や稀覯本《きこうぼん》などの見事なコレクションが——焼失した。ドイツは一九〇七年のハーグ条約（陸戦条約）の調印国であり、その第二七条には「攻囲および砲撃を行なうに当たっては、宗教、芸術、学術および慈善に供せられる建物は可能なかぎり損害をまぬがれるよう、あらゆる必要な手段を講じるものとする」と定められているが、ドイツの将官たちはその精神、とりわけ戦争を成文化できるという観念に反発を覚えていた。

ハーグ条約にはのちに、文化財規定への違反に対するより強硬な制裁規定が盛り込まれるが、第一次世界大戦のころはまだ効力が弱かった。けれども、ルーヴァン大学図書館の焼失と、それに対する国際社会の反応がその状況に変化をもたらした。なかでも特筆すべきは、ヴェルサイユ条約に図書館の再建に関する単独の条項が加わったことだ。

八月三一日、イギリスのデイリーメール紙は「世界に対する犯罪」という見出しで、「世界にひとかけらの心でも残っているかぎり」ドイツが許されることはないと報じた。[5] イギリス屈指の知識人アーノルド・トインビーは、ドイツ人は故意に知の心臓部を標的にし、大学が機能できなくなるようにしたのだと感じていた。フランスのカトリック系新聞ラ・クロワ紙は、教養のない野蛮人がルーヴァンを焼き尽くしたとの所感を報じた。[6] 一方ドイツは、一八一四年にアメリカ議会図書館に火を放ったイギリス軍の言い訳を真似て、市民が抵抗し、狙撃兵がドイツ軍に発砲したことが残虐行為の引き金になったとの見解を示した。

この出来事の直後、ドイツ皇帝ヴィルヘルム二世はアメリカ大統領に電報を送り――この一件が、アメリカが連合国側に加わる契機になるのを恐れたに違いない――ドイツ軍はルーヴァンの一般市民による攻撃に対応しただけだと主張した。一九一四年一〇月四日、戦争犯罪との批判を受け、ドイツの著名な芸術家、作家、科学者、知識人ら九三人が、ルーヴァンでの出来事に関する声明書を発表した。「文化界への嘆願」と題するその声明書には、化学者のフリッツ・ハーバー、画家のマックス・リーバーマン、物理学者のマックス・プランクら、ドイツを代表する文化的リーダーたちが署名し、次のように訴えた。「我が国の軍隊がルーヴァンに対し残酷な仕打ちをしたというのは事実ではない。怒り狂った住人たちが兵営にいる彼らを襲ったため、懲罰として、我が軍は心を痛めつつも市街の一部に火を放たざるを得なかったのである」。[7] 図書館が破壊された原因については、かれこれ一世紀以上も議論が続いており、二〇一七年にはドイツの美術史家ウルリッヒ・ケラーが、破壊の原因はベルギーの抵抗にあったと再びベルギー側に責任を転嫁した。
フランスの作家で知識人のロマン・ロランはドイツ文化の熱烈な崇拝者だったが、一九一四年九月のフランクフルター・ツァイトゥング紙に困惑を帯びた怒りの文章を寄せ、作家仲間のゲアハルト・ハウプトマンらドイツの知識人たちに向けて、自分たちの立場を再考するよう呼びかけた。『野蛮人』の称号を拒むなら、きみたちは今後どう呼ばれたいのか？　ゲーテの子孫か、それともアッティラ〔訳注：ヨーロッパを侵略したフン族の王〕の子孫か？」これに対してハウプトマンはきっぱりと、墓に「ゲーテの子孫」と書かれるくらいならアッティラの子孫として生きるほうがましだと返した。[8]
しかし、ドイツ人がみなそう考えたわけではない。ベルリンにあるプロイセン王立図書館（現在のベルリン州立図書館）の館長で自身も偉大な聖書学者であったアドルフ・フォン・ハルナックは、「九三人の声明書」に署名したひとりだが、プロイセンの文化大臣に手紙を書き、戦争が続くあいだこれ以上図書館が破壊されないよう、占領下のベルギーにドイツ人の役人を配するよう提案した。この提案は受け入れられ、一九一五年の三月下旬、ブレスラウ（現在のポーランドのヴロツワフ）の大学図書館長フリッツ・ミルカウがベルギーに派遣され、その役目を担うことになった。ミルカウは、ボン大学で司書をしていたリヒャルト・オーラーという若い予備兵らをともない、ベルギーにある一一〇カ所の図書館をめぐり、蔵書の保護や管理について話し合った。[9]
ルーヴァン大学図書館の破壊から四年目、追放されたベルギー政府の拠点となったフランスのセーヌ河口の都市ル・アーヴルで記念式典が行なわれた。式典には政府関係者に加え、連合国の代表、スペイン国王の外交使節やイェール大学からの派遣団など、多彩な顔ぶれが参加した。世界各地から公式な励ましのメッセージが寄せられ、ベルギーへの共感は、破壊に対する激しい怒りよりも再建を支援するムードへと変化していた。

イギリスでは、ルーヴァン図書館の損失に深く同情し最も物惜しみのない態度を示したのが、マンチェスターにあるジョン・ライランズ図書館だった。一九一四年一二月、この図書館の理事たちは「大学の建物および有名な図書館に対する野蛮な破壊行為により取り返しのつかない損失をこうむったルーヴァン大学当局への深い同情を目に見える形で示す」ために、重複している蔵書の一部をルーヴァンに寄付することを決め、「新たな図書館の核になりそうな」二〇〇〇冊の本を選定した。ジョン・ライランズ図書館は自分たちの蔵書を提供するだけでなく、国内の私設、公立の図書館からルーヴァンへの寄贈本を集めることを提案した。

ジョン・ライランズの館長ヘンリー・グッピーは、イギリス政府のルーヴァン支援を陰で支えた。彼は一九一五年に小冊子を発行し、本の寄付を募る呼びかけに対する「好意的な」反応が、遠くニュージーランドのオークランド公共図書館からも寄せられていると報告した。実際、グッピーの取り組みには目覚ましいものがあり、一九二五年七月にはルーヴァンへの本の最終出荷が行なわれたが、合わせて一二回の輸送を経て計五万五七八二冊の本が運ばれ、その数は一九一四年八月の破壊で失われた本の約一五パーセントに相当した。マンチェスターの当局者は彼らの尽力を非常に誇りに思い、ルーヴァン大学図書館の窮状が、ベルギーから遠く離れた人々の心をも動かしたのだと表明した。

戦争が終わると、ルーヴァン図書館の再建に向けた国際的な取り組みに、よりいっそう力が注がれた。このプロセスを後押ししたのが、ヴェルサイユ条約（一九一九年六月二八日）二四七条に特別に盛り込まれた「ドイツはルーヴァン大学に対し……ドイツによるルーヴァン図書館の焼き討ちで破壊されたものと同等の数および価値をもつ写本、インキュナブラ、印刷本、地図、その他の収蔵品を供給する義務を負う」[10]という条項だ。

同様にルーヴァンの図書館再建を支える国際的取り組みをサポートする機会を得たアメリカは、それを単に文化教養面での連帯を示すのではなく、「ソフト・パワー」すなわち国の価値観や存在感を伝えるチャンスととらえた。コロンビア大学学長ニコラス・マレー・バトラーはアメリカのイニシアティブを積極的に先導し、ミシガン州南東部アナーバーにあるミシガン大学も本を寄贈した。一九一九年一〇月、メッヘレンの大司教でベルギー首座大司教をつとめるメルシエ枢機卿は、名誉法学博士号を受けるためアナーバーを訪れた。戦時中、ドイツの占領に対する抵抗運動を主導した人物である。贈呈式では、五〇〇〇人を超える大学関係者で埋め尽くされたホールでその勇敢な行為がたたえられ、ベルギーの枢機卿はたどたどしい英語で、祖国の自由のためにともに戦ってくれたアメリカの「若者たち《ボーイズ》」にお礼を述べた。ベルギーの国歌と「リパブリック讃歌」の斉唱のあと、メルシエ枢機卿に一冊の本が贈呈された。それはローマの哲学者ボエティウスの『哲学の慰め』で、象徴的な要素に満ちた本だった。その版は、ドイツ人の印刷人ヨハネス・デ・ウェストファリアによって、一四八四年にルーヴァンで印刷されたものだ。ウェストファリアはドイツのパーダーボルンとケルンで生まれ育ち、ネーデルラントで最初の印刷所をつくった人物である。

このささやかな歴史のひとこまが示すアイロニーを、アナーバーの学術界は見逃さなかった。その本にはラテン語で、「私はルーヴァン大学で、あるドイツ人によって印刷された。そのドイツ人は、そこでじつに寛大な待遇を受けていた。長い年月が流れたのち、私は大西洋をわたって別の地へ移り、幸いにも、ドイツ人が我が仲間たちに情け容赦なくもたらした運命をまぬがれた」という題辞が添えられていた。この版は破壊前のルーヴァン図書館に所蔵されていた三〇〇冊のインキュナブラのひとつであったことから、失われた本のなかでも特に貴重な一冊の代用にと、これが選ばれたのだった。[11]

新図書館の建造は(アメリカ人は自分たちの使命と考え、そのための資金集めを行なった)、未来よりも過去に目を向けたものだった。新しい建物のスタイルは、ネーデルラントの伝統的な建築様式、とりわけ一七世紀のフランドル・ルネサンス様式によく似ていた。それでもこの図書館は、二〇〇万冊の蔵書を収めるのに十分なスペースをもち、なおかつ学術図書館――なかでもコロンビア、ハーバード、イェールなど、アメリカのアイビーリーグ大学にあるような図書館――という新たな発想を組み込んだ大型図書館になる予定だった。この図書館のリニューアルには文化政策が反映され、それが建物の装飾に色濃くあらわれることになる。正面玄関の上には、ルーヴァンのカトリック信仰に敬意を表して聖母マリア像が設置され、ベルギーとアメリカを象徴する二つの紋章も掲げられる予定だった。[12]

一九二一年に行なわれた礎石の設置もまた、ベルギーとアメリカとの新たな関係を象徴する行事となった。二一カ国の代表が参列し、ベルギー国王夫妻や枢機卿、フランスのペタン元帥らが中心となってセレモニーは執り行なわれたが、注目の的となったのはアメリカの関与だった。コロンビア大学学長と在ブリュッセルのアメリカ大使が、ハーディング大統領からの親善のメッセージを読み上げた。ジョン・ライランズ図書館の館長ヘンリー・グッピーはこの日を「アメリカの日だ」と感じていた。[13]その七年後、ちょうどアメリカ独立記念日に当たる一九二八年七月四日に、新設されたルーヴァン大学図書館の落成式が行なわれた。壇上にはアメリカ国旗が掲げられ、アメリカ大使、図書館再建のためのアメリカ委員会の会長、フランス委員会の代表、メルシエ枢機卿がスピーチを行なった。セレモニーではさらに、すでにベルギーの影を薄くしているアメリカの存在感をダメ押しするかのように、プロジェクトへの貢献をたたえてのちのアメリカ大統領ハーバート・フーヴァーの像がお披露目された。こうしてルーヴァン図書館の再建は、アメリカとベルギーのあいだに外交的緊張が高まる大きな原因となり、一九三〇年代のアメリカ外交政策を支配する孤立主義が生まれるきっかけになるのである。

盛大に行なわれた祝典とは裏腹に、ヨーロッパにおけるアメリカの威信のシンボルとなった図書館の再建事業の達成は、一九二〇年代を通じてアメリカの泣き所となっていた。一九二四年には資金調達の問題がメディアに報じられ、ニューヨーク・タイムズ紙はその年の一一月のある社説で、図書館の再建を「果たされなかった約束」と表現した。その翌月、コロンビア大学学長ニコラス・マレー・バトラーはルーヴァン委員会を解散し、当時商務長官だったハーバート・フーヴァーにその仕事を引き継いだ。ほかにもアメリカ国内の評論家たちが、なかなか完成しない図書館の再建を国の恥と嘆くと、ジョン・D・ロックフェラー二世は一〇万ドルの資金提供をしぶしぶ約束した。そのプロジェクトに熱意を抱いたわけではなく、愛国者としての義務と考えたのだ。こうして一九二五年一二月にようやく資金のめどが立ち、中断していた再建工事が再開された。[14]

だが、ここでまた別の問題が浮上する。アメリカの建築家ホイットニー・ウォーレンが建物に刻もうとしていた銘文――「Furore Teutonico Diruta, Dono Americano Restituta（「ドイツの暴虐により破壊され、アメリカの寄付で再建された」という非常にわかりやすい内容）――は、一九二〇年代の終わりにヨーロッパの政治的断層線が変化する以前に考案されたもので、そこに込められた意味はもはや時代にそぐわないものとなっていた。その文言に特に疑問を抱くようになったのがニコラス・マレー・バトラーだった。彼はその年、ヨーロッパにおける戦後の和解に図書館が果たす役割に大きな関心をもつ慈善団体、カーネギー国際平和財団の理事長に就任していた。アメリカの新聞紙上で繰り広げられたウォーレンとバトラーの論争はまもなくヨーロッパにも波及した。それはさらに外交および渉外問題へと発展し、一九二七年にアメリカで二人のアナーキスト、サッコとヴァンゼッティが処刑されると、ヨーロッパでは強い反米感情が巻き起こった。イタリア系移民であった二人は、アメリカ社会に蔓延していたヨーロッパ移民に対する不当な偏見の犠牲者と見なされたのだ。銘文をめぐる対立は、建物の完成を記念する式典（一九二八年七月四日）の直前まで続き、ベルギーの国家主義者の支持を得たウォーレンは銘文の文言を変えることを拒み、一方でアメリカの政府関係者を後ろ盾とする大学当局は銘文を掲げる許可を与えず、図書館の壁には空白のスペースが残された。続く二年のあいだにウォーレンが訴訟を起こし、この問題は引き続き大西洋の両岸で取りざたされ、空白の壁面はベルギーの国家主義者によって二度も汚された。一九三六年の終わりに、銘文が当初の文言のままベルギー南部ディナンの戦没者記念碑に刻まれると、図書館をめぐる問題はようやく報道されなくなり、アメリカもルーヴァンの大学関係者もほっと胸をなでおろした。[15]

しかし残念ながら、平和な日々は長く続かなかった。ルーヴァンの教訓は第一次世界大戦後の世界に生かされなかったばかりか、二度目の世界大戦で再びくり返されなければならなかったのである。最初の破壊からほぼ二六年が経過した一九四〇年五月一六日の晩、再建された建物の大半がまたしても焼失した。今度もまた、図書館を標的に爆弾を投下したのはドイツ軍だった。

一九四〇年一〇月三一日のタイムズ紙に「ルーヴァン再び」と見出しのついた記事が掲載され、同紙のベルギー特派員は、「今回火を放ったのはイギリスだとドイツ側は主張しているが、ドイツの仕業であることにベルギー市民は誰ひとり疑問を抱いていない」と報じた。エクス＝ラ＝シャペル（アーヘン）のケラーマン教授が率いるドイツの調査委員会は、図書館の地下から極東産のブリキ缶を複数発見し、イギリス人がそれにガソリンを詰めておき、三個の手榴弾を炸裂させて爆発を起こしたと主張した。一九四〇年六月二七日のニューヨーク・タイムズ紙はベルリンからの報告としてこの話を伝え、図書館の破壊がイギリスの陰謀であった「決定的な証拠」であるとした。[16]

図書館の再建に深くかかわってきたコロンビア大学学長ニコラス・マレー・バトラーは、ルーヴァン大学図書館の館長から悲痛な手紙を受け取った。

このようなお知らせをしなければならないのは誠に残念ですが、図書館はほぼ全焼いたしました。貴重なコレクションを収めていた奥の立派な書庫は焼失し、溶けてひどくねじれた梁《はり》だけが残っています。見るからに痛ましい光景で……さらに、インキュナブラ、手稿、メダル、貴重な陶磁器、シルクの旗、蔵書目録なども失われました。事実上、私たちはまた一からやり直さなければなりません。[17]

デイリーメール紙の記者エムリス・ジョーンズは一九四〇年一二月のある記事で、「歴史あるルーヴァン図書館を破壊するという罪を犯した」とドイツ人を非難した。焼夷弾によるロンドン空襲のあとでもあり、ルーヴァンの焼き討ちを、ベルギー西部イープルのラーケンホール（繊維会館）とフランス北東部ランスのノートルダム大聖堂の破壊と並ぶ、世界史に残る「大放火魔」の所業と呼んだ。一九四〇年の攻撃が意図的に図書館を狙ったものであったのかどうかは、一九一四年のときと同様に立証が難しい。アメリカが設計した建物は、耐火性があると言われていたにもかかわらず、コレクションを守ることができなかった。焼失をまぬがれた本はわずか二万冊、二度目の再建のための募金活動が行なわれ、図書館は一九五〇年に再開した。[18]

二〇世紀におけるこの「ダブル破壊」は、アレクサンドリア図書館の破壊に象徴される文化的喪失感を二度にわたって引き起こした。コレクションの喪失は、単なる貴重な宝の喪失ではなかった。破壊された宝の知的価値よりも図書館に体現される国や市民のプライドを重視する学者たちもいたように、多くのベルギー人にとって、それは「自分たちの図書館」の喪失を意味した。[19]

同じくわずか数十年のあいだに二度の破壊に見舞われたアメリカ議会図書館と同様、ルーヴァン図書館の再建は単なる象徴的な行為ではなかった。どちらの図書館も建物の再建のほか、世代を超えて長く利用される書籍や手稿等のコレクションの再構築に膨大な労力を投じたが、おそらくそれ以上に力を注いだのは、さまざまな機能の再創出だろう。ドイツ軍は図書館への攻撃を、敵に心理的ダメージを与えるチャンスととらえたのかもしれない。それは短期的には成功したと言えるだろう。しかし長期的には逆の効果を生んでいる。現在のルーヴァン図書館は、再建された一九二〇年代のものとも、一九四〇年代から五〇年代にかけて再建されたものとも大きく異なる施設となっている。大学は一九七〇年代に二分割され、一方ではフランス語、もう一方ではフラマン語（フランス語と並ぶベルギーの公用語）が使われるようになったが、図書館のほうは、現在はルーヴァン・カトリック大学（KU Leuven）と呼ばれるヨーロッパ有数の大学の図書館として、ベルギーがヨーロッパの知識経済の最前線にいつづけるために重要な学問および教育の拠点となっている。

図書館喪失という衝撃的な出来事は、一九一四年には世界の注目を集め、一九四〇年には注目度が下がり、その後の数十年で人々の意識から消え去ってしまった。それに代わって人々の嫌悪と激しい怒りに新たな基準を定めたのが「ホロコースト」だ。図書館の焼き討ちも、何百万人規模の殺戮とは比較にならない。それでもベルギーとドイツ双方の世論は、いまだに一九一四年と一九四〇年にルーヴァンで起きた出来事にとらわれている。一方の社会はいまも罪悪感と責任を感じ、もう一方は、それが起きた理由を理解しようと努力し続けている。

第8章

紙部隊

Burning the Books

A History of Knowledge Under Attack

Chapter Eight

ニューヨークで荷ほどきされるYIVOの資料（1947年）。

ナチス政権のもとで行なわれたヨーロッパのユダヤ人に対する迫害は、「書物の民」（何千年も前から、ユダヤ人はみずからをそう称してきた）のみならず、彼らの書物にも恐ろしい力で襲いかかった。ホロコーストの時期、すなわちナチ党がドイツを支配した一九三三年から第二次世界大戦が終わるまでの一二年間で、一億冊以上の本が破壊されたと推定されている。[1]

ユダヤ人の宗教や文化の中心には、つねに書物があった。彼らの生活の中核をなすのが「トーラー」と呼ばれる書、すなわちモーセの律法であり、これは通常、巻物の形をしている。トーラーはユダヤ人にとって何よりも大切なものであることから、紀元七〇年にローマとの戦いに敗れエルサレムが陥落したさい、ローマ皇帝ティトゥスはエルサレム神殿に保管されていたトーラーの巻物のひとつを勝利のシンボルとして掲げ、ローマの街を練り歩いた。ユダヤ人の生活にとって非常に重要な意味をもつ本はほかにも多数あり、ユダヤ文化では昔から、本が真の富を測る尺度となり（本を貸すことは「施《ほどこ》し」だった）、トーラーの巻物に使う羊皮紙の扱いかたから、聖なる書物の取り扱いに関する細かな決まりごと（けっして逆さにもってはならない、読んでいるとき以外は開いたままにしてはならない等）まで、本に関する法も数多く生まれた。また、ユダヤ人は何千年ものあいだ、知識の保存について法に明記してきた。知識の保存への強い欲求が何よりもよくあらわれているのが、世界中どこのシナゴーグにもある「ゲニザ(genizah)」だ。ペルシア語で「秘宝」すなわち「隠された宝」を意味する「ganj」に由来するゲニザは、神の言葉が記された文書の断片を保管する場所であり、ユダヤ法では、それらの文書は命あるもののように扱われ、使い古されたあとも適切に処遇しなければならない。通常、ゲニザは小さな戸棚のようなものだが、カイロのフスタートにあるベン・エズラ・シナゴーグのゲニザのように、巨大な保管庫として何世紀ものあいだ維持されてきたものもある。一九世紀の終わりから二〇世紀初頭にかけてこのカイロのゲニザが解体され、古いものでは七、八世紀にさかのぼる膨大な数の本や文書の断片が保管されていたことがわかった。この驚くべきユダヤ文化のアーカイブは現在、ボドリアンを含む世界各地の図書館に保管されている。[2]

ユダヤ人の書物はたびたび公然と破壊されただけでなく、意図的な奪取や没収の対象にもなった。根絶しようとするユダヤ文化を、ナチスが系統的に把握しようとしたためだ。このように書物が大量に破壊される一方で、地域や個人による保存活動も行なわれた。人々は自分たちの文化を形にした最も重要なもの――本――を、命がけで（ときに命を失いながらも）守ろうとしたのである。

一九三三年五月のベルリンの焚書事件がすぐにはエスカレートしなかった理由のひとつが、国際社会からの批判的な反応だった。本を燃やすことに作家たちが先陣を切って反対の声を上げ、それが警告のシグナルとなった。盲ろうの作家ヘレン・ケラーは「ドイツの全学生への手紙」を発表し、「あなたがたが私の本を燃やそうと、ヨーロッパの知の偉人たちの本を燃やそうと、そこから無数の経路を通じて外ににじみ出た思想は、これからも人々の心を鼓舞しつづけるでしょう」と訴えた。[3] 作家のH・G・ウエルズ（彼の本も燃やされた）は一九三三年九月に「思想と、正気と、書物を敵に回した不器用な田舎者どもの革命」を批判し、「それによってドイツはどこに向かうのか」と疑問を呈した。[4]

実際、焚書事件への激しい反発から、二つの新たな図書館が誕生した。事件の一年後の一九三四年五月一〇日、ドイツ自由図書館（Deutsche Freiheitsbibliothek）――ドイツ焚書図書館とも呼ばれる――がパリにオープンした。ドイツ系ユダヤ人の作家アルフレッド・カントロヴィッチが、アンドレ・ジッドやバートランド・ラッセル、ハインリヒ・マン（ドイツの作家トーマス・マンの兄）ら作家や知識人の支援を得て設立したもので、たちまち二万冊を超える蔵書が集まり、そこにはドイツで焚書の対象になった本だけでなく、新政権を理解するのに役立つナチス関連の重要な文書も含まれていた。H・G・ウェルズは、新たな図書館の関係者に喜んで名を連ねた。この図書館はドイツから亡命した知識人が集まる場所となり、読書会や講演会、展覧会などが開かれ、ドイツの新聞各紙は大いに反感を抱いた。一九四〇年にナチス・ドイツの侵攻でパリが陥落すると図書館は解体され、蔵書の多くはフランス国立図書館に移された。[5] 一方、ニューヨークにあるブルックリン・ジューイッシュ・センターは、一九三四年一二月にアメリカ・ナチ禁書図書館（American Library of Nazi-Banned Books）を創設し、アルベルト・アインシュタインやアプトン・シンクレアら著名な知識人が諮問委員会に加わった。こうして、ユダヤ人への弾圧が再び強まりつつあるなか、この図書館はユダヤ文化の保存と推進の担い手として名乗りを上げた。[6]

一九三三年五月一〇日の焚書は、歴史上最も協調的に、かつ最も潤沢な資源を投じて行なわれた本の抹殺の、単なる前兆にすぎなかった。[7] 初期段階で破壊された本の数はさほど多くはなかったが（過大に見積もられていた可能性がある）、心理的な影響は甚大で、何度か破壊がくり返されたあと、多くのユダヤ人がドイツを去った。[8] まずオーストリアが、続いてチェコスロバキアのズデーテン地方がドイツに併合されるなか、ユダヤ人への攻撃は着実にエスカレートしていった。本に対する攻撃はこの戦いの重要な要素であり、焚書がくり返され、ナチスのさまざまなグループが好ましくない著者のリストを作成し始める（そこにはユダヤ人に加え、共産主義者や同性愛者も含まれていた）。図書館もまたナチズムの要求をまぬがれることはできず、有力なドイツ人司書ヴォルフガング・ヘルマンが排除すべき本の著者リストを作成し、その影響は全ドイツに及んだ。また、その文化観や思想からヒトラーやナチスの重鎮たちに一目置かれたアルフレート・ローゼンベルク（のちの東部占領地域大臣）も同様にリストを作成した。それらのリストが警察や突撃隊（ナチ党の準軍事組織）による強制力を得て、さらにヨーゼフ・ゲッベルス率いる宣伝省に用いられると、ユダヤ人に対する強い反感が湧き起こり、書店や図書館、個人の家々から好ましくない本が一掃された。こうして第一次世界大戦と一九二〇年代の経済崩壊をくぐりぬけた沃土に、禁書リストという「種」はまかれたのである。ナチズムの台頭は社会のあらゆるセクターで支持され、学生グループはとりわけヴォルフガング・ヘルマンに刺激を受け、地元の図書館や大学の図書館からリストにある本を除去した。さらに憎悪を煽るように、ヘルマンは図書を貸し出すドイツの公共図書館を「文学の売春宿」と呼んだ。一九三三年に開かれたドイツの図書館長会議では、ある発表者が、ユダヤ人作家や左翼作家の作品を燃やしたり押収したりすることを積極的に支持する発言をしている。[9]

ドイツ社会はナチズムに酔いしれ、書籍、思想、情報の世界もまた、この現象に全面的に加担した。反ユダヤ主義の法律が次々に可決されると、シナゴーグへの攻撃が増し、ユダヤ教関連の図書館の多くが破壊された。やがて図書館の破壊はホロコーストに不可欠な要素となり、組織的に行なわれる文化根絶の最たる例を示した。一九三八年一一月九日、ユダヤ人問題の「最終的解決」の立案者であるラインハルト・ハイドリヒは、「Massnahmen gegen Juden in der heutigen Nacht（ユダヤ人に対する今夜の措置）」、いわゆる「水晶の夜《クリスタル・ナハト》」〔訳注：ドイツ全土で行なわれた、突撃隊などによるシナゴーグやユダヤ人家屋の襲撃。割れたガラスを水晶にたとえてこう呼ばれる〕の直前にナチ党に宛てた電報で、ユダヤ人が保有している記録文書の没収について明記している。そのころ、知識のアーカイブを標的とした破壊行為が加速していたことから、「シナゴーグおよびユダヤ教コミュニティ内のすべての事業所に保管された文書は、作戦行動中に破壊されないよう警察が没収し……親衛隊保安部（SD）の担当部門に引き渡す」よう指示したのだ。[10]

一九三九年、第二次世界大戦が勃発すると、ゲシュタポは組織的な没収計画を開始するが、ユダヤ人のアーカイブを奪い取る動機は、没収と破壊とに二分されていた。ゲシュタポからこの活動を引き継いだのが、準学術団体としての公式な地位と人材、資金を与えられたユダヤ問題研究所（Institut zur Erforschung der Judenfrage）だ。フランクフルトを拠点とするこの組織は一九四一年に正式に発足し、反ユダヤ主義を牽引する戦略家アルフレート・ローゼンベルクが主導した。[11] ユダヤ文化について、また宗教としてのユダヤ教の歴史と、それがヨーロッパの政治に与えた影響について詳細な調査を行なうのが目的だ。そしてこの研究所が行なう最も重要な仕事は、ヘブライ語およびその他のセム系言語で書かれた本や手稿、ユダヤ教に関する本など、膨大な資料の収集だった。[12]

研究所はまた、現地で実際に活動する全国指導者ローゼンベルク特捜隊（Einsatzstab Reichsleiter Rosenberg）と連携して作業を行なった。[13]「Einsatzstab」とはドイツ語で「作戦実行グループ」を意味し、特捜隊は二つの主要な任務として、研究所のための資料集めと余分な資料の破棄を担当した。この組織の運営をおもに任されたのが、エルサレムで聖書考古学を学び（一九三二〜三四年）、しばらくカトリックの司祭をつとめたあと国民社会主義ドイツ労働者党（ナチ党）に加わったヨハネス・ポール博士だった。彼は聖職を離れたあと結婚し、ベルリン州立図書館（Staatsbibliothek zu Berlin）でヘブライ・ユダヤ関連資料を担当するキュレーターとなった。ユダヤ人の前任者アルトゥール・スパニアを無理やり追放して得たポジションだ。何が誘因となったのかはわからないが、聖職を離れたあと、彼の思想は極端なまでの反ユダヤ主義に傾き、ドイツの新聞や雑誌に反ユダヤ主義的な記事を発表するようになり、ヘブライ語やユダヤ教に関する専門知識を生かして、たとえばタルムード（ユダヤ法の中心的文書である律法集）の危険性を詳細に説くなどした。一九四一年、ポールはフランクフルトに転居し、ローゼンベルクの研究所でユダヤ部門の責任者となった。[14] 一九四三年四月の時点で、この研究所は五五万冊を超える蔵書を保有していたが、それらはフランクフルト市立図書館の有名なユダヤ・コレクションや、フランス、オランダ、ポーランド、リトアニア、ギリシャの図書館から強奪したものだ。この研究所の几帳面な体質に加え、政権が規律正しく詳細な記録に裏打ちされた手続きを求めたおかげで、強奪のプロセスを裏付ける証拠は十分にある。[15]

一九四一年の後半、東部戦線の開始にともない、ナチス政権はユダヤ人の迫害から殺害へと路線を変えた。ドイツの軍勢がポーランド、ロシア、さらにバルト諸国を次々に制圧していくにつれて、大虐殺の矛先はおもにユダヤ人に向けられ、極端な反ユダヤ主義を推し進めるさまざまな組織がナチスの電撃戦を後押しした。[16]

ナチスによるユダヤ人の大虐殺は、多くの点で新しい現象ではなかった。ヨーロッパのユダヤ人たちは何世紀ものあいだ、おもに周囲のキリスト教社会によって迫害を受けてきた。幾度も訪れる迫害の波によって、ユダヤ人は国から国へと移動を余儀なくされ、一二世紀にはイングランドから、一五世紀にはスペインから追放された。ヨーロッパの他の地域では、ユダヤ人に対する受容の度合いが時代によって変動した。一五一六年、ヴェネツィアは市内のユダヤ人を制限地域に住まわせた。そこの地名が「ゲットー」であったことから、ユダヤ人の居住地はゲットーと呼ばれるようになったのである。

ユダヤ教関連の書籍に対する検閲は一五〇〇年から一七〇〇年にかけて厳しさを増していき、たとえば一五五三年には、タルムードの焚書を命じる教皇命が出された。[17] 翌一五五四年には、カトリック教会による初の禁書目録がヴェネツィアで発行されている。リストは禁止対象となる著者およびその作品一〇〇〇項目以上からなり、おもにプロテスタントの著者二九〇人の全著作と、エラスムスの作品一〇点のほか、タルムードが含まれていた。[18] 近年になって、イタリアのクレモナ、パヴィア、ボローニャといった都市で、ヘブライ語で書かれた中世の写本のページが発見されている。没収されたヘブライ語の写本の紙を、キリスト教徒の製本業者が廃材として当時の文書のカバーに再利用したものだ。[19] 中欧・東欧諸国もまたユダヤ人を迫害し、一六世紀初頭の宗教改革論争をきっかけに、周期的に検閲が行なわれるようになった。たとえばフランクフルトのユダヤ人は、一五〇九年から一〇年にかけて書籍を没収されたが、これはヨハンネス・プフェファーコルン（一四六八／六九年～一五二一年）という宗教論争者によるものだった。ユダヤ人として育ったがカトリックに改宗し、ドイツのカトリック諸州におけるユダヤ系出版物の弾圧に力を注いだ人物である。[20] さらに東の地域では、アシュケナージと呼ばれるドイツ・東欧系ユダヤ人が、恒常的に行なわれるポグロム（組織的な大虐殺）に苦しめられていた。彼らは一七九一年から一九一七年までユダヤ人の入植が認められていたペール・オブ・セトルメント、すなわちロシア帝国西部に外接するエリア（現在のウクライナ、ベラルーシ、バルト三国、ポーランドの一部、およびロシア西部を含む）に居住していた。[21]

このように迫害を受けながらも、ゲットー内であれ、より自由な居住環境であれ、ユダヤ人コミュニティは繁栄することができた。東欧・中欧の文化において、ヘブライ語とイディッシュ語はユダヤ人の言葉であり、礼拝や宗教的儀式にはヘブライ語が、日常のコミュニケーションにはイディッシュ語（もともとは高地ドイツ語の方言）が用いられた。ヘブライ語が知的文化にふさわしい言語である一方、イディッシュ語のほうは、世界中にいる多くのユダヤ人たちから「正しい」言語として認められてすらおらず、イディッシュ語と共存する文化も同様だった。けれども二〇世紀初頭には、世界のユダヤ人の人口のおよそ四分の三に相当する約一一〇〇万人がイディッシュ語を母語としており、何世紀もの時を経て進化した伝統ある言語となっていた。[22] 東欧のユダヤ人社会の大半が用いる日常語であったイディッシュ語は、単なる一言語ではなく文化そのものであり、ひとつの生活様式だった。

一九世紀末に始まったある大規模なムーブメントによって、東欧におけるユダヤ文化の重要性とともに、その脆弱性が認識された。このムーブメントから生まれたのが、シモン・ドゥブノフをはじめとする、イディッシュ文化の保存に身を捧げた人々だ。ドゥブノフはロシア系ユダヤ人の学者で、一八九一年に『ボスホート』誌に論文を発表し、東欧のユダヤ人は自分たちの文化を十分に評価していないと主張し、アシュケナージ系ユダヤ人の文化の価値を立証する資料を集めるよう呼びかけた。[23] この論文に感銘を受けた多くの人々から彼のもとに資料が寄せられ、歴史学会もいくつか創設された。この動きはその後さらに拡大し、一九二〇年代にはベルリン、ヴィルナ（現在はヴィリニュスとして知られる、リトアニアの首都）、ニューヨークの各都市でも、イディッシュ文化研究を進めようという同様の計画が浮上した。ドゥブノフはまた、東欧のユダヤ人の文化が、ポグロムのほか、移住やキリスト教社会との同化の脅威にさらされていることにも気づいていた。そうした流れは一九世紀が終わっても消滅せず、たとえば一九一八年から二〇年のあいだに行なわれたポグロムにより、何十万人ものユダヤ人が殺害された。

　リトアニアのヴィルナでは、一九二三年に「イディッシュ語文献学者組合」の創設を提案したマックス・ヴァインライヒとザルマン・レイセンが出会い、精力的に地元の活動家たちを集め、ユダヤ文化を保存するための最善の方法を考えた。ヴァインライヒはロシアのサンクトペテルブルク大学を卒業し、ドイツのマールブルクで博士号を取得した言語学者である。一九二五年三月二四日、ヴィルナにある二つの教育機関が会合を開いてユダヤ学研究所の創設案を支持し、ポーランドの同業者に「ユダヤ学研究所は必要であり、まちがいなく創設されるだろう」と書き送り、同様の機関をつくるよう促した。[24]ヴィルナには、このような活動に適した豊かな土壌があった。この街には多くのユダヤ人が居住し、一九三九年の時点で、人口の三分の一弱をユダヤ人が占めていた。一八世紀から一九世紀にかけて、ヴィルナはユダヤの文化と学問の一大拠点として知られ、一八世紀には「ヴィルナのガオン」（ガオンは偉大なユダヤ教学者の名）の異名をとる優れた律法学者エリヤ・ベン・ソロモン・ザルマンをはじめ著名な宗教的指導者が誕生したことから、「リトアニアのエルサレム」と呼ばれるようになった。[25]ヴァインライヒとレイセンの新たな研究所はＹＩＶＯ《イーヴォ》（ユダヤ調査研究所）と呼ばれ、東欧においてユダヤの歴史と文化を収集する「ムーブメント」の中核となり、膨大なエネルギーがその一団を取り巻き始めた。[26]

　ヴィルナは強固な図書館文化をもつ都市でもあり、大学図書館や世俗のコレクションが数多くあったが、なかでも地域の公共図書館であるストラシュン図書館は、ヨーロッパ屈指の充実したユダヤ関連書籍コレクションを誇っていた。ほぼまちがいなく世界初のユダヤ系公共図書館であり、ヴィルナのユダヤ人コミュニティのための知の中枢として発展した。[27] ストラシュン図書館の蔵書は、実業家で愛書家のマティスヤフ・ストラシュンが築いたもので、一八九二年に亡くなったさい、大量の古書や稀覯本《きこうぼん》が街のユダヤ人コミュニティに遺贈された。そこで、そのコレクションを収蔵する建物が大シナゴーグの横に建てられ、施設を監督する委員会が発足した。この図書館にある情報を利用したいとの需要がかなり高かったことから、委員会は安息日を含む週七日間の開館を許可した。[28] もうひとつ、大規模なコレクションを誇るのが啓蒙普及協会（Mefitse Haskala）の図書館で、一九一一年に創設されユダヤ人コミュニティが所有していたこの図書館には、イディッシュ語、ロシア語、ポーランド語、ヘブライ語で書かれた四万五〇〇〇冊を超える蔵書があった。[29]

ヴィルナで設立されたＹＩＶＯは一九二〇年代から三〇年代にかけて急速に成長し、「国をもたない民族のナショナル・アカデミー」となった。[30] ヴァインライヒとレイセンが優先的に行なったのが、手元にある一次資料を調べて不足しているものを割り出す作業で、これにより、学者たちはさらなる一次資料の収集に乗り出すことができた。資料収集はおもにボランティアによって行なわれ、その作業はイディッシュ語で「zamlen（収集）」と呼ばれ、「zamler（収集人）」たちが街の人々から資料（文書および口頭証言）を集めてヴィルナの研究所に送ると、学者たちがそれを分析した。ＹＩＶＯの中心的理念は単なる資料収集ではなく、活動の中心は「収集人」たちが集めた知識のアーカイブ化、保存、共有だった。その活動において重要な役割を果たしたのが書誌委員会であり、ＹＩＶＯは最初の六週間で五〇〇、一年で一万の用例を集めた。一九二九年までに一〇万例を登録、三〇〇の新聞を定期購読したが、そのうち二六〇紙はイディッシュ語だった。一九二六年からは、イディッシュ語で書かれた新刊本すべてと、イディッシュ語の新聞に掲載された重要な記事、他の言語の新聞に掲載されたユダヤ関連の記事の登録も開始した。一九二六年九月の時点で、二〇〇人以上の「収集人」が合計一万点の資料をＹＩＶＯのコレクションに寄贈していた。[31]

ＹＩＶＯはユダヤ研究の拠点であり、ユダヤ関連資料の主要な図書館および公文書館でもあったが、それればかりではなく、ある大衆運動の先鋒となりつつあった。一九三九年の終わり頃、ＹＩＶＯの創設者マックス・ヴァインライヒは、デンマークでＹＩＶＯの活動について講演を行なっていたところ、ヴィルナに戻れなくなってしまった。ポーランド東部に侵攻していたソ連軍がヴィルナに進軍したのだ。そのため彼は、唯一安全と思われる、ＹＩＶＯのもうひとつの拠点に望みを託した。こうして、先を見越して一九二九年から三〇年にＹＩＶＯの事務所を構えておいたニューヨークから、ヴィルナにある本部とやりとりするようになった。ニューヨークに移ってからも、ヴァインライヒはＹＩＶＯの中心的なミッションである資料収集を続け、一九四〇年と四一年には、アメリカで発行されているイディッシュ語の新聞やＹＩＶＯがニューヨークで発行していた機関紙に広告を出して資料を募集した。一九三九年の時点で彼はまだ気づいていなかったが、ＹＩＶＯそのものも、それが記録にとどめた文化的、宗教的、社会的、知的生活もすべて、ニューヨーク事務所があったからこそ存続できたのである。[32]

一九四一年の夏の盛りに、ヒトラーは独ソ不可侵条約である「モロトフ＝リッベントロップ協定」を破り、ドイツを信用していたソ連に「バルバロッサ作戦」を仕掛けた。ナチスの電撃戦は圧倒的で、ソ連軍はたちまち後退した。そしてこの電撃攻撃の一環として、ドイツ軍は一九四一年六月二四日にヴィルナを攻略した。ヘルベルト・ゴッタルド博士（戦前はベルリンで司書をしていた）が率いる全国指導者ローゼンベルク特捜隊（ERR）がヴィルナに到着したのは、そのわずか数日後のことだった。当初、彼らはただシナゴーグや図書館を訪れただけだったが、すぐにゲシュタポを動員してユダヤ人学者の逮捕に乗り出した。[33]多くのユダヤ人が住む他の都市と同じくヴィルナにもゲットーがつくられ、ユダヤ人はそこに閉じ込められて管理下に置かれた。一九四二年二月、フランクフルトにあるユダヤ問題研究所のヨハネス・ポール博士が、三人の専門家を連れてヴィルナを訪れた。街の様子や占領後に行なわれた作業を視察した彼は、収集されたユダヤ関連の書籍や文書を処理するには、より大きな組織が必要だと気づいた。端的に言えば、重要な資料を選別する作業は専門的知識をもつユダヤ人にしかできないと気づいたのだ。そこで彼は、資料の整理、梱包、発送作業に当たらせる人員を一二名手配するようゲットーに指示し、その作業を監督させる三人のユダヤ人識者——ヘルマン・クルク、ゼーリグ・カルマノーヴィチ、ハイクル・ウンスキ——を指名した。このチームを、ゲットーのユダヤ人守衛たちは「紙部隊」と呼んだ。[34]

特捜隊は、「紙部隊」に加えられたゲットーの強制労働者たちとともに、ヴィルナ大学図書館内にスペースを与えられ、四万冊に及ぶストラシュン図書館の全コレクションが、存続させるか破棄するかの選別のためにそこに運び込まれた。それはまさに、東欧全域で使われ始めていた強制収容所に送られる人間の運命と酷似していた。[35]本の一部はフランクフルトの研究所に送られるが、残りは近くの製紙工場に運ばれて再生紙となる。この選別作業の責任者となったユダヤ人識者は、勇気ある学者と司書からなる非凡な面々だった。リーダー格のヘルマン・クルクは、ワルシャワでイディッシュ語の文献と社会主義文学を専門に扱うグロッサ図書館の館長をつとめていたが、一九三九年のナチスの侵攻後、他のユダヤ人難民とともにヴィルナへ逃れてきた。彼はヴィルナ・ゲットーにすばらしい図書館をつくり——言うなれば、啓蒙普及協会図書館の再来だ——その運営を手伝ったのが、ナチスの占領前にそこで働いていたモシェ・アブラモヴィチと、ゲットー内で彼と結婚したディナという若い女性だった。紙部隊でクルクを補佐するゼーリグ・カルマノーヴィチは戦前のYIVOの理事で、もうひとり、ストラシュン図書館の館長だったハイクル・ウンスキは、書誌コンサルタントとしてフランクフルトに送る本の目録づくりを担当した。「カルマノーヴィチも私も、自分が墓掘り人なのか救済者なのかわからずにいる」クルクは日記にそう書いている。[36]

まもなく、ナチスによってYIVOの建物内にもうひとつの作業場が開設され、ゲットーのユダヤ人たちも加わって選別作業を行なうことになった。なにしろ、処理しなければならない資料の量が膨大なのだ。この時点で紙部隊には、元ギムナジウム（中等学校）の歴史教師で中世ラテン語が得意なロフル・ププコ゠クリンスキーを含む女性メンバーのほか、有名なイディッシュ語の詩人アヴロム・スツケヴェルなどのクリエイターも加わっていた。ユダヤ関連書籍に対するナチスの猛襲はヴィルナの機関図書館にとどまらず、ゲシュタポが家々を急襲しユダヤ人を探したあと、今度は特捜隊がやってきて本を探し、彼らの生活様式を完全に根絶した。ユダヤ本狩りはしだいに強硬さを増し、あるときヴィルナ大学図書館の閲覧室では、本が隠されているかもしれないと、床板まで剝がして捜索が行なわれた。一九四三年の四月までに、特捜隊はリガ、カウナス、ヴィルナ、ミンスク、キエフで二八万冊の本を見つけ出し、フランクフルトへの発送待ちの本が、ヴィルナだけで五万冊に達した。[37]

ユダヤ関連書籍の破棄についてはポール博士のチームが詳細に記録し、二週間ごとに作成されるリストには、ドイツに送付された本と製紙工場に運ばれた本が、言語と刊行日ごとに分類して記載された。廃棄する本の割合は七〇パーセントと決められていた。ときには中身の判別ができないナチ党員によって、装丁が美しいというだけの理由でフランクフルトに送られることもあった。

一九四二年六月、クルクは日記に「ユダヤ人の作業員たちは、文字通り涙を流しながら本を運んでいる。このような事態を目の前にして、胸が張り裂けそうだ」と書いている。フランクフルトに送付されない本や文書をどのような運命が待ち受けているかを、彼らは知っていた。そしてまた、戦前に彼らが献身的に奉仕した組織にとって、それがどういう意味をもつかも知っていた。「YIVOは死にかけている、その合同墓地が製紙工場だ」とクルクは記している。[38] 当初、本をどうするかで意見の相違があった。カルマノーヴィチのように、フランクフルトに送るのが本にとっては最善だ（少なくとも、そこで存続できるだろう）と主張する者もいれば、もっといい方法があるはずだと思う者もいた。

ヴィルナの図書館に打撃を与えているすさまじい破壊を受けて、紙部隊の面々は本を救うための作戦を練った。まず、シンプルな対策として、できるだけ作業を長引かせるのがいいと考えた。そこで彼らは、ドイツ人が部屋にいないときを見計らって互いに本を読み聞かせた。作業を監督するドイツ人がこの欺瞞を大目に見るはずはなく、その意味で危険をはらんでいたが、第二の作戦はもっと危険だった。一日の作業が終わったあと、彼らは本や文書を服の下に隠してゲットーに持ち帰ったのだ。クルクには身体検査を受けずにゲットーに出入りできる通行証があったが、ほかの作業員が本を隠し持っているところをナチスに見つかれば、その場で身ぐるみ剝がれて打ち据えられ、ゲットー内の刑務所あるいはヴィルナのルキシュケ刑務所へ連行されたのち、ナチスがヴィルナ郊外のポナールにつくったユダヤ人処刑場に送られる恐れがあった。そこに行けばもう二度と戻ってはこられない。

一九四二年三月から四三年九月のあいだに、数千冊の印刷本と何万もの直筆文書がヴィルナ・ゲットーに舞い戻ったが、それはひとえに紙部隊によって実行された、危険に満ちた驚くべき本の密輸のおかげだった。

紙部隊で選別作業をさせられていたイディッシュ語の詩人アヴロム・スツケヴェルは、オーブンの燃料にする紙をゲットーに持ち帰る許可をゲシュタポから得たが、彼は紙の代わりにヘブライ語やイディッシュ語の稀覯本のほか、トルストイ、マクシム・ゴーリキー、ハイム・ナフマン・ビアリクが書いた手紙、シオニズム運動の推進者のひとりテオドール・ヘルツルの日記、マルク・シャガールの絵などを持ち帰り、すぐさま周到に隠した。これらの資料の多くは現存し、ニューヨークのＹＩＶＯコレクションに加えられている。紙部隊はさらに、ＹＩＶＯ本部から使っていないオフィス家具をゲットーに運び込む策も練っていた。ドイツ人は彼らに許可を与えたが、じつは紙部隊は、その家具のなかに何百冊もの本や文書を隠しておいたのだった。ゲットーに運び込んだあと、取り出した本や文書は巧妙な仕組みの隠し場所にしまわれた。この隠し場所は、ヴィルナ・ゲットーの住人のひとり、ゲルション・アブラモヴィチがこしらえたものだった。戦前は建築技師だった彼は、地下六〇フィート（約一八メートル）のところに地下壕をつくった。そこには換気設備もあり、電気も供給され、ゲットーの外の井戸に通じるトンネルまで掘ってあった。[39] この地下壕はもともと、ゲットーの地下組織が武器を隠す場所、またアブラモヴィチの母親の隠れ場所としてつくられたものだったが、母親は救出された本や文書に快くスペースを分け与えた。こっそり持ち込まれた教科書や児童書の一部は、密かに運営されていた学校に運ばれた。ほかにもゲットー内で組織されつつあったパルチザン（戦闘員）組織にとって非常に有用な本もあり、そのなかの一冊は、モトロフカクテル（火炎瓶）のつくりかたが載っている本だった。

身の危険をかえりみず、紙部隊は果敢に本や文書をゲットーに運びつづけたが、それでもなお、大半の資料はヴィルナ郊外の製紙工場へ運ばれていった。紙部隊のメンバーは、自分たちに残された時間はわずかだと感じていた。カルマノーヴィチは八月二三日の日記にこう書いている。「我々の作業も終わりが見えてきた。何千冊もの本がごみとして廃棄され、ユダヤ人の本は粛清されるだろう。けれども神のご加護を得て我々が救い出した本は後世まで残り、いつの日か再び自由の民となったとき、我々はその本を見いだすだろう」[40]。

数週間にわたる占領期間中、おびえる住民たちの一斉検挙が行なわれた。そして一九四三年九月二三日、ヴィルナ・ゲットーの残虐な粛清が始まった。ゲットー内につくられたすばらしい図書館は閉鎖され、蔵書は破壊された[41]。紙部隊のメンバーも特別扱いはされず、ゲットーの他の住人たちとともに、彼らの多くがポナールでナチスに殺害されるか、エストニアの強制労働収容所に送られ、ほとんどが帰らぬ人となった[42]。

紙部隊の面々は知らなかったが、そのころヴィルナから三〇〇マイル南西に位置するワルシャワ・ゲットーでも、東欧のユダヤ人の生活記録を破壊から守るための懸命な試みがなされていた。そこではオイネグ・シャベスと呼ばれる秘密組織がゲットー内の生活を三年にわたって記録し、エッセイや詩、書簡、写真など、何万ページ分もの資料が作成された。彼らは民間に伝わる笑い話やジョーク、メシア願望、伝説、詩などを記録したが、ほかにもゲットー内でナチスの手先として働くユダヤ人に対する罵詈雑言や、ナチスに協力してゲットーを管理するユダヤ人警察官の行動までを逐一記録していた。そのほか、きれいなお菓子の包み紙のようなものまで集めて保存していた。

ヴィルナと同様、資料は（箱一〇個と金属の大型ミルク缶三つに入れて）ゲットー内に埋められたが、それらは以前からあった本や文書ではない。ワルシャワの豊かな書籍文化の一部が救出されたわけではないのだ。ワルシャワ・コレクションはゲットーでの生活と、そこで暮らした人々の記録であり、ヴィルナのケースと同様、過去を後世に伝えるために保存されたものだ。オイネグ・シャベスを率いたエマヌエル・リンゲルブルムは、家族のほか三四人のユダヤ人と一緒に隠れているところを発見され、一九四四年三月に殺害された。ワルシャワ・ゲットーが壊滅して、わずか数日後のことだった。[43]

オイネグ・シャベスのアーカイブは二度にわたって回収された。最初は一九四六年九月、廃墟となったゲットーを徹底的に捜索した結果、発見された。次に二つのミルク缶が一九五〇年一二月一日に見つかったが、残りはまだ発見されていない。リンゲルブルムのアーカイブだけで一六九三点、三万五〇〇〇ページに及ぶ資料が回収され、そこには議事録、覚書、日記、回想録、遺書、エッセイ、詩、歌詞、ジョーク、小説、物語、戯曲、学校の作文、免状、声明書、ポスター、写真、スケッチ、絵画などが含まれていた。このコレクションは現在、ワルシャワのユダヤ歴史研究所に保管されており、ワシントンにあるアメリカ合衆国ホロコースト記念博物館のアーカイブにはデジタルデータがあり、ミルク缶の実物もひとつ展示されている。[44]

ヴィルナでは、紙部隊のメンバー数人が、ゲットーにいた他のユダヤ人とともに逃げおおせ、森のなかでパルチザンと合流した。そのひとり、詩人のアヴロム・スツケヴェルは、ユダヤ人パルチザン部隊「Nekome-nemer（報復隊）」に加わった。ヴィルナ解放の知らせを聞いたスツケヴェルは、亡命中だったリトアニアの元首ユスタス・パレツキスとともに急ぎヴィルナへ向かった。その途中、道には敗走したドイツ軍の残骸が散乱し、ドイツ兵の死体が腐臭を放っていたが、そのにおいは「どんな香水よりも、私にはかぐわしく感じられた」とスツケヴェルは日記に書き記している。[45]

ソ連の侵攻によりドイツが撤退を余儀なくされたあとヴィルナへ戻ったスツケヴェルは、YIVOの建物が砲撃を受け、そこに隠してあった文書がすべて破壊されたことを知る。紙部隊のメンバーの大半は強制労働収容所へ送られるか、ナチスによる大虐殺の最終段階で殺害されていた。生き残ったのは、スツケヴェル、詩人仲間のシュメルケ・カチェルギンスキ、司書のディナ・アブラモヴィチ、社会主義シオニスト組織「若き親衛隊」の学生活動家ルツカ・コルチャック、同じく学生で（女性）、父親とともに紙部隊で働いていた共産主義者ノイミ・マルケレス、写真家でエスペラント語に詳しいアキーヴァ・ガーシャター、数学者のレオン・バーンシュタイン――ほんの一握りのメンバーだけだった。[46]彼らはヴィルナの廃墟に集まり、ゲットー内にある資料の隠し場所の捜索を始めた。そのいくつかはナチスに発見され、中身を燃やされていたが、ゲルション・アブラモヴィチがつくった地下壕は奇跡的に無傷のままで、隠してあった資料は地上へ運び出された。こうして無事に残された資料は、生き残ったわずかなユダヤ人たちにとって希望の象徴となった。ゲットー内の他の二つの隠し場所も無事だった。生きのびた紙部隊のメンバーは、スツケヴェルとシュメルケ・カチェルギンスキに導かれてヴィルナを脱出し、そこにゲットーの地下組織を指揮していたコヴナー師も加わった。彼らはその後、公式政府となったソ連当局から正式な許可を得て、教育人民委員会の後援のもと、ＹＩＶＯに代わるものとしてユダヤ文化芸術博物館（Jewish Museum of Culture and Art）を創設した。このような手順を踏んだのは、ソ連の支配下ではＹＩＶＯのような民間の研究機関は許容されないと知ったからだ。かつてゲットーの図書館だった建物に入居したこの新たな博物館で、彼らは回収したコレクションの保存に着手した。製紙工場では二〇トンに及ぶＹＩＶＯの資料が見つかり、ヴィルナ清掃局の中庭からも、紙の資料がさらに三〇トン分見つかった。こうしてジャガイモ袋にぎっしり詰め込まれた本や文書が、博物館に運び込まれるようになった。[47]

夏はやがて秋になり、ヴィルナに戻ってきたユダヤ人たちの生活は悪い方向へと転じ始める。ソ連政府は強硬に統制を強め、ユダヤ人の文化活動は政治的弾圧の対象となった。スツケヴェルたちは、清掃局で発見された三〇トンの本や文書をソ連当局がまた製紙工場へ送り込んだと知り、ヴィルナにいるＹＩＶＯのメンバーは、それを再び救出しなければならなくなったのである。ソ連政府はあらゆる種類の宗教に激しく対抗したが、なかでもユダヤ人への風当たりは強く、それにより一九四〇年代には多くのユダヤ人がアメリカへわたったことから、ユダヤ人はアメリカを連想させる存在となっていった。博物館のスタッフ三人は、徐々にまた本の密輸を始め、持ち出した本の一部をニューヨークにあるＹＩＶＯの事務所に送った。ヴィルナの状況があまりに厳しくなったため、カチェルギンスキは一九四五年一一月に職を辞し、スツケヴェルとともにパリへ逃れた。一九四九年、ＹＩＶＯのコレクションはＫＧＢによって博物館から没収され、昔のカルメル会修道院に隣接する聖ジョージ教会の地下（リトアニア・ソビエト社会主義共和国の「書籍室」が保管施設として使用していた）に置かれ、四〇年間そのまま放置された。

ここから先、ＹＩＶＯその他のユダヤ関連資料がヴィルナで存続できたのは、リトアニア人の司書アンターナス・ウルピス博士の勇気ある取り組みのおかげだった。[48]彼が室長をつとめる「書籍室」は国立図書館の原型であり、リトアニアで発行された本を保存・記録していた。ウルピスによるリトアニアの出版物の書誌学的研究は、こんにちに至るまでスタンダードな参考文献となっている。ウルピスはリトアニアのユダヤ人に心から寄り添い、一九五〇年代から六〇年代にかけて、ユダヤ人を上級職につかせるという異例の処遇を行なった。「書籍室」のための本を探しにリトアニア各地をめぐる許可を与えられていた彼は、ナチスの手を逃れた貴重なユダヤ関連のコレクションを数多く保存することができたが、今度はソ連の支配下で、せっかく集めた資料がまたしても破壊される恐れがあった。

ウルピスは、ヴィルナにある他の図書館からも資料を入手した。それは各図書館が紙部隊のコレクションの一部を受け継いだものだったが、政府があらゆるユダヤ文化を反ソビエト的と断じ、イディッシュ語で書かれたものは貸し出し資料から排除するよう命じたことから、それらを保持するのを図書館が嫌がったのだ。ウルピスは自身の収集方針の枠を超え、館長たちを説得して資料を提供してもらった。共産党政府に知られればユダヤ関連の資料は破壊されてしまうとわかっていた彼は、それらを教会にしのばせ、オルガンのパイプまでが文書の隠し場所に使われた（それから何年もたち、彼の息子がオルガンの音が出ないと困っていたが、その理由は父親だけが知っていた）。それ以外の本については、ごく普通の書籍と一緒に積み重ねたり、あいだにまぎれこませたりして、「よく見える」状態で隠した。保管されている何十万冊という本を政府の役人たちが細かく調べたりはしないほうに賭けたのだ。ウルピスが何年ものあいだ自身のコレクションを隠し通したのは、いつか政治情勢が変わり、その存在を明かせる日が来ると希望を抱いていたからだ。けれども、ユダヤ関連の本や文書がそれを生み出したユダヤ人たちのもとへ返還されるという夢の実現を待たず、アンターナス・ウルピスは一九八一年にその生涯を閉じた。彼は最後まで秘密を守りぬいた。

一九八〇年代、グラスノスチ政策（ミハイル・ゴルバチョフによって世に広められた「開放と透明性」を意味するロシア語）と冷戦の全面的融和によって、東欧の共産主義国では政治および知的生活における開放化が進み、これでようやく、ユダヤ系の組織は公然と集会を開き、人々は元通りの生活を送れるようになった。一九八七年にポーランドを訪れたさい、私はグラスノスチの成果をまのあたりにした。クラクフにあるヤギェウォ大学の図書館は、ブリティッシュ・カウンシルが運営する英語資料室のおかげで、その街に変化をもたらす源のひとつとなった。ソ連圏全域で、図書館はこのような大きな変革に欠かせない要素となり、ヴィルナの「書籍室」もまた例外ではなかった。

一九八八年にソ連で発行されたイディッシュ語の雑誌によれば、「書籍室」にはイディッシュ語とヘブライ語の本が二万冊以上あった。それらの本に関する詳細な調査が開始され、「書籍室」の室長はYIVOのニューヨーク事務所長サミュエル・ノリッチとの話し合いを始めた。ヴィルナを訪れたノリッチは、印刷本のほかに数万点に及ぶ文書があることを知る。その多くはYIVOの「収集人」たちが集め、紙部隊が密かに保存していたものだった。だがこのとき、人々が幾度も命がけで救出したコレクションは、再び文化的駆け引きに巻き込まれる。ノリッチは資料をぜひともYIVOに持ち帰りたかった。しかし、リトアニアの国家再生にともない、コレクションには「ソビエト時代以前のリトアニア文化の象徴」という新たな側面が加わったのだ。一九八九年五月三〇日、リトアニア国立図書館が改めて創設された。一九一九年にリトアニア中央図書館として誕生して以来、この図書館は国立――ナチス占領下――ソビエト占領下――そして再び国立という変遷をたどってきた。一九九〇年、リトアニアはソビエト連邦からの独立を宣言した。政情が激しく揺らいだ時期もあったが、軍事的介入はかろうじて回避され、ソビエト体制はついに崩壊し、リトアニアは民主主義に回帰した。そして一九九四年、資料をいったんニューヨークのＹＩＶＯ本部に移して保管し、目録作成と複製を行なったのち、リトアニア国立図書館に返還することでようやく合意に至った。

二〇一七年一〇月二五日、リトアニア国立マルティーナス・マジュヴィーダス図書館のウェブサイトで、聖ジョージ教会、リトアニア国立公文書館、およびリトアニア科学アカデミーのウロブルスキー図書館内でさらに一七万ページ分のユダヤ関連資料が確認されたことが発表された。アンターナス・ウルピスが隠しおおせた資料は、驚くべき量だった。一九九一年にも一五万点の文書が発見され、こちらはユダヤ人の共同体や、東欧におけるユダヤ人の生活機構、ドゥブノフら初期のＹＩＶＯのメンバーの作品、戦間期のイディッシュ語の演劇に関するもので、ヴィルナ・シナゴーグの記録簿などの貴重な資料も含まれ、そこには「ヴィルナのガオン」と呼ばれた有名な律法学者エリヤ・ベン・ソロモン・ザルマンの時代にシナゴーグ内で営まれていた信仰生活が細かく記録されていた。[49]

このコレクションもまたＹＩＶＯが目録の作成、保管、複製を行ない、資料そのものはリトアニアに残して国立図書館が管理することになった。このプロジェクトが従来のものと大きく異なる点のひとつが、デジタル化によって、インターネットを介して資料にアクセスできるようになったことだ。レナルダス・グダウスカス教授は自身が館長をつとめる国立図書館を、「リトアニアのみならず世界で最も重要なユダヤの文化遺産を所蔵する」場所として積極的にアピールした。リトアニア国立図書館とＹＩＶＯのコラボレーションのシンボルとして一〇点の文書がニューヨークで一般公開され、展示物のなかには、アヴロム・スツケヴェルがヴィルナ・ゲットーで書いた詩を集めた小冊子もあった。この小さな詩集が幾度も破壊されそうになりながらも存続できたのは、東欧のユダヤ人社会の知識を保存しようとする多くの人々の驚くべき献身の証《あかし》と言える。[50]

七五年ぶりにリトアニアに戻された貴重な資料は、ナチス時代を生きのびた最後の知識ではないかもしれない。連合国が一九四五年にフランクフルトを占領したあと、ローゼンベルクのユダヤ問題研究所が略奪した膨大なコレクションはオッフェンバッハにある倉庫に移され、そこで鑑定、分類したのち、正当な所有者に返還されることになった。[51] 一九四七年にオッフェンバッハを訪れたあるアメリカ人は、その場所を「本の霊安室」と描写した。[52] コレクションの返還を行なうためのさまざまな委員会が設立され、そのひとつ「大陸のユダヤ系博物館、図書館、公文書館の復興に関する委員会（Committee on Restoration of Continental Jewish Museums, Libraries, and Archives）」は、イギリスの著名な歴史学者シーセル・ロスが会長をつとめた。

ホロコーストを引き起こした張本人であるドイツにユダヤ人関係のアーカイブを保管することを、イスラエルにいる多くのユダヤ人は論外だと感じていた。著名なカバラ（ユダヤの神秘思想）研究者ゲルショム・ショーレムは、偉大なラビで学者でもあるレオ・ベックに宛てた書簡で、「ユダヤ人が移住した場所にこそ、彼らの書物はあるべきだ」と書いている。しかしヴォルムス、アウグスブルク、ハンブルクなど、従来のユダヤ人住民が少数ながら残っている都市では、ヨーロッパのユダヤ人はひとつの場所に長く定住できないことを象徴するかのようなアーカイブの移転に対し、激しい反発が起きた。ヴォルムスでは、市のアーキビストだったフリードリッヒ・イラートがあるキャンペーンを開始した。彼はユダヤ人の記録をナチスから守るのに尽力した人物で、市のユダヤ人コミュニティの元代表でニューヨークに移住したイジドア・キーファーとともに、アーカイブを活用してヴォルムスに再び「リトル・エルサレム」をつくりたいと考えていた。これは、ついに悪に打ち勝った印として自分たちのコミュニティを存続させたいと願うドイツのユダヤ人を象徴するケースだ。ヴォルムスとハンブルクでは、ユダヤ人のアーカイブの運命をめぐる裁判が行なわれ、ドイツ人アーキビストと地元のユダヤ人指導者たちは「自分たちの」アーカイブがイスラエルの機関に移転されるのを阻止しようと闘った。最終的に彼らが裁判に敗れたのは、ドイツ連邦共和国の初代首相に就任したコンラート・アデナウアーが、ナチス後の西ドイツとイスラエルとの協力関係を示したい一心で政治的圧力をかけたためだ。[53]

ユダヤ系図書館のコレクションには、二〇世紀に入ってしばらくたっても行方がわからないものもあった。過去一〇年間だけでも三万冊の本が六〇〇人の所有者やその相続人、機関に返還され、最近では、(対独物的請求ユダヤ人会議や世界ユダヤ人返還機構などの機関によって)返還を待つ本のリストをオンラインで公表する支援も行なわれている。二〇〇二年以降、ベルリン中央・地域図書館(ZLB)は所蔵品のなかからナチスに略奪された資料を探し出して返還する事業を組織的に行なっており、二〇一〇年からはベルリン上院が資金を提供している。これは非常に時間のかかる難しい作業で、ベルリン市立図書館では一〇万冊の本を調査し二万九〇〇〇冊が略奪品と判明したが、そのうち返還されたのはわずか九〇〇冊で、所有者は二〇カ国以上に分散していた。また、オーストリアでは二〇〇九年以降、一五の図書館から合計一万五〇〇〇冊の本が所有者もしくはその相続人に返還されている。[54]

アルフレート・ローゼンベルクは、一九四五年から四六年にかけて行なわれたニュルンベルク国際軍事裁判で戦争犯罪および人道に対する罪で裁かれた。裁判記録では図書や公文書が頻繁に言及され、ソ連の検察チームはエストニア、ラトビア、ロシアに対する彼の略奪作戦に焦点を当て、ローゼンベルクは提示される証拠に必死に抗弁した。またフランスの検察に対しては、「アーカイブを没収せよとの政府の指示を受けて」行動しただけだというありきたりな言い訳しかできなかった。ローゼンベルクの起訴状には、「侵略されたヨーロッパ諸国のいたるところで行なわれた公的および私的財産の組織的略奪に対し、（彼は）責任を有する。一九四〇年一月にヒトラーが発した命令を受け……ローゼンベルク特捜隊に対し博物館および図書館からの略奪を指示した」と記載されていた。ローゼンベルクはまた、「最終的解決」を立案し、ユダヤ人を隔離収容、射殺し、青少年に強制労働を課した罪にも問われ、一九四六年一〇月一日、絞首刑を宣告された。[55]

現在ボドリアン図書館にあるユダヤ関連資料のなかで最もよく利用されているもののひとつが、アムステルダムのコッペンハーゲン家が築いたコッペンハーゲン・コレクションだ。アイザック・コッペンハーゲン（一八四六～一九〇五年）は著名な教師で律法学者であり、彼と息子のハイム（一八七四～一九四二年）と孫のヤコブ（一九一三～一九九七年）の三代にわたり、ヘブライ語の貴重な書籍コレクションを自宅に築いた。しかし一九四〇年のナチス・ドイツによるオランダ侵攻を受け、コレクションはユダヤ人学校に移された。オランダでナチスによるユダヤ人の迫害が激しさを増すと、コレクションに危機が迫っていると判断され、非ユダヤ人の協力で近くのオランダ人学校に運ばれ密かに保管された。ヤコブもまた非ユダヤ人に匿《かくま》われたが、家族はみなナチスの強制収容所で殺害された。コッペンハーゲン・コレクションのなかには、アムステルダムでナチスに没収された本や、全国指導者ローゼンベルク特捜隊によって持ち去られた本もある。現在オックスフォードのコレクションにある本のなかで少なくとも二冊には、個人の蔵書から略奪された本であることを物語るオッフェンバッハ資料保管庫〔訳注：略奪された資料を保管し、返還等を行なっていた〕のスタンプが押されている。

保存への強い思いは、最終的にナチスの猛威に打ち勝った。戦後の混乱が収まったころ、本やアーカイブが少しずつ表に姿をあらわしはじめた。エマヌエル・リンゲルブルム、ヘルマン・クルク、ほかにも数えきれない人々が殺害されたが、彼らが身を挺して守ったおかげで、ユダヤ人の文化や信仰の記憶は存続した。たとえそれが、かつて存在していたもののほんのわずかな断片であったとしても。アヴロム・スツケヴェル、ディナ・アブラモヴィチ、アンターナス・ウルピス、そのほか紙部隊やオイネグ・シャベスのようなグループの活動は、残された数々の文書に、それが書かれた紙や羊皮紙を超える意味を与えた。ニューヨークのＹＩＶＯ、オックスフォードのボドリアン図書館、ヴィリニュス（ヴィルナの現在の呼び名）のリトアニア国立図書館にはいまもなお、ユダヤ人の生活文化の記録が保存されている。私がこの本を執筆している現在、エルサレムでは新たなイスラエル国立図書館が建設中で、四万五〇〇〇平方メートルの建物には、これまでに収集された最大規模のユダヤ関連文書コレクション（アヴロム・スツケヴェルのアーカイブも含む）が収蔵される。そこは「書物の民」の書物のための家である。

第9章

読まずに燃やして

Burning the Books
A History of Knowledge Under Attack

Chapter Nine

フィリップ・ラーキンの、おそらく自撮り写真。1970年、オール・ソウルズ・カレッジにて。

フィリップ・ラーキンは二〇世紀を代表する詩人のひとりだが、彼はライブラリアンでもあり、ハル大学図書館で館長をつとめ（一九五四年の就任から亡くなる一九八五年まで）るかたわら、さまざまな委員会でも活動していた。詩人とライブラリアンという二つの顔をもつ彼は、文学アーカイブがもつさまざまな側面を当事者の立場から理解していた。このような組み合わせはめずらしいが、偉大な作家でアルゼンチン国立図書館の館長でもあったホルヘ・ルイス・ボルヘスなど、ほかにも同様のケースはある。ちなみに、華麗な恋愛遍歴で知られるヴェネツィアの作家ジャコモ・カサノヴァも、ライブラリアン（伯爵家の司書）として晩年を過ごした。

一九六〇年代から七〇年代にかけて、イギリスの作家のアーカイブが北米の大学図書館に数多く流出し、たとえばイーヴリン・ウォーの文書は一九六七年にテキサス大学オースティン校に、桂冠詩人ジョン・ベッチェマンの文書は一九七一年にカナダのブリティッシュコロンビア州にあるヴィクトリア大学に売却された。そのためラーキンは、イギリス国内で文学アーカイブの価値への認識を高める活動に参加した。これは資金調達を促進する国の施策の一環であり、手始めに、彼はごく初期の詩が綴られたノートを一九六四年に大英図書館に寄贈した。しかし恋人のモニカ・ジョーンズに宛てた手紙で、そのノートについて「未発表の詩などがごちゃごちゃと書かれているだけだ。どれも恐ろしく退屈で、古めかしくて面白味がなく、薄っぺらい、まるでしみったれたイェーツだ」と卑下した。けれどもそのあと「しかし」と付け加え、自身が書いた文書の価値はわかっていると述べている。[1]

一九七九年に発表した『放棄された責任（A Neglected Responsibility）』と題するエッセイのなかで、ラーキンは大学や作家たちに向けて、文学コレクションの価値を尊重すべきだと力強く訴えた。

作家の直筆文書は二種類の価値をもつ。ひとつは魔術的《マジカル》な価値、もうひとつは有意味な価値とでも呼ぼうか。マジカルな価値はより古く普遍的なものだ。それは彼（作家）が書いた紙であり、書かれた言葉そのものであり、その二つが組み合わさって初めて生まれる価値だ。……有意味な価値はそれよりもずっとあとになって生じるもので、その文書が作家の人生や作品に関する知識や理解を深めるのに役立つ度合いを示す。[2]

この二つの価値があるからこそ、大学図書館ではいま、作家の直筆文書がコレクションとして非常に珍重され、それを手に入れようと図書館どうしが競い合い、高額で取引されるようになっているのだ。生《なま》の原稿は学生たちの研究材料となり、学術的生産性を上げ、教育の機会を高める。文書の「マジカル」な側面は、ゼミの学生が研究テーマである作品の実物原稿を間近で目にしたときや、他の文化的コンテクスト（映画やテレビ番組など）でおなじみの作品の草稿が展覧会で一般公開されたときなどに出現する。

作家のなかには、自身のアーカイブの研究的価値をよく理解し、おそらく研究者との交流を通じて、将来にわたって研究テーマでありつづけることを実感している者もいる。そうなると当然ながら、アーカイブが死後の名声を確かなものにしてくれると期待して、死後にどのように研究されるかを自身の文書を使って「キュレート」しようとする作家もいる。さらに、自身のアーカイブを副収入を得る手段と考える作家もいる。多くの場合、このようなさまざまなモチベーションが混在しており、アーカイブから省かれるものは、そこに含まれるものと同じくらい重要な意味をもちうるのである。

ラーキンの遺著管理者のひとりである詩人のアンドルー・モーションは、ラーキンはいかにもライブラリアンらしく自身の詩のアーカイブを整然と管理し、きちんと箱に収めて保管し、書簡などの書類も管理者にわかりやすいようにアルファベット順に整理していたと述べている。[3] 死後しばらくして、ラーキンのアーカイブは彼が職業人生の大半を過ごしたハル大学ブリンモア・ジョーンズ図書館に収蔵された。また、それよりも量は少ないが同じように重要な資料が、オックスフォード大学ボドリアン図書館にもある。オックスフォードは、彼が大学生活を送り、一九七三年に出版された著書『オックスフォード版二〇世紀詩集（Oxford Book of Twentieth Century English Verse）』のための研究を行なった場所である。この研究を完成させるために、彼はオール・ソウルズ・カレッジの給費研究員となり、ボドリアンから貴重な鍵を与えられた。めったに立ち入りを許可されない、この偉大な納本図書館の本の山にアクセスできる鍵だ。ラーキンはもちろん、その特権を大いに堪能した。

しかし死が目前に迫ったとき、ラーキンは長年の恋人であったモニカ・ジョーンズに、自分にはもうそうする力がないから、代わりに日記帳を燃やしてほしいと懇願した。だが当然ながら、彼女は自分ひとりでそのような役目を担うことはできないと考えた。イギリスで最も有名な詩人のひとりが書き残したものを、誰がその手で抹消したいと思うだろうか。ラーキンの日記の焼却処分は結局、彼が亡くなったあとで、二七年にわたり献身的に秘書をつとめたベティ・マッケレスが代行することになった（副館長のメイヴ・ブレナンと同様、マッケレスも途中からラーキンの愛人となった）。一九八五年一二月二日にラーキンが亡くなると、その数日後、マッケレスは三〇冊以上ある日記帳をブリンモア・ジョーンズ図書館の彼の事務所に運び、表紙をはずして中身をシュレッダーにかけた。そして確実に何も残らないようにするために、切り刻まれたページを今度は大学のボイラー室に運んで焼却した。ラーキン自身が貼りつけた新聞の切り抜きで覆われた日記帳の表紙は、いまもハル大学のラーキン関係資料のなかにある。[4]

もっと若いころの日記もたくさんあったが、その一部はすでにラーキン自身が破棄していた。一九七六年にある出版社から日記の選集を出さないかともちかけられたラーキンは過去の日記を読み返し、過去を振り返るその行為こそが、初期の日記を破棄するきっかけとなってしまったのである。おそらく、残るすべての日記も同じ運命をたどることは、このときから決まっていたのだろう。マッケレス自身は、自分が正しいことをしたと信じて疑わなかった。アンドルー・モーションはラーキンの伝記のなかで、彼女の言葉を引用している。

> 表紙をとっておいたのが正しかったかどうかわかりません。でも面白い表紙でしょう？　日記そのものについてはまちがっていなかったはずです。だって、フィリップがそう望んだんですから。彼ははっきりと破棄を望んでいました。シュレッダーにかけるとき、私は中身を読みませんでしたが、たまに目に入ってしまうことがあり、垣間見えた断片的な言葉はとても不幸せなものでした。本当に絶望的なものでした。[5]

ラーキンの職業がライブラリアンであり、作家の直筆文書の収集や保存を率先して行なう立場にあったことに照らせば、日記を完全に破棄するという彼の選択は興味深い。モニカ・ジョーンズもベティ・マッケレスも、ラーキンのその希望を明確に理解していた。しばらく入院生活を送ったあとの一九六一年三月一一日、ラーキンはすでに自身の文学的遺産について考え始めていた。ジョーンズに宛てて、彼は次のような手紙を書いている。

> 申し訳なく思うのは、きみにぼくのアパートを使わせなかったことだ。ずっとそのことが気になっていた。もとはといえば、ぼくが私的な手紙や日記をそこらへんに置きっぱなしにしているせいだ。日記をつけるのは、自伝を書きたくなったときのための記録でもあり、気持ちのはけ口でもあるんだが、ぼくが死んだら読まずに燃やしてもらわないといけない。誰かに読まれるのは耐えられないし、ましてや、きみやほかの誰かを恥ずかしい目にあわせたくはない。それにもちろん、ぼくが書いたものを読んでつらい思いをしてほしくないからね。[6]

ライブラリアンであり、作家の直筆文書に関心のあるラーキンは、この衝撃的な運命には他の選択肢もあることを知っていた。彼は一九七九年に友人のジュディ・エジャトンに手紙を書いた。二人の大学時代の友人で最近亡くなったブルース・モンゴメリーの書簡類を見にイングランド南西部デボンに赴いたあとのことだった。「びっくりしたよ、ぼくの手紙が全部、一九四三年のものから残らずとってあるとは！　アン（ブルースの未亡人）は金に困っているから……手紙は彼女が自由に売ればいいと思うんだが……アンはじつに気前よく、全部返すと言うんだ。だけどぼくは受け取るべきじゃないと思っている。困ったな！」結局このモンゴメリーの書簡は、一部は二〇三五年まで公開しないことに合意したうえで、ボドリアン図書館が入手した。自身の文書にも長い非公開期間を（たとえ極端に長い期間であっても）設けることができると、ラーキンはよくわかっていたはずだ。[7]

日記は破棄されたが、じつはそれに代わるものが存在し、辛くも破壊をまぬがれた。ラーキンとモニカ・ジョーンズは、交際期間を通じて何千通もの手紙や葉書をやりとりしており、ジョーンズからラーキンへの手紙はラーキン自身によってボドリアン図書館に遺贈された。一方の彼からジョーンズへの手紙はかなり頻繁に送られ、二人のあいだの私的な事柄が赤裸々に綴られているため、全体として見ると、彼の遺稿から日記が復元されたに近い。

ラーキンはかなりまめに手紙を書く人物で、多くの友人や家族と幅広くやりとりをしていた。文通相手には、ジェームズ・サットン、ブルース・モンゴメリー、キングズリー・エイミス、モニカ・ジョーンズ、ジュディ・エジャトン、ロバート・コンクエスト、アンソニー・スウェイト、メイヴ・ブレナン、バーバラ・ピムらがいる。最も数が多いのは、一九三六年から七七年にかけてラーキンが故郷の両親に送ったもので、手紙とカードを合わせて四〇〇〇通を超えた（両親から彼に宛てた、それとほぼ同数の手紙も残っている）。[8]とはいえ、数あるなかでおそらく最も私的で貴重な手紙は、ラーキンの生涯で最も長きにわたり恋愛関係にあったモニカ・ジョーンズとのあいだで交わされたものだろう。ラーキンはジョーンズに少なくとも一四二一通の手紙と五二一通の葉書を送っており、合わせて七五〇〇ページ以上が残っている。手紙の多くは長く、たいてい六ページ以上、なかには一四ページに及ぶものもあり、三、四日おきに送られることも多かった。ジョーンズの死後、手紙は彼女が大学教師をしていたイングランド中部レスターの自宅に残された。彼女のアパートに侵入した泥棒は安価な電気製品を盗んでいったが、そのさい部屋じゅうに書類をまきちらし、それが盗んだテレビの何倍もの価値があるとは知らずに踏みつけにした。

ジョーンズが遺した手紙は、二〇〇四年にボドリアン図書館が購入した。そこからは、ラーキンの人となりが深く読み取れる。彼が興味を覚えたものや、同業者から政治に至るまで、あらゆるテーマに対する考えが、公開されている他の手紙以上に率直に明かされているのは、二人の親密な関係性によるものだ。

ラーキンはなぜ、他人に日記を読まれるのをそれほど嫌がったのだろうか。内気な人間で「ハルの隠遁者」とも呼ばれた彼は、作品に自分の気持ちをなかなか書きあらわすことができないと記している。ラーキンの詩は哀愁にあふれ、言葉はたいていダイレクトではない。だがときにはそれとは逆に、おのれの感情と厳しく向き合い、内なる思いを衝撃的な形で吐露することもある。その最も有名な詩が「This Be the Verse」だ。

ラーキンは詩人仲間のアンドルー・モーションに、モニカ・ジョーンズとアンソニー・スウェイトとともに遺著管理者になってほしいと頼んだが、そのとき彼は「何も難しいことはない。死神がうちの玄関のほうへやってくるのが見えたら、ぼくは庭の奥へ行き、トマス・ハーディのように誰にも見られたくないものは全部燃やしてしまうからね」と言ったという。ところがモーションによれば、実際はその言葉とは異なり、ラーキンが亡くなった時点で日記の大半は他の書類と一緒に手つかずのまま残っていた。モーションはまた、モニカ・ジョーンズは、ラーキンが迫りくる死を否定しようとしていると感じていたとも記している。日記を破棄してしまえば、自身の死を受け入れることになるからだ。だが、より説得力があるのは、ラーキン特有の二項対立的な姿勢だ。彼は単に決断できなかったのだ。一方で精力的に作家の直筆文書を保存しようとしながら（自身の詩作ノートも、大英図書館に寄贈している）、他方では人に――とりわけ身近な人たちに――日記に綴った胸の内を見せることに強い抵抗を感じていた。同様に彼の遺言書も矛盾に満ちていたために、遺言執行者たちは事前に勅撰弁護士に助言を求めたうえで、ラーキンのアーカイブを破棄せず、その大半をハル大学ブリンモア・ジョーンズ図書館に託す合法的権利が自分たちにはあると判断しなければならなかった。

ラーキンの例は、個人の自己検閲がその遺産《レガシー》にどのような影響を及ぼしかねないかを示している。日記が失われたことで、この非常に内向的な人物の思考は謎に包まれたが、手紙から彼の思考を再構築しようとする試みにより、空隙はいくらか埋まるかもしれない。ラーキンの死後、日記を破棄してほしいという彼の遺志が生んだ謎が追い風となり、彼の生涯と作品への関心が高まっている。

バイロンの回想録の破棄は、文学的ダメージを食い止めようとなされた最悪の行為のひとつだ。身近な者たちが彼の死後の名声を守ろうとしたのだが、以来、その行為は文学者たちを落胆させている。その二〇〇年後、バイロンに劣らぬ人気を博したある詩人――テッド・ヒューズ――が、もうひとつの文学的破壊行為の中心人物となる。彼は、同じく偉大な詩人で作家であった最初の妻、シルヴィア・プラスが遺した日記を破棄したのだ。ヒューズとプラスの関係は激しい詮索の的となり、何ページもの紙面を割いた議論や批判がなされた。二人の関係にはいまだに謎が残るが、そのひとつが、一九六三年にシルヴィア・プラスが自殺したあと、彼女の私的文書の一部がたどった運命にまつわる謎だ。彼女の自殺と、その悲劇につながった二人の詩人の関係性――とりわけ、プラスに対するヒューズの仕打ちが、彼女がみずから命を絶つ大きな要因となったのかどうか――について、多くの議論がなされてきた。けれども、プラスがどのような心理状態にあったのかを詳しく知ることはできない。ヒューズが彼女の日記を破棄してしまったのだからなおさらだ。破棄したのはプラスの名声を守るため、そして自殺につながる日々に書かれた痛ましい内容を子どもたちに読ませたくなかったからだとヒューズは主張する。しかし、日記を破棄したのはむしろヒューズ自身の名声を守るためだったのではないかと考えた者も多い。

　ロンドンで亡くなったとき、プラスはまだヒューズと婚姻関係にあったが別居中で、ヒューズはアッシア・ウェーヴィルと不倫関係にあった。プラスが明白な遺志を示していなかったため、近親者であるヒューズが遺言執行者となり、プラスが遺した文書の多くを自身のものとともに一九八一年まで保管していたが、その後サザビーを通じてマサチューセッツ州のスミス・カレッジに売却し、収益は二人のあいだの子どもであるフリーダとニコラス・ヒューズにわたることになった[9]〔訳注：プラスはアメリカ出身。結婚後に二人は一時期アメリカで暮らし、プラスは母校のスミス・カレッジで教鞭をとった〕。一方、シルヴィアの母オーレリア・プラスは、一九七七年に長年にわたり娘からもらった手紙をインディアナ大学リリー図書館に売却することを決めた。そこでことを複雑にしたのが、遺言執行者であるヒューズがプラスの文学的財産の著作権者でもあり、彼女の言葉をどのような形で印刷物として流布させるかの決定権を握っていたことだ。プラスのアーカイブは図書館に収蔵されたが、母親への手紙や個人の日記にしたためたプラスの気持ちを印刷物として公表するには、テッド・ヒューズの明確な許可がなければならなかった[10]。

　遺著管理者として、ヒューズはプラスの詩人としての名声を入念に管理することができた。彼の評価では、プラスの死後に机の上で発見された手稿はひときわ力強くすばらしい出来栄えだった。一九六五年、ヒューズはプラスの死後に編まれた最初の本格的な詩集『エアリアル（Ariel）』を出版し、その他の詩も少しずつ文芸誌に発表していった。『エアリアル』は文壇に一大センセーションを巻き起こし、ハードカバーおよびペーパーバックで初版以来たえず版を重ね、ヒューズはかなりの収入を得たと思われる。そのあと『シルヴィア・プラス詩集（Collected Poems）』が刊行されると、ヒューズが『エアリアル』の詩の順番を見つかった手稿とは変え、一部を削除して、代わりに未発表の別の詩を入れていたことが明らかになった。詩に描かれている実在の人物に不快な思いをさせないため、そしてプラスの作品により大きな展望を与えるためだったとヒューズは説明したが、なかには彼の介入を、遺産を意のままにしたい願望のあらわれと見る者もいた。プラスのアーカイブに対するその後の扱いや、出版プロセスのじつに細かく念入りな管理から、ヒューズが自身の評判を亡くなった最初の妻の評判と同じくらい気にかけ、二人を不可分なものとして考えているのは明らかだった。[11]

一九八二年、ヒューズは『シルヴィア・プラスの日記（The Journals of Sylvia Plath）』を出版した。八冊ある日記とスミス・カレッジに売却したばかりの雑多な文書から選定し、大幅に手を入れたもので、ヒューズと子どもたちが暮らすイギリスでは出版されず、アメリカでのみ出版された。ヒューズはその序文で、プラスの未発表の日記の発見とその後の経緯を詳しく述べている。彼はその日記を「ノート一式とばらばらの紙の束」と描写し、二冊の「栗色の背表紙」のノートについても触れているが、これはスミス・カレッジに売却した資料には含まれていなかったものだ。序文のなかでヒューズは、それはプラスが亡くなるまでの時期の、二人の結婚が最も緊迫していたころの日記だと語っている。そして二冊のうち一冊は「行方不明」、もう一冊については、中身が公開されれば押し寄せるはずの中傷から子どもたちを守るために破棄したと告白している。[12] ヒューズは（少なくとも）一冊のノートを破棄しただけではなく、出版物を慎重に編集し、一九五七年から五九年までをカバーするその二冊のノートの中身が含まれないようにした。そうすることで、プラスの死後五〇年が経過するまで、研究者や出版界にその中身を伏せておこうとしたのだ。最終的には譲歩し、残存するすべての日記の出版を許したのだが、その決断をしたのは一九九八年に自身が亡くなる少し前のことだった。[13] また、同じ年に出た別の出版物ではそれまでと話をわずかに変え、語りも一人称から三人称に変更して「二冊あったうちの二冊目を、彼女の夫が破棄した。子どもたちに読ませたくなかったからだ。……一冊目はそれよりもあとに行方不明になった（もしかすると、ひょっこり出てくるかもしれない）[14]」と説明している。

　批評家のエリカ・ワグナーは、消えた日記はアトランタのエモリー大学にあるヒューズ・アーカイブのトランクに入っているかもしれないと示唆している。そのトランクは、二〇二二年またはテッド・ヒューズの二番目の妻キャロルが亡くなるまで開けないことになっている。[15] 稀覯本《きこうぼん》や手稿のディーラーで、エモリー大学へのアーカイブの売却を仲介した故ロイ・デイヴィッズは、ヒューズはアーカイブの完全性に強いこだわりをもっているように感じたという。そのため、もし彼が行方不明の日記を見つけたならば、スミス・カレッジに提供し、そこに所蔵されている他の日記と一緒にしただろうというのだ。[16] もちろんもうひとつの解釈は、ヒューズが二冊とも破棄したというものだが、彼の最新の伝記の著者ジョナサン・ベイトは、行方不明の日記はラム・バンク（テッド・ヒューズと妻キャロルが暮らしていたヨークシャー州ヘプトンストールの家）の火事で焼失したのかもしれないと考えている。その家で一九七一年に不可解な火災が起き、地元警察は当時、火事は故意に起こされた可能性もあると見ていた。[17]

シルヴィア・プラスの死後、彼女の私的文書の拡散を「管理」しようとした家族はヒューズだけではなかった。インディアナ大学リリー図書館にあるプラスの手紙には、母オーレリア・プラスによって黒塗りされた部分があり、彼女が編集した書簡集『母への手紙（Letters Home）』（一九七五年）にも、ところどころに削除や省略がある。それらの修正は編集者であるオーレリアによってなされたが、著作権者はテッド・ヒューズであるため、彼もまた公表する内容について口を出した。オーレリア・プラスもテッド・ヒューズも、自分の名声を守るために編集上の決断を下し、その過程で二人のあいだの問題が表面化した。オーレリアは娘の手紙から自分に関するネガティブな描写をすべて排除し、ヒューズも同様に、自身に対する批判が活字になって出るのを是が非でも避けようとした。その結果、本の草稿から手紙の一部を削除してほしいというヒューズの求めをめぐり、二人は争うことになる。一九七五年四月、彼はオーレリアに次のような手紙を書いた。

問題の手紙を削除して、私に関する内輪情報というセンセーショナルな面白味も、シルヴィアがどういうわけか私にではなくあなたに送った初期のラブレターも――つまり、私のことが書かれた初期の手紙のことです――なくなりましたが、それでもこの本からは、彼女とあなたとの関係性が見事に、そして十分に伝わってくるように思えます。それがあなたの望みですよね。オーレリア、私はただ、自分の私生活を自分だけのものにしておくために、その部分を抜き取っただけなんです。[18]

シルヴィア・プラスのケースでなされたような、知識の管理にまつわる相互関係にもとづく意思決定は、政略的なものと考えざるを得ない。その後の一連のパブリックドメイン化――すなわちアーカイブの売却、好ましくない部分を削除した初版の日記および書簡集の発行、続く公開制限の放棄――は、母親よりもむしろヒューズが中心になって行なわれた。その行動によって、名声の面でも金銭面でも最も得をしたのは彼だ。しかしここで、すでに危うくなっているモラル上の問題をさらに複雑にしているのが、彼にもまた対処すべき個人のプライバシーがあるという点だ。彼もやはり、プラスの死から情緒面での影響を受けており、子どもたちのことを心から案じていた。

しかし作業は完了し、いまやプラスの人生や作品を評価するさい、出版された著書や書簡集その他の形で残されたテキストのほかに、残存する日記のテキストを用いることも可能になった。それらのテキストは、プラスが文学に果たした貢献の真価を知るための豊富な材料を提供しつづけている。失われた日記の中身を知ることはできないが、ヒューズも批評家たちも口をそろえて「最も深遠かつ意義深い作品」と評したものを書いていたころ、プラスがどのような心理状態にあったのか、その精神生活の一端を理解することは可能になった。シルヴィア・プラスに関する著書をもつトレイシー・ブレインの言葉を借りるなら、「私たちは失われた日記の中身をほとんど知らない。それでも批評家がプラスの詩作についてすること――そして、しないこと――の大半は、その日記の影響を受けている。プラスの作品群からは重要な部分がなくなっている。その部分こそが、すべてを解き明かす鍵になるのかもしれない」[19]。

本章で取り上げた破棄された文書は、もしも残存していれば最後は大学図書館か国立図書館に落ち着いたことだろう。そうした機関に収蔵されていれば、保存されるだけでなく研究にも役立てられ、展示やデジタル化によって一般に公開されただろう。

著者の内なる思いが込められた文書は、作品の評価を変える可能性を秘めている。カフカの資料は、ボドリアンに来て以来、マルコム・パスリー卿ら編纂者が学術文献を通じてカフカの名を広めるのに用いられてきた。手稿は各国語に翻訳され、展覧会や映画、演劇にも使われた。マックス・ブロートがフランツ・カフカの遺志を守らなかったせいで、世界がより不幸でつまらない場所になったとは論じがたい。だが、後世における公共の利益は、作品を生み出した本人の個人的利益、または著者の利益を必死に守ろうとする者の利益よりも優先されるべきだとする論理は、バイロンやプラスの日記を破棄した人物の行ないはまちがいだったと示唆しているのだろうか。

古代世界の知識に目を向けるとき、私たちは断片的にしか存在しないエビデンスをつなぎ合わせなければならない。サッフォーの作品は非常に重要であり、彼女は何世紀にもわたり単に「女性詩人」と呼ばれてきた。それはちょうど、ホメロスが「詩人」と呼ばれたのと同じだ。しかし、ホメロスの二つの叙事詩がほぼ完全な形で残る一方、サッフォーの叙情詩は、それに影響を受けたプラトン、ソクラテス、カトゥルスらの作品を通じてのみ知られる。サッフォーの叙情詩をすべて収蔵していたアレクサンドリア図書館がもし現存していたら、古代文学の世界は、こんにちの私たちの目にどれほど違って見えただろうか。

いくつかの事例を挙げたが、どの決断もけっして容易ではなく、紆余曲折を経てなされたものだ。知識のこの領域においては、「公」と「私」とが覇権争いをしている。難しいのは、作家は公的な領域に踏み込むことで生計を立て、名声を得る点だ。彼らの作品は「出版」すなわち「公開」される。偉大な作家が考えていることに人々が興味を抱くのは当然だが、同様に、作家にプライバシーを守る権利があるのも当然だ。テッド・ヒューズは子どもたちの（そして彼自身の）プライバシーを最優先に考え、シルヴィア・プラスの日記の一部を破棄した。

何世紀もの歴史をもつ図書館で働いている立場から言えば、こうした問題へのひとつの答えはおそらく、長い目で見ることだ。ボドリアンの書庫には「非公開」の直筆文書が山ほどある。つまり、保存のために文書を当館に寄贈または寄託した人々に、合意された期間が経過するまで中身を公開しないと約束しているのだ。その期間は著者や所有者が亡くなるまでの場合もあれば、それよりも長い場合もある。フィリップ・ラーキンのオックスフォード大学時代の友人ブルース・モンゴメリーのケースでは、彼の死後三〇年が経過するまでコレクションを非公開とする合意がなされた。一部の資料については、非公開期間がさらに二〇年間続く。バイロンの自伝やプラスとラーキンの日記も、遺言執行者が未公開期間を設定して保存し、その中身と深くかかわりのある人々がみな亡くなったあとに研究者に公開することもできただろう。知識の保存とはつまるところ、（マックス・ブロートは理解していたように）未来を信じることなのだ。

第10章

降り注ぐ砲弾

Burning the Books
A History of Knowledge Under Attack

Chapter Ten

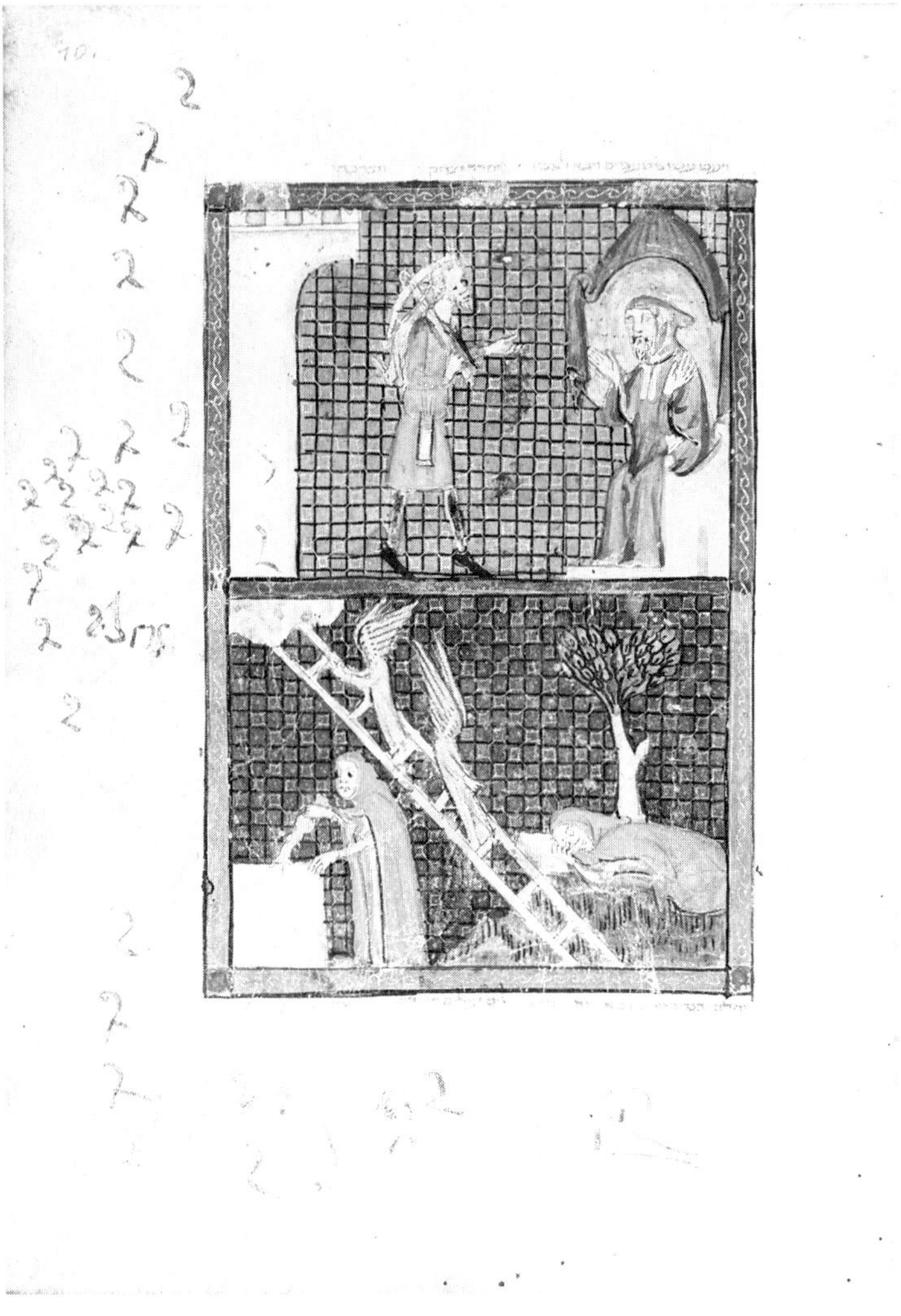

狩りから帰ってきたエサウと、ヤコブのはしご。サラエボ・ハガダー（1350年ごろ）より。

一九九二年八月二五日の夜、第一次世界大戦勃発の舞台として知られるボスニアの首都サラエボで、ある建物に砲弾が降り注いだ。投下されたのは普通の砲弾ではなく、建物もどこにでもある普通の建造物ではなかった。砲弾は焼夷弾で、着弾した瞬間に――周囲に可燃物がある場合はとりわけ急速に――燃え広がるようにつくられていた。砲撃された建物はボスニア・ヘルツェゴビナ国立・大学図書館、砲弾を投下したのはサラエボの街を包囲していたセルビア人武装勢力だ。この砲撃は、セルビア共和国大統領スロボダン・ミロシェヴィッチによるボスニア壊滅戦略の一環として行なわれた。

武装勢力は次に狙撃兵を配置して消防隊員を狙い撃ちし、さらに高射砲を空ではなく水平方向に向けて発射した。図書館員は人の鎖をつくり、燃える建物から資料を運び出そうとしたが、容赦ない砲撃と狙撃が危険すぎて、わずかな稀覯本《きこうぼん》を除き、救出はかなわなかった。その日の午後二時ごろ、図書館員のひとりアイダ・ブトゥロヴィッチが狙撃兵の銃弾を受けた。[1] 語学に堪能で全国の図書館ネットワークをサポートしていた彼女は、まだ三〇歳の若さで、その日サラエボで犠牲になった死傷者リスト（死者一四名、負傷者一二六名）に名を連ねることとなった。[2]

作家のレイ・ブラッドベリは一九五三年に出た著書で、紙が燃え始める温度は華氏四五一度（摂氏約二三三度）だと気づかせてくれたが、図書館全体が焼失するにはかなりの時間がかかる。ボスニアの詩人で作家のヴァレリアン・ズーヨいわく、そのあと何日ものあいだ、燃え尽きた本の灰が「黒い鳥」のごとく街に舞い降りていた。[3]

図書館や公文書館を破壊する理由はさまざまあるが、なかでも特徴的なのが特定の文化の抹消だ。ヨーロッパの宗教改革による本の破壊は宗教的な意味合いが強く、破壊の対象となったのはカトリック・

コミュニティの図書館であり、異端とされる書物があったからだと理解できる。ルーヴァン大学図書館の破壊には文化的要素があり、破壊されたのは、そこが国家にとって知の心臓部であったためだ。ホロコーストの時期に行なわれた図書館や公文書館への攻撃は、ごく広い意味でとらえれば文化に対する攻撃だが、ナチス政権が根絶しようとしたのはユダヤ人の宗教だけではなく、ユダヤ的な存在のすべて――生きている人間から彼らの祖先の墓石に至るまで、あらゆる要素を消し去ろうとしたのである。

ボスニア・ヘルツェゴビナの国立図書館は、ヴィエチニツァ（市庁舎）と呼ばれる建物にあった。書籍、手稿、地図、写真など、一五〇万点を超える所蔵資料は、一国のみならず、多くのイスラム教徒が住む地域全体の歴史の記録となっていた。砲弾がこの建物を直撃したのは偶発的な出来事ではない。図書館は付近で起きた武力衝突にたまたま巻き込まれたのではなく、セルビア人武装勢力によって意図的にターゲットにされたのだ。彼らの狙いは軍事支配だけではなく、イスラム教徒の一掃であり、近くの建物はいっさい砲撃を受けず図書館だけが標的となった。[4]

第二次世界大戦が終わり、ホロコーストの恐るべき惨状が白日の下にさらされて四五年、「二度とくり返してはならない」という言葉が世界中の人々の耳にこだまするなか、ヨーロッパでは文化の大虐殺が再びくり返された。ユーゴスラビアが複数の国に解体された時期に起きたその大虐殺を引き起こしたものは、複雑に絡みあう諸問題だった。ナショナリズムが人種的・宗教的敵対感情と混じり合い、政治問題として表面化したのだ。[5]

一九九二年の夏、インターレールパスを使ってヨーロッパをめぐる学生バックパッカーの多くが、旅の行程にユーゴスラビアを加えていた。そして彼らのバックパックに押し込まれていたのが、貧乏旅行の若者向けに新たに出版された各種ガイドブックだ。最新版の『ユーゴスラビア：ザ・ラフ・ガイド』を選んだ者もいただろう。その冒頭の数ページでは、地域の歴史が紹介されていた。五〇〇年にわたりトルコの支配下にあったユーゴスラビアは、多くの国と国境を接し、第二次世界大戦中はナチスの占領と戦い、チトー将軍によって統一された。当時のユーゴスラビアは、経済不況、主要インフラへの過少投資、超インフレなど、チトーによる長年の共産党支配の影響に苦しみ、一九八〇年にチトーが死去すると、（社会主義）連邦共和国としての結束が崩れ始めた。

> 各共和国の独自性は厳然と守られ、根強く存続している。ユーゴスラビア人のなかで、パスポートにユーゴスラビア人と記載しているのはわずか四パーセントにすぎない。ストライキ、デモ、そしてナショナリズムの復活、とりわけセルビアにおけるそれは、戦後初めて同盟の未来を脅かした。[6]

この政治的および社会的分裂は、地域の歴史を考えれば当然の結果だ。一六世紀から一七世紀、オスマン帝国の台頭はヨーロッパ諸国の反発を招いた。オスマン帝国によるボスニアの支配は四〇〇年近く続き、一八七八年にイスタンブールに代わってウィーンがその地域を統治する帝国の中心地となった。そのころ政治と文化の両面で勢力が頂点に達しつつあったオーストリア＝ハンガリー帝国はオスマン帝国の支配を押しのけ、委任統治によりその地域を「文明化」することを呼びかけ、新たな統治者となった国々は独自の行政秩序をその地にもたらした。

一九一〇年にボスニアで行なわれた人口調査では、正教徒が人口の四三パーセントと最も多く、イスラム教徒三二パーセント、カトリック教徒二三パーセントと続いた。どのグループも圧倒的優位にはない宗教的な複雑さは文化の融合を促進し、建築様式や音楽、料理、文学においても、さまざまな要素が混在していた。民族間には政治的緊張があり、その緊張には、隣接するセルビアとクロアチアの勢力が影響していた。セルビア人やクロアチア人が住んでいることを理由に、両国はいずれもボスニアの領有権を主張していたからだ。特にセルビアは、隣国に対し貪欲なまなざしを向けていた。セルビア人は早くから民族主義的野心をあらわにしており、一八七八年には独立国家の形成に成功し、その後も一世紀にわたりボスニアの領有権を主張しつづけ、第二次世界大戦後に複数の共和国が統合されてできた共産主義ユーゴスラビアが解体したのちも、ボスニア共和国内のセルビア人との強固な絆を保ちつづけた。

　このような歴史的背景は迫り来る不吉な影を落としていたが、二〇世紀にボスニアを訪れた多くの人々が、異なる民族がじつに平和的に共存していることに感心した。民族の共存がどこよりも顕著に見て取れるのが、ボスニアの首都サラエボだ。イギリスの小説家で詩人のロレンス・ダレルは、「モスク、ミナレット、トルコ帽《フェズ》――華やかな東洋の姿をとどめる街を、誰かさんが暗殺された橋の下を、川は涼しげにしぶきを上げながら流れていく」と書いている。[7] サラエボは地域内の歴史的緊張をものともせず、それは街の巨大図書館にも反映され、図書館は共和国全体のために役立てられていた。

　バルカン諸国は、地域全体として根強い書籍文化をもっていた。中世期、スロベニアにはシトー修道会などのカトリック系修道会があり、写字室や図書館が発達した。また、もっと南にあるユダヤ人や正教徒、トルコ人のコミュニティは、本づくりの拠点として栄えていた。サラエボは書籍文化の中心地のひとつであり、街が誇るアラビア語、トルコ語、ペルシア語の書籍や手稿の一大コレクションが、ガーズィ・フスレヴ・ベグ図書館に所蔵されていた。一六世紀前半にサラエボの第二の「創始者」が建てたこの図書館は、一九九〇年代にはヨーロッパで最も古くから稼働しつづけている図書館のひとつに数えられた。サラエボのユダヤ人コミュニティも、人道組織ラ・ベネボレンシア内に開設された独自の図書館をもっていた。同様に、他の宗教も図書館を保有していた。フランシスコ修道会はサラエボに修道院と神学校をもち、図書館を建てて自分たちの宗教的使命に役立てた。[8] 一九世紀後半になると、ハプスブルク家の統治者たちはボスニアの近代化を促進しようと、学術図書館を併設したボスニア・ヘルツェゴビナ国立博物館をつくった。一八八八年の創設以来、併設された図書館の蔵書は約二五万冊に増え、この地域で最も貴重な芸術的至宝のひとつ、サラエボ・ハガダーも収蔵されている。

一九五〇年に創設されたサラエボ東洋学研究所もまた、ボスニアの文化を伝える文献が集まる一大拠点として、アラビア語、ペルシア語、ヘブライ語の本、手稿、文書を中心に収集していた。また、この地域独特の重要性をもつものとして、サラエボが文化の交差点であることを象徴するアジャミスキー(Adžamijski)、すなわちアラビア語で書かれたスラブ語の文献のコレクションもあった。この種の分野において、東洋学研究所は南東ヨーロッパで最も重要な知識文化の拠点となっていたのである。

ボスニア・ヘルツェゴビナ国立・大学図書館は一九四五年に設立された。一九九二年には稀覯本を一五万点、中世のコーデックスを五〇〇点、インキュナブラおよび重要なアーカイブを数百点、さらに国内で発行される主要な新聞・雑誌のほか、正規の教育機関として備えておくべき世界各国の学術文献を所蔵していた。この図書館は国の文化資源であると同時に、サラエボ大学の研究基地でもあった。国立図書館がもつ特殊な機能のひとつは、その国の知の遺産を文書として記録することであり、国立・大学図書館における代表的なコレクションが「ボスニアカ」すなわち「記録のコレクション」、ボスニアで印刷されたすべての刊行物と、印刷・出版された場所は問わず、ボスニアに関するすべての本を集めたものだ。このコレクションにも、担当するスタッフにも、ボスニアがもつ多文化的性質が自然に反映されていた。

国立・大学図書館が入っていた建物はもともと、オーストリア＝ハンガリー帝国の支配が絶頂期にあった一九世紀後半に市庁舎として建てられたもので、かつてこの街を支配したムーア人の文化的遺産を反映して設計されていた。ヴォイヴォデ・ステペ（Vojvode Stepe）という大通りの端に位置するこの建物は、ムーア様式を真似てデザインされた。ハプスブルク家の統治者たちはきっと、オスマン帝国時代のサラエボの中心地だった石畳のバシュチャルシヤ地区に建ち並ぶトルコ式の建物に、しっくりなじむと考えたのだろう。最終的に砲撃対象となったのは図書館のコレクションだが、この建物の重要性は、単に知識や文化とのつながりだけにあったわけではない。そこは一九一〇年から一五年にかけて初のボスニア議会が開かれた場所であり、独立した民主主義国家のシンボルだった。セルビア人武装勢力はそのことを認識し、苦々しく思っていたのだろう。

図書館が燃え尽きるまで三日（八月二五日から二七日まで）かかった。その三日のあいだに、コレクションの一部を救出することもできたかもしれない。煙害で大量の蔵書が使いものにならなくなり健康にも害を及ぼしたかもしれないが、最初の砲撃のあと炎がおさまっていれば、蔵書の一部は救えたかもしれない。けれども、すさまじい熱で大閲覧室にあった細長い大理石の柱が破裂し天井が崩落したために、サラエボ市の消防隊にとって、もはやコレクションの救出は現実味のある選択肢ではなくなった。消防士の報告書には、「モルタルが何時間も落下しつづけ、それが作業を非常に困難にしている」[9]とある。もうひとつ、彼らの必死の努力を阻んでいたのが水圧の低さだ。過去数カ月の武力衝突によって、市の水道ポンプシステムが破損していたのだ。消防隊は火を鎮めようと全力を尽くしたが、砲撃はくり返され、燃えつづける火はやがて建物を飲み込んだ。しかし、各国の新聞がこの出来事を第一面で報じることはなかった。[10]

おそらく、この紛争で最も顕著な知的・文化的被害を受けたのは国立・大学図書館だが、ほかにもボスニア全土で何十もの図書館や公文書館が同様の仕打ちを受けた。イスラム系地区では公文書館に保存された文書が無残に破壊され、民族浄化で人々が虐殺されたのと同じように、土地の登記に関する書類も破棄された。こうしてイスラム教徒が保有する財産の記録は消滅し、墓石までがブルドーザーで破壊され、ボスニアの土地にイスラム教徒が眠る証拠が消し去られたのである。

ボスニアにあった公文書館の半分以上が破壊されたと推定され、長さにして八一キロメートル分以上の歴史文書が失われたことになる。[11]それらの文書には、コミュニティで暮らす住人たちの市民生活が詳細に記録されていた。何世紀分もの出生、結婚、死亡が書き記され、土地の所有権も（オスマン帝国に伝わる慣習として）事細かに記録されていた。こうした文書はコミュニティを土地に定着させるのに役立つ。時代をさかのぼってルーツをたどり、多くの家族が何世代にもわたり暮らしてきた証拠を見ることで、その土地を身近に感じるようになるからだ。しかし居住権や所有権、財産、さらには生存権までが消滅し、それを主張できなくなった。民族主義者の狙いはそこにあった。イスラム教徒が存在した記録が、イスラム教徒そのものとともに「抹消」された。つまり、イギリスの作家ノエル・マルコムが記述しているように、「このような行為を計画した者たちは、文字通り歴史を消し去ろうとしていた」のである。[12]

ドボイの町では、セルビア人武装勢力がモスクやカトリック教会を破壊したあと、ベオグラードから特殊部隊（レッド・ベレー）がやってきて、洗礼記録を求めてカトリックの司祭館を捜索した。だが教区司祭によれば、幸いにも「地元の善良なセルビア人たち」が彼の求めに応じて記録簿を隠してくれていた。この町を苦しめている文化大虐殺の次なるステップがそこから始まることを、司祭は知っていたのだ。[13]国の南西部ヘルツェゴビナ地方では、歴史的な街モスタルもまたセルビア人の標的となっていた。ヘルツェゴビナの公文書館は再三狙われ、カトリック大司教座の図書館や街の大学図書館も同様に標的となった。モスタルにある美しい中世の橋が破壊され、この紛争がボスニアの文化生活に与えたダメージの「シンボル」となったが、一方で、何百という公共図書館や公文書館で無数の本や文書が破壊されたにもかかわらず、そちらはほとんどメディアに注目されなかった。

サラエボでは、ほかにも多くの図書館や公文書館が被害を受けた。最初に犠牲となったのは東洋学研究所で、一九九二年五月一七日、建物めがけて白リン弾が発射され、コレクションが全滅した。砲撃とその結果起きた大火事で破壊されたのは、手稿や写本が五〇〇〇点、オスマン帝国の文書が二〇万点、オスマン帝国時代の地籍簿（土地所有者のリスト）が一〇〇点以上、さらに印刷本と雑誌等を含む参考文献が一万点。収蔵品の目録すら残っていない。だが国立・大学図書館と同様、まわりの建物はいっさい攻撃を受けなかった。[14]

また、サラエボ大学にある一六の学部の図書館のうち一〇カ所が攻撃を受けて破壊された。大半は紛争が激化した一九九二年の出来事で、四〇万冊の本が失われたと推定される。一九九二年六月八日には、サラエボ郊外にあるフランシスコ会修道院がセルビア人武装勢力に占拠され、修道士たちが追い出された。守る者のいなくなった修道院図書館からは五万冊の本が略奪され、破壊されるか戦利品として持ち出され、一部はその後、ヨーロッパ各地の古書市場に出回った。[15]

一九九二年九月、サラエボの〈ホリデイ・イン〉が砲撃されたとき、イギリスBBCの記者ケイト・エイディは、外国の通信員が多く滞在しているホテルをなぜ標的にしたのかとセルビアの砲撃隊長を激しく問いつめた。すると驚いたことに隊長は非を認め、じつは通りの向かい側にある国立博物館が標的だったと陳謝した。砲撃隊の手違いで、誤ってホテルに砲弾が落ちてしまったのだ。[16]

この紛争で、ボスニア全土の図書館等に収蔵されていた合計四八万メートル分の記録文書や手稿と、約二〇〇万冊の印刷本が破壊されたと推定されている。[17]

国立・大学図書館で砲弾が炸裂した瞬間から、コレクションを救うための懸命な努力がなされた。図書館のスタッフとサラエボ市民は、セルビア人も、クロアチア人も、ユダヤ人も、イスラム教徒もみな一緒になって人間の鎖をつくり、本を外へ運び出そうとした。どうにか救出できたのは蔵書全体の一〇分の一にも満たなかったが、それでも図書館の機能は見事に維持され、サラエボ包囲のさなか、惨憺たる状況にもかかわらず、一〇〇人以上の学生が博士号を取得した。東洋学研究所は引き続きセミナーやシンポジウムを開催し、スタッフは自宅で運営業務を行なった。各国の図書館協会から、ミシガン大学図書館、ハーバード大学図書館など個別の図書館まで、多数の団体が支援の手をさしのべ、ユネスコは図書館再建に向けた国際社会の支援策を早急に承認した。

一九九六年から九七年にかけて図書館の建物の修復が段階的にスタートしたが（費用は、かつてこの地域を植民地支配していたオーストリアからの寄付でまかなった）、当初は建物の構造の補強だけが目的だった。一九九八年七月三〇日、世界銀行、ユネスコ、モスタル市当局は、この街にある有名な橋スタリ・モスト（古い橋）の復興のための資金協力を呼びかけ、かつてユーゴスラビアを構成していたこの国への国際的資金調達競争が巻き起こった。世界銀行はモスタルの橋を「ボスニア全体の象徴」と見なし、国際社会は復興プロジェクトに巨額の資金を投じたが、ボスニアにある他の文化遺産のほとんどは、対象から除外された。[18]

その一方で、図書館の再建プロジェクトは、政治的問題によりしだいに窮地におちいった。一九九九年、欧州委員会は二度目の資金援助を行なったが、復興作業は二〇〇二年まで開始されず、二〇〇四年には再び中断された。紛争の終結から一〇年たっても、図書館は依然として荒廃したままで、建物の所有権——それが図書館に帰属するのか、市に帰属するのか——までが争われ、再建後の建物の使い道についても、図書館と市当局で意見が割れていた。しかし最終的にはスペインとEUの資金援助を得て建物は再建され、いまではサラエボ包囲で失われた一万五〇〇〇人の命の記念館となっている。一九九〇年代のバルカン紛争は何十万人もの死者を出し、何百万人もの人々が住む場所を失い、土地を追われた。民族浄化は世界に大きな衝撃を与え、セルビアのミロシェヴィッチ大統領らはオランダのデン・ハーグ（ハーグ）で裁かれるが、同時に起きていたもうひとつの悲劇——図書館や公文書館に対して意図的に行なわれた破壊行為による、地域の知的・文化的記憶の喪失――のほうはさほど注目されず、わきへ追いやられてしまった。

ボスニア全土で破壊行為を計画し実行したセルビアの指導者たちは最終的に、デン・ハーグにある国際刑事裁判所で開かれた旧ユーゴスラビア国際戦犯法廷で裁かれた。セルビア民族主義勢力を率いたラドヴァン・カラジッチは、国立・大学図書館を攻撃したのは自分たちの部隊ではないと否定し、図書館の建築様式が気に入らないサラエボのイスラム教徒の仕業だと主張した。[19]だが幸い、法廷はそのような虚偽を暴くのに必要なあらゆる知識をもつ専門家をアドバイザーとして任命していた。当然ながら、その専門家とはライブラリアンであり、ボスニアで行なわれた文化の大虐殺における図書館や公文書館の位置付けに光を当てていくことになる。

ハーバード大学ファイン・アーツ図書館のアンドラス・リードマイヤーは、オスマン帝国の歴史で博士号を取得し、バルカン諸国の歴史文化に精通する人物だ。ボスニア各地の図書館が破壊されたと知るとすぐ、再建のための協力を申し出た彼は、証拠集めのため旧ユーゴスラビア各地へ実地調査に向かった。[20]未除去の地雷や暴動など、ときに危険をともなう旅だった。国際戦犯法廷のアドバイザーをつとめるあいだ、リードマイヤーは五三四カ所の現場についてそれぞれ資料を提供したが、その一部にはみずから足を運んで調査し、そのほかは写真や証言、その他の証拠文書に頼った。[21]

リードマイヤーは、ミロシェヴィッチ、ラトコ・ムラディッチ、カラジッチら戦犯と法廷でじかに対面した数少ないライブラリアンのひとりだ。その地域の図書館や公文書館に詳しいリードマイヤーはミロシェヴィッチの裁判で証言を求められ、告発された罪を否定する被告に対し、確かな証拠にもとづき反論した。[22]

国際戦犯法廷は、文化遺産とりわけ特定の民族や宗教にかかわる建造物、さらには図書館や公文書館に対する戦争犯罪を訴追するという新天地を切り開いた。けれども、攻撃とその被害の大きさに対して、訴追の件数はごくわずかだった。それでもやはり、これがひとつの判例となり、救済という観念が確立されたのは確かだ。戦争による荒廃のなかで、図書館や公文書館の運命はとかく見過ごされてしまう。一九五四年に締結された「武力紛争の際の文化財の保護のための条約（一九五四年ハーグ条約）」は、サラエボの国立図書館をはじめボスニア各地の図書館が壊滅的な打撃を受けるのを食い止める役には少しも立たなかった。けれども裁きの場が存在するからこそ、文化の大虐殺その他の戦争犯罪の証拠を隠蔽しようとしたのであり、それはつまり、法がいくらか抑止力となっている証《あかし》なのかもしれない。[23]

国立図書館のコレクションを救出しようとする図書館員や消防隊、市民の努力を阻み、狙撃および砲撃作戦を指揮したセルビア軍の司令官スタニスラヴ・ガリッチは法廷に立ち、二〇〇六年に終身刑を言い渡された。サラエボ包囲中にガリッチのあとを継いだラトコ・ムラディッチもまた、「図書館等を含む宗教的・文化的建造物を意図的かつ非人道的に破壊した」罪で一九九六年にデン・ハーグで起訴され、二〇一七年には同様に終身刑を宣告された。彼とともに被告席についたのが、カラジッチとミロシェヴィッチだった。ミロシェヴィッチは健康を損ない、判決を待たず二〇〇六年に死去した。文化遺産に対する罪と人道に対する罪には関連性があるにもかかわらず、カラジッチとムラディッチの裁判では、検察側が修正提出した訴追事案から国立図書館の破壊が削除され、これについては有罪判決が下らなかった。[24]

この紛争により、無数の歴史的建造物が破壊された。貴重な書籍や手稿、文書も失われたが、それについてはほとんど報道されなかった。損傷したコレクションを修復し破壊された書籍を補塡する試みもなされたが、失われたもののほんの一部にすぎない。国立図書館には、唯一無二の品々やかけがえのない貴重な資料が数多く収蔵されていた。図書館の破壊はボスニアの文化の核心部分に打撃を与え、次世代の教育を担う大学の能力が損なわれた。サラエボの消防隊長ケナン・スリニッチは、隊員たちとともに命がけで図書館を救おうとした動機を尋ねられ、こう答えた。「この街で生まれた私にとっては、自分の一部が燃やされているのと同じだったからです[25]」。

サラエボのある図書館は、かろうじて破壊をまぬがれた。それは国立博物館にある学術図書館で、スタッフは狙撃兵が放つ銃弾と街に降り注ぐ一日平均四〇〇発の砲弾をかわしながら、博物館の遺物とともに、二〇万冊ある蔵書の大半を避難させた。博物館の館長リゾ・シヤリッチ博士は一九九三年、残った所蔵品を守るため、博物館の壁にあいた穴をビニールシートでふさぐ作業をしていた最中に、手榴弾の爆発で命を落とした[26]。

この英雄的行為が、サラエボ・ハガダーとして知られるヘブライ語の写本を救うことになる。これは長く複雑な歴史をもつ貴重な装飾写本で、一四世紀半ばにスペインでつくられ、一四九二年にイベリア半島から追放されたユダヤ人によって持ち出された。サラエボ・ハガダーは、サラエボ、そしてボスニア・ヘルツェゴビナがもつ多文化の強さと回復力の象徴であり、いまではその地域で最も有名な本となっている。一八九四年にボスニア国立博物館が購入するまで、この本は多くの人の手にわたり、数々の紛争をくぐりぬけてきた。第二次世界大戦中には、ナチスに見つからないよう、館長のダルヴィーシュ・

コルクートがサラエボの外へこっそり持ち出した。彼はそれを、サラエボの北に位置するゼニツァにいるイスラム教の聖職者に託し、聖職者はモスクまたはイスラム教徒の家の床板の下に隠した。一九九二年に窃盗団が博物館に侵入したときもハガダーは無事で、価値があるものではないと判断された他の多くの品々とともに床に転がっているのが発見され、その後は銀行の地下金庫に保管された。武器購入のために政府がハガダーを売却したといううわさを消すため、ボスニアの大統領は一九九五年のセーデル（過ぎ越しの祭りの祝宴）でこの写本を公開した。ハガダーは国立博物館に返還され、現在もそこで見ることができる。[27]二〇一七年一一月、サラエボ・ハガダーは世界の記録遺産を保存するためにユネスコが管理する「世界の記憶」に登録された。

近年、文化の大虐殺に直面しているのはボスニアだけではない。その一〇年前には、ジャフナが虐殺の舞台となった。ジャフナはスリランカ（セイロン島）最北端に位置する北部州の州都で、一九四八年にスリランカがイギリスから独立して以来、シンハラ人とタミル人との民族対立が顕著に見られる地域だ。島の北部に住むタミル人の多くはイスラム教徒で、スリランカにおける少数派である。一九八一年五月、地方政府の選挙が発端となった騒乱のさなか、二〇〇人の警察官が暴動を起こした。

六月一日の夜、ジャフナ公共図書館が焼け落ち、設立以来築き上げられた一〇万冊の書籍と一万点の手稿からなる全コレクションが破壊された。スリランカには一九世紀初頭から図書館がひとつ存在していたが、一九三四年にジャフナ公共図書館が創設されるまで、本格的な公共図書館はなかった。その後、この図書館は新しい場所に移転し、一九五四年から五九年にかけて再開館されたが、一九八一年の時点では「ジャフナの精神の一部、より高いレベルの教育を求める住民たちの念願の施設となっていた」[28]。

タミル人の社会では、つねに教育が非常に重要視されてきたことから、図書館の焼き討ちは意図的な行為であり、警官たちはタミル人を威嚇し、彼らが抱く未来への野心を打ち砕こうとしたのだ。当時ジャーナリストのフランシス・ウィーンが伝えたように、図書館や書店、新聞社の破壊は「明らかに、タミル人の文化に対する組織的な猛攻撃」だった。[29] あるタミル人の政治団体は、スリランカ警察によるタミル人の図書館の破壊は「文化の大虐殺」政策の一環だったと主張した。[30] スリランカ政府は、一九八一年の五月と六月に起きたその暴動は規律に従わない治安部隊が起こしたものだとし、国際社会の圧力を受けて九〇万ルピーの賠償金を支払うと公約した。しかし、この追加資金を得てもなお図書館は再建されず、市の怠慢に抗議し、二〇〇三年にジャフナ市議会議員二三名が辞職した。その翌年、図書館はようやく再開され、現在も利用されている。

イエメンではいま、また別の文化が同様の脅威にさらされている。イエメンの内戦は何万人もの命を奪い、数十万人が難民となり、各地の図書館もまた甚大な被害を受けた。ザイド派のコミュニティにある図書館はイエメンの文化生活におけるユニークな特徴のひとつであり、彼らの宗教が生んだ知的遺産は、九世紀から存在する写本のなかに息づいている。ザイド派はシーア派イスラム教の一派で（イエメン以外では、イラン北部のカスピ海沿岸地域にのみ存在する）、イエメンの山岳部では最大勢力となっている。ザイド派のコミュニティはフーシと呼ばれる反政府武装組織を抱え、サウジアラビアが主導する（そして二〇一八年一二月まではアメリカが支援していた）連合軍と対立していた。

各地の図書館が所蔵する写本に反映されているように、ザイド派の知的伝統が非常に豊かなのは、シーア派以外の思想にも寛大であることのほかに、イエメンの位置も影響している。イエメンは、アラビア半島や北アフリカ、インド洋のイスラム諸国がアクセスしやすい場所に位置しているのだ。ザイド派は中世のイスラム合理主義の一派で、人の理性をもって神聖なる知恵に到達するよう説くムータジラ派の教えを大切に守っている。[31] ザイド派の図書館が破壊されたのは、集中砲火を浴びるといった、戦争による一般的な破壊行為による部分もある。たしかにイエメンは昔から、さまざまな紛争のなかで略奪や破壊を経験してきた。それでも破壊の多くは意図的なもの、つまり好戦的なサラフィー主義者（スンニ派原理主義の一派）がザイド派に抱く敵意がもたらしたものだ。

図書館ではいま、デジタル技術を用いて知識の永久喪失に対抗している。デン・ハーグの国際戦犯法廷で証言を行なう以前、アンドラス・リードマイヤーは「ボスニア写本収集プロジェクト」を通じて、ボスニアの図書館の再建に果敢に取り組んでいた。彼は世界中のライブラリアンとともに、ボスニアの図書館で破壊された写本（特に、サラエボの東洋学研究所の図書館に所蔵されていた数々の写本）の写しを探した。その一部は各地の機関図書館で発見され（大半がマイクロフィルムだった）、ほかにも研究者の私的コレクションに含まれていたものもある。リードマイヤーは同僚とともに、写しのスキャン画像を作成した。この方法で復元された写本はごくわずかで、写しは原本ほどの価値はもたないが、それでも図書館の復興を支援し、知識をボスニアの地域社会に役立てるための方法として、このプロジェクトは大きな一歩となった。[32]

デジタル化と複製は、イエメンにおいてもひと役買っている。アメリカのプリンストンにある高等研究所とミネソタ州カレッジヴィルにあるセント・ジョンズ大学ヒル博物館・写本図書館が共同で進めるプロジェクトは、イエメンにあるザイド派の写本のほか、世界各地のコレクションに含まれるザイド派の写本のデジタル化を進めている。アメリカが主導するこの取り組みと連携し、イタリア、ドイツ、オーストリア、オランダなどヨーロッパ諸国でもデジタル化プロジェクトへの資金供給が行なわれている。ザイド派の写本文化を守るため、合計一万五〇〇〇冊以上をデジタル化して公開し、ザイド派コミュニティを世に認知させ、このまれに見る貴重な人知の重要性に光を当てるのである。

消滅の危機にさらされたザイド派の写本に書かれているのは、一〇世紀から連綿と存続してきたコミュニティの文化的記憶だ。イマーム（国王）アル＝マンスール・ビッラー・アブドゥッラー・ビン・ハムザ（一一八七〜一二一七年在位）がザファールに建てた図書館は、現在はサナアの大モスク内に収容されているが、創設からほぼ途切れることなくこんにちまで存続している。強大な勢力が繰り広げる激しい戦いのなか、唯一無二の文化は消滅の危機にある。だがそうした脅威にさらされながらも、知識の保存活動は行なわれている。[33]

第11章
帝国の炎

Burning the Books
A History of Knowledge Under Attack

Chapter Eleven

ボドリアン図書館が所蔵するエチオピアの写本と、イギリスで暮らすエチオピアとエストニアの人々（2019年８月）。

近代的な書架が迷路のごとく並ぶ、空調のきいた書庫。ボドリアン図書館の一部ウェストン図書館には、小さな棚がいくつか置かれた一角があり、そこには創設期からのコレクションのひとつが収められている。ちょうどトマス・ボドリー卿の構想が形になりつつあった一五九九年に寄贈されたもので、贈り主はボドリー卿の友人であった活力みなぎる第二代エセックス伯ロバート・デヴァルー。当時のイギリスで最も影響力のある人物のひとりとされた本好きの廷臣で、一時は女王エリザベス一世の寵愛を受けていた。棚から一冊取り出してみれば、黒革の装丁に金の紋章が型押しされているのに気づくだろう。デヴァルーの紋章だと思うかもしれないが、じつはそうではなく、ファロ（現在のポルトガルの都市）の司教の紋章だ。

旅行ガイドには、ファロは「繁栄した、にぎやかな都市」とある。大聖堂の周辺は「不均質な魅力的空間」があるお勧めのスポットで、大聖堂はゴシック様式の「骨組み」をもつと書かれている。その近くには、ファロの旧市街を見下ろすように司教の邸宅がそびえたつ。ガイドブックにはまた、「エセックス伯に略奪された司教の蔵書は、オックスフォードにあるボドリアン図書館の土台をなしている」とも書かれている。

知識の略奪は長い歴史をもつ。図書館や公文書館のコレクションには、戦争や領土紛争のさいに奪取された資料が含まれていることがある。こうした略奪は、図書館や公文書館の焼き討ちと同様に、地域社会から知識に触れる機会を完全に奪い去ってしまう。ウィンストン・チャーチルが「歴史は勝者によって書かれる」と言ったか言わないかは別として、歴史は知識を利用できる者によって書かれる。本章では、歴史の掌握について、また文化的・政治的アイデンティティに関する諸問題について論じていく。

現在、膨大な数の古文書がオックスフォードにあるという事実は、一連の興味深い問題を投げかける。たとえばファロ司教の蔵書のような知識体系は、いつ正当な政治的ターゲットとなるのだろうか。その知識を本来の所有者であるコミュニティから奪い取ることは、破壊行為に数えられるのだろうか。同じことは、帝国が世界各地からヨーロッパに持ち帰った美術館や博物館の収蔵品についても言え、たとえばヨーロッパ各地の博物館で見られるベニン（ナイジェリア南部）のブロンズ像などの入手方法については、業界内で論議の的となっている。[1]

異例のルートを経てボドリアンにたどりついた司教の蔵書は、スペインとの断続的な戦争（一五八五～一六〇四年）で得た戦利品だった。この戦争にはさまざまな要因があるが、ひとつは宗教だ。カトリック教国であるスペインは、イギリスにもカトリック信仰を押し付けようとしたが、イギリスはその少し前に、ローマが指導的立場をとるカトリックに背を向け、プロテスタントの一派でローマ教皇ではなく国王を首長とするイギリス国教会を設立したばかりだった。エリザベス一世の前の女王メアリー一世はカトリック教徒で、スペイン国王フェリペ二世と結婚していた。この結婚はイギリスでは大いに不評であり、エリザベスの外交政策の多くは、全世界に及ぶスペインの覇権を打ち砕くのが狙いだった。一方のスペインも、帝国の野望のターゲットとして、つねにイギリスを視野に収めていた。一五八七年のフランシス・ドレーク卿による一連のスペイン艦隊攻撃は「スペイン王の髭焦がし」事件として有名だが、こうした小競り合いは、一五八八年にスペインがイギリスへの侵攻を試み失敗すると、ついに本格的な戦争へと発展する。戦いは、海を制し、それにより経済の原動力となる植民地帝国への道を開こうとする、大西洋をめぐる帝国戦争と化していた。植民地支配が一国を世界帝国に変え、莫大な富をもたらしうることを、スペインはすでに証明していた。イギリスはそこに可能性を見いだし、単に宗教的立場を守るためではなく、さらにその先を見据えていた。アルマダの海戦でスペインの無敵艦隊を破った一〇年後も、イギリスは海軍を使い、いまだスペインとの攻防を繰り広げていた。

　宗教、政治、交易などが複雑に絡み合うこの衝突には、イギリス宮廷とかかわりのある多くの重要人物が関与していた。一五九六年六月三日の晩、エセックス伯ロバート・デヴァルーが率いる艦隊はスペインに向けてプリマスを出港する。彼らはスペインにいるスパイから、スペインが再びイギリス侵攻を企てているとの情報を得ていた。その年に行なわれたコーンウォール襲撃が不安を煽《あお》る。艦隊は六月二一日にカディス港に到着。エセックスは軍隊を引き連れて真っ先に上陸すると、ドラマチックに突撃し街を猛攻撃した。数日後、燃えるカディス港の煙のにおいがまだ服に残るなか、エセックス率いる急襲部隊は西へ航行し、ポルトガル南部アルガルベ地方の港町ファロで、再び同じパフォーマンスを繰り広げた。上陸してまもなく、エセックスは「司教の館に宿営した」と当時の記録には書かれている。その館で、エセックスと急襲部隊は司教フェルナンド・マルティンス・マスカレンハスの書庫を発見し、そこから収納箱いっぱい分の印刷本を選び取った。どの本の表紙にも司教の紋章が型押しされていた。彼らは館から持ち去った本を、ありとあらゆる略奪品とともに船に積み込んだ。[2]

　イギリスに帰還すると、エセックスはそのコレクションをトマス・ボドリー卿の新しい図書館に寄贈した。本は新たにデザインされた書架に配置され、一六〇五年に発行された最初の印刷版蔵書目録に掲載された。エセックスやボドリーをはじめ、イギリスの人々の目に、それらの本は正当な「戦利品」と映ったのだろう。イギリスはスペイン帝国と戦い、自国の宗教のみならず領土をも守りぬいたのだ。マスカレンハスは司教をつとめる一方で、ポルトガルの悪名高き「大審問官」として宗教法を執行し、イギリスの水兵たちを拷問にかけたのかもしれない。マスカレンハスはまた、スペインの検閲責任者でもあり、彼の権限のもと、宗教的理由で断罪された著者のリストが作成され、『Index Auctorum Damnatae Memoriae』として一六二四年にリスボンで発行された。これは、スペイン異端審問所の権限のもと一五四六年にルーヴァンで作成された禁書目録『Index Librorum Prohibitorum』の異本で、著者名だけに絞って記載したものだ。

運命のいたずらか、スペインの禁書目録はボドリアンの初代館長トマス・ジェームズにあるインスピレーションを与えた。目録にある本は「神のお導き」により彼の図書館にやってきたもので、なかには「ページがすべて貼り合わされたものや、文章が塗りつぶされたもの、無残に拷問を加えられた本」もあったとジェームズは記している。それらの本をひと目見れば「誰しも心が痛むだろう」という言葉は、真の愛書家であり熱心なプロテスタントでもあった彼ならではのものだ。禁書目録の編纂者たちが読ませたくなかった本に、ジェームズはとりわけ興味を覚えた。そしてそれは、新たな本を入手するさいの指針となり、ボドリアン図書館は一六二七年、禁書目録にあってボドリアンが所蔵していないすべての本、すなわちジェームズが最も手に入れたい本のリストを発行した。[4]

それらの本はいまもボドリアンの書架にあり、四一九年のあいだにわずか数ヤードしか移動されることなく、世界中からやってくる研究者がいつでも閲覧できるよう十分に手入れがなされている。しかしトマス・ジェームズ自身の著作は、スペイン禁書目録の一六三二年版（『Novus librorum prohibitorum et expurgatorum index』）にマスカレンハスが彼の名前を加えたため、スペインでは読めなくなってしまった。

ファロ司教マスカレンハスは奪われた蔵書を取り戻せなかったが、こういう形である種の復讐を果たしたのかもしれない。

司教の蔵書が強奪されたのは偶然のなりゆきであり、それが遠征の主目的ではなかったが、パラティーナ文書（ドイツのハイデルベルクに保管されていたプファルツ選帝侯の蔵書）の場合はまさしく、それを盗み取るのが目的だった。パラティーナ文書は一六世紀で最も有名なコレクションのひとつで、町、地方、そしてプロテスタントの誇りだった。宗教改革の時代、ハイデルベルクの人々はプロテスタントの改革者を支持した。迫害され逃れてきたカルヴァン派の人々は町や大学に受け入れられ、一五六三年にその地でつくられた「ハイデルベルク信仰問答」は、やがてプファルツ選帝侯領全体におけるプロテスタントの公式声明となった。選帝侯の蔵書は、宗教改革の略奪によって築かれた。それはある意味、修道院図書館から世俗の書庫への本の移動という流れを反映したもので、一五五七年に解体された、ハイデルベルクのすぐ北に位置するロルシュ修道院にあった多くの手稿や写本が含まれていた。ロルシュ大修道院の貴重な蔵書のなかには、有名なコーデックス・アウレウス、すなわちロルシュの福音書もあった。これは八世紀後半につくられた非常に贅沢な装飾写本で、シャルルマーニュの宮廷の芸術性の高さを証明する品である。

一六二二年にハイデルベルクがバイエルン公マクシミリアン一世のカトリック同盟に占領されると、イエズス会士として教育を受けた初のローマ教皇として図書館の知的価値を理解していたグレゴリウス一五世は、ローマにある教皇の図書館であるヴァチカン教皇庁図書館（ヴァチカン図書館）を大幅に充実させる絶好の機会と考えた。そこで教皇は、強力な権限をもつプファルツ選帝侯（神聖ローマ皇帝を選ぶ五人の選帝侯のひとり）の座にマクシミリアンを据えるよう手を回した。これはマクシミリアンにとって大きな喜びであり、ハイデルベルクを占領して五日後、かなり贅沢な「お礼の品」としてロルシュ修道院の蔵書を教皇に贈呈した。それについて彼は、図書館は「戦利品であり、私の忠誠と感謝のしるしに贈呈する」と書いている。[5] やがて本はローマへ運ばれたが、そのさい修道院図書館の棚を解体して運搬用の木箱がつくられた。これで三五〇〇点の手稿本と五〇〇〇点の印刷本が加わって蔵書数はほぼ倍になり、ヴァチカン図書館は大きく変わった。中世の写本だけではなく当時のプロテスタント文学も含まれていたことから、教皇庁にとっては反証を組み立てるのに役立つ材料が手に入ったことになる。蔵書の移転は権力の移行の象徴であり、正統派の中枢へ移されたことで、異端の武器は威力を失った。ヴァチカン図書館をめぐってみると、いまでもそのときに加えられたコレクションの名前を見ることができる。「Codices Palatini Latini」（たとえばこれは、ロルシュの福音書に与えられた書架記号だ）、そして「Codices Palatini Greci」は、パラティーナ文書に含まれていたラテン語とギリシャ語の写本だ。

　ファロ司教の蔵書とパラティーナ文書の運命が示すように、ある国から別の国への本や文書の強制的な移動はずっと昔から行なわれてきたが、近年、これは「本来の場所から移されたアーカイブ」と呼ばれるようになった。悪政や職権乱用の証拠を隠蔽するために破棄されたものもあれば、旧植民地から物理的に剝奪されてヨーロッパに持ち帰られたものもあるが、このような記録の運命は、旧植民地の歴史は誰がコントロールするのかという重要な問題を投げかける。それは新たに独立した国なのか、それとも旧宗主国なのか？

一八世紀から一九世紀にかけて全世界に影響力を及ぼしたヨーロッパ諸国にとって、帝国の遺産はさまざまな形で存在する。植民地は通常、本国の行政管轄区として運営され、植民地の管理者の多くは職務として派遣された人々であり、現地の市民ではない。そして、植民地運営で大きな役割を果たしたのが数々の記録文書だ。植民地の管理状況が、ときに驚くほど詳細に記録され、記録の厳格さは往々にして支配力の強さを反映した。同様に旧植民地の解放と独立のプロセスにおいても記録は極めて重要であり、植民地を運営する側の恥ずべき行動が記録されていると、その文書はたいてい破壊の対象となったが、一方で、新たな国の歴史とアイデンティティを知る貴重な情報源であり、保存する価値のあるものだった。

一九世紀後半から二〇世紀にかけて、西洋においては「アーカイブの順序」と「アーカイブの完全性」という概念とともに記録保管の実践方法が進化した。イギリスのアーキビストであるヒラリー・ジェンキンソン卿（一八八二〜一九六一年）の著書から発展した考え方で、そのアプローチはいまもなお、アーカイブ作成の基本理念となっている。アーカイブの順序は、記録される行政機構の推移に沿ったものでなければならない。確立されたその実践方法によると、植民地のアーカイブは宗主国のアーカイブの一部と考えられた。また、この正規の記録保管方法には、その行政区が閉じられる場合の手順も含まれた。つまり、確立された手順に沿って、保存と廃棄の計画に従いながら、どの書類を「本国」に保管されている「母体」のアーカイブに戻すべきかを決定するというやりかただ。その結果、ここ七〇年あまりのあいだに、新たに独立した国家が歴史の正当性をめぐってかつての宗主国と対立するという一連の深刻な問題が生じた。

この問題は、欧州列強のなかでも最大の帝国を築いたイギリスにおいては、いまも重要な課題となっている。独立に先立つ植民地からのアーカイブの移動により、イギリスでは「本来の場所から移された」巨大なアーカイブ群がいくつも生まれ、それらは政府の外務・植民地関連の記録文書である「FCO141」に組み入れられた。長年、それらの記録の存在は否定されるか、役人によって曖昧にはぐらかされるのがせいぜいだったが、いまでは膨大な量の情報の存在が正式に認められ、記録文書は国立公文書館に移されて目録も作成され、研究者が利用できるようになっている。[6]「本来の場所から移された」アーカイブに加え、意図的に削除された資料も多い。正式な記録管理手順に従って管理者が削除したものもあるが、旧植民地政府関係者のあきれた行為の証拠を隠滅するために削除されたものもある。もしも露見すれば、政治や外交に深刻な悪影響を及ぼしかねないからだ。

記録の査定プロセスとは、破棄するか（本国に）戻すかを判断することで、そこに証拠隠滅という悪意が関与するとは限らない。記録の破棄は、必ずしも誰かの名誉を守るためや、悪事の証拠を隠すために行なうものではないからだ。政府機関が作成する記録をすべて保管できるわけではなく、全部とっておこうとするのは無謀であり、費用がかさんでしかたがない。従来の公文書管理規定では、価値のない記録の破棄が認められてきた。特に植民地省は、二〇世紀初頭の時点で巨大な官僚組織となっており、ロンドンから帝国全体を効率よく運営するために膨大な量の文書が生み出されていたのだからなおさらだ。[7]一般的に、こんにち各国の国立公文書館が保管しているのは、政府機関が作成する記録文書のせいぜい二～五パーセント程度であり、植民地関連の記録に適用された時点で、これがスタンダードだった。登録所《レジストリ》（行政官が必要とする記録の保管と追跡を行なう機関）の事務員は日常的に記録の保存に関する指示を受け、それに沿って、現行の行政に必要でなくなったものや、長期的な歴史的価値はないと判断したものを破棄している。こうした取捨選択はより実際的な問題、つまり不要になったファイルを保管しておくスペースの有無といった事情に左右されることが多い。

第二次世界大戦が終わると、欧州列強の植民地の多くが独立運動を展開し、その影響を最も強く受けたのがイギリス、ベルギー、オランダ、フランスだった。植民地の記録の扱いを決めるに当たり、植民地を統治する行政官は決断を迫られた。もう必要のない文書は破棄すべきか、新たな独立政府に引き渡すべきか、それとも本国へ送り返すべきか？

イギリスが初の大がかりな独立プロセスを経験したのは一九四七年のインドで、翌年にはセイロン（スリランカの旧称）がそれに続いた。独立に至るまでの期間に、すべての記録がロンドンに戻された。本来ならば返還前にファイルをひとつひとつ査定するべきだったが、それは行なわれなかった。セイロン警察の公安部長は、記録文書をロンドンへ送り返す過程で、返送される大量の文書のなかに自身のファイルを発見して驚いたという。[8]

マレーシアは一九五七年にイギリスから独立した。クアラルンプールでは、それに先立つ一九五四年の時点でマレーシア植民地政府の主要な登録所がいっぱいになり、多数の記録文書（その多くは一九世紀のものだった）が「写し」と判断されて破棄された。[9] これにより、マレーシアの初期の歴史に関する貴重な情報が失われた。ところが、歴史家エドワード・ハンプシャーの研究により、記録の一部はもっと悪意のある理由で破棄されたことがわかったのである。彼は、マレーシアにいる植民地行政官への指示が書かれたある文書を発見した。そこでは特に、「マレー人のもとに残しておくことが望ましくない文書」、すなわち「(マラヤ)連邦政府には知られたくないイギリス政府の政策や見解」が示されたものや、それよりさらに悪い、「マレー人の諸問題や性質について論じているために、彼らの気分を害する恐れのある」ものを重点的に破棄するよう指示されていた。[10]

このように、アーカイブの破壊は旧植民地政府関係者の人種差別的な行為や偏見に満ちた行為を隠蔽するために行なわれた。トラック五台分の文書が、当時はまだイギリスの植民地であったシンガポールに運ばれ、イギリス海軍の焼却炉で処分されたが、これもやはり植民地ならではの配慮に満ちた処置であり、クアラルンプール駐在の高等弁務官はイギリス人特有の控えめな表現で、「イギリス政府と、さほど折り合いがいいとは言いがたいマライ人との関係を悪化させないよう、ことは慎重に進められた」と書いている。ところが面白いことに、あるメモが発見され、植民地省はマレーシアの新政府に記録文書をほぼ完全な形で継承させたいと考えていたことが明らかになった。それは、「イギリスが歴史的な目的のためにアーカイブを盗み取ったと非難されないためでもあるが、歴史的資料はマレーシアの歴史家が研究できるよう残しておくべきもの」であるからだ。この方針が守られなかったのは、ハンプシャーによれば、現地の政府当局者が根っからの保守主義者であったためだ。[11]

時がたち、旧植民地が自分たちの過去を理解しようとするにつれて、本来の場所から移されたアーカイブは論議の的となっていった。一九六三年、ケニアが独立する直前に、ナイロビの総督官邸で働く職員が、芝生に置かれた火鉢で文書の束をいくつも燃やした。マウマウ団〔訳注:ケニアから白人支配者を追放しようと武力闘争を展開した、キクユ族を中心とする秘密結社〕の反乱に対する残虐な鎮圧を立証する記録が新政府の手にわたらないよう、その多くが破棄されたのだ。記録の一部はイギリスにわたり、有名な「FCO 141」に収められた。[12] 二〇一一年、マウマウ団の元兵士たちがイギリス政府に賠償を求めて高等法院に訴えを起こし、このとき初めて、記録の存在が明るみに出た。四つの木箱に入った一五〇〇冊のファイルが、一九六三年一一月にイギリスに移送されていた。二〇一四年にようやく記録の鑑定が行なわれ、目録が作成され、国立公文書館に移管された。イギリス人が遠回しに「ケニア有事」と呼んだマウマウ団の反乱(一九五二~六〇年)により、ケニアに保管されている記録については、その取捨選択を含め、本質的に人種差別的なアプローチをとらざるを得なかった。つまり、「ヨーロッパ系イギリス人」の役人のみに保管と破棄の判断が委ねられたのだ。それは暗に、アフリカ人に彼ら自身の歴史の運命を決めさせるのは「安全」ではなかったことを意味する。[13]

このような経験はイギリスに限った話ではなく、植民地をもつ他のヨーロッパの国々もまた、非常に似通ったプロセスをたどっていた。たとえば東南アジアにおいて、オランダ当局は迫りくるナショナリズムと独立の波に応戦していたが、彼らがけっして手放すまいとしたのが権力の象徴としてのアーカイブであり、「プリンゴッディグド・アーカイブ」と呼ばれるオランダ版「FCO 141」をつくりあげた。これは一九四八年にオランダの空挺部隊によって押収された国家主義者の動きに関する一連の文書で、軍の情報部による綿密な分析が行なわれた。[14] それらの文書は、独立運動家の信用を失墜させる政治活動を後押しし、反政府勢力に対する戦いを支援する目的で収集されたものだった。しかし結果的には期待した筋書きどおりの展開にはならず、やがてインドネシアは独立を果たし、その後オランダ政府との和解が成立する。インドネシア政府は西欧諸国とりわけオランダに経済的・政治的支援を求め、その一環として、インドネシアのアーキビストがオランダで研修を受けることができる文化協定が結ばれ、協力関係がいっそう強化された。その後、長年失われたと考えられていた「プリンゴッディグド・アーカイブ」が発見され、一九八七年にインドネシアに返還された。

イギリスの例でもオランダの例でも、旧植民地のほうに分があった。どの文書を破棄し、どれを保存し、どれを本国に戻すかを決めたのは植民地行政官であり、その当時ですら、論争の的となるファイルの存在は故意に伏せられ、一連の記録はすべて非公開とされ、存在すら公式には否定されていた。

一九五〇年代後半、フランスはエクス＝アン＝プロヴァンスにフランス公文書館の出先機関をつくり、フランス海外公文書館（ANOM）と名付けた。それには、すでに廃止された省庁の記録文書と旧植民地およびアルジェリアから移管された記録文書を統合するという明確な目的があった（フランスはアルジェリアを正式には植民地と見なさず、国の不可欠な一部と見なしていた）[15]。この公文書館の初代館長ピエール・ボワイエは、アルジェリアの首都アルジェの公文書館で館長をつとめていたが、アルジェリアが独立した一九六二年にANOMの館長に就任した。コレクションの規模は大きく、新設された公文書館には八・五キロメートル分の記録文書が収蔵され、一九八六年と一九九六年には建物が拡張された。当初の運営スタッフはごく少人数で、ボワイエのほかに三人しかおらず、初めのうちはフランス外人部隊の兵士がサポートしていた。一九世紀にフランスが植民地を拡大するうえで重要な役目を果たした有名な部隊だ。そのため、新たな公文書館はフランス植民地での経験と非常に深く結びついたものとなった。じつは館長のボワイエ自身も、アルジェでアーカイブの破壊に加担していた。いまや有名なエピソードだが、アルジェリアの独立に向けた準備が進められていた一九六二年六月、彼は船でアルジェ湾に漕ぎ出し、三〇箱分の警察記録を海に沈めようとした。ところが波間に消えそうもないとわかると、石油をかけて火をつけたのだ。ファイルがこのような扱いを受けたのは、ただ場所をとりすぎていたせいではないだろう。アルジェリアの国家主義者の手にわたればフランスの信望に傷がつきかねない、かなりの論議を呼びそうな中身であったに違いない。[16] その数日前には、OAS（独立を阻止しようとする、フランスの植民地住民からなる秘密テロ組織）がアルジェ大学の図書館に放火した。[17] そのときに焼失した数箱分の記録文書は、アルジェリアで破壊された計り知れない大量の文書のほんの氷山の一角にすぎない。一方で、何万冊ものファイルがフランスへ移送され、その大半が、ボワイエがエクス＝アン＝プロヴァンスで運営する新たな施設に収められたと思われる。また、さらに多くの文書が、他の省庁（国防省など）のフォンド（系統立てて整理された文書群）に分散していた。これは、当時のフランスの最高権力者であったヴァレリー・ジスカール・デスタン大統領が出した、「アーカイブは我が国の歴史的財産を構成する要素であるとともに、主権を構成する要素でもある」という声明に起因する。[18] こうした記録文書はすべて、独立したアルジェリア政府によって、さまざまな時点で返還を求められている。[19]

二〇一二年に独立五〇周年を迎えたアルジェリアでは、歴史を振り返り、建国を祝うべき時期が来たことで、アーカイブ問題がさらに緊迫度を増している。国の記録文書の不在はますます顕在化し、独立を求める戦いに関して幾通りもの歴史的ナラティブが語られている。アルジェリアではいま、アーカイブの返還がさらなる社会的対立を防ぐのに役立つのではないかと期待が高まっている。

本来の場所から移されたアーカイブは、旧植民地と旧宗主国とのあいだに居座る大きな問題のひとつだ。旧植民地と旧宗主国との関係はいまなお複雑だ。ローデシア軍のアーカイブは、ローデシアがジンバブエとして独立した時点でローデシアから持ち出され、一時的に南アフリカで保管された。その後はブリストルにあった私設のブリティッシュ・エンパイア・アンド・コモンウェルス博物館でしばらく保管されていたが、資金不足で閉館したため、所蔵品は行き場のない孤児となってしまった。ジンバブエの国立公文書館は、アーカイブは自国の歴史的財産の一部であり、違法に持ち去られたものだと主張している。しかし、この重要な歴史的資料に、世界の研究者たちもジンバブエ国民もいまだにアクセスできない状態が続いている。このケースで最も懸念される問題のひとつが、その記録によって、独立に至るまでの軍の行状がつまびらかになることだ。それは軍にとって有利なものではないかもしれない。[20]

二〇一九年の夏、ボドリアン図書館は希少なコレクションであるエチオピアおよびエリトリアの写本の展示を行なった。展示された写本は、その地域の歴史、文化、言語、宗教について興味深い情報を示すもので、いわゆる「マグダラの宝」に数えられるものも含まれていた。

　エチオピアに攻め入ったマグダラの戦い（一八六七〜六八年）は、多くの点で注目すべき出来事だった。ロバート・ネイピア卿率いるイギリス領インド陸軍がエチオピアに侵攻したのは、エチオピア皇帝テオドロス二世の人質となっているイギリスの文官と使節を救出するためだった。テオドロスは、ヴィクトリア女王が彼の手紙に返事をよこさないのに腹を立てていた。人質は解放され、エチオピア軍は全滅し、猛攻撃を受けたマグダラの砦は一八六八年四月の最後の猛襲でついに陥落し、皇帝は自殺した。その後まもなく、英印軍は撤退した。

　エチオピアの貴重な美術品や文化遺産の略奪が横行し、一説では、戦利品を運ぶのにゾウ一五頭と二〇〇匹のロバが必要だったという。当時の様子を目撃したゲルハルト・ロルフスという人物が、次のように報告している。

……私たちが王（皇帝）の住居に行ったときには、すでに兵士たちにことごとく荒らされたあとで、物という物が乱雑に積み重ねられていた。……それはまるで、よくあるがらくた屋を大きくしたような光景で……イギリス軍が都市を掌握すると、兵士が手に入れたものはすべて彼らの所有物となり、売りさばいて全体の利益にすることを、そのとき私たちはまだ知らなかった。[21]

マグダラで略奪された品々は、やがて国や個人のコレクションとなった。本や手稿の大半は大英博物館の図書館（現在の大英図書館）、ボドリアン図書館、マンチェスターのジョン・ライランズ図書館（現在はマンチェスター大学図書館の一部となっている）、ケンブリッジ大学図書館のほか、イギリス国内の小規模なコレクションに加えられた。テオドロス二世の蔵書が盗まれたことで、エチオピアは文化、芸術、宗教にまつわる国宝を奪われたことになる。その「マグダラの宝」をエチオピアに返還するよう求める声が何度も上がっている。

「本来の場所から移された」蔵書は、文化的アイデンティティを支えるうえで積極的な役割を果たしうるかもしれない。ボドリアン図書館で二〇一九年八月に行なわれた展示には、（駐英エチオピア大使も含め）イギリスで暮らすエチオピア人とエリトリア人が何千人も訪れたが、写本のひとつが略奪された宝であったにもかかわらず、マグダラに関する言及はなされなかった。展示品のキュレーションを行なったのは、ボドリアン図書館のスタッフではなく、イギリスで暮らすエチオピア人とエリトリア人たちだった。[22]

マグダラの問題も、その他の略奪や帝国主義的行為についても、キュレーターチームのメンバーはもちろんよく知っていたが、展示品の解説文《キャプション》でそうした来歴に触れることはなかった。解説は写本に対する個人的な感想に絞られ、幼いころの記憶やアフリカで暮らした経験、アフリカ人の子孫でありながらイギリスに住み、イギリス国民として暮らしてきた経験を呼び覚ます、非常に感覚的なものも多かった。略奪行為に関する言及は意図的に避けられたというよりも、むしろ焦点はコミュニティと写本とのかかわりのほうにあった(付随する目録では、写本の来歴が明確に示されていた)[23]。この展示によってエチオピアとエリトリアの文化が日の目を見たのは、キュレーターチームにとって非常に喜ばしいことであり、写本の文化的重要性とそれが代表する文化を祝福する絶好の機会に、何かが暗い影を落としてはならないと彼らは考えたのだ。

知識の剝奪は、たとえその知識が破壊されなくとも、それを奪われたコミュニティに非常に深刻な影響を及ぼしかねない。過去の物語《ナラティブ》は操作され、改ざんされて、自分たちの歴史にアクセスできないコミュニティは、文化的・政治的アイデンティティを大きく損なわれてしまうかもしれない。欧州列強の旧植民地の多くが独立国となって久しいが、なかには自国の歴史がいまだに外国の記録保管庫に封印されているのを懸念している国もある。資料を持ち去られたコミュニティが、歴史のナラティブを再び自分たちの手で管理できるようにすることが重要である。

第12章 アーカイブへの執着

Burning the Books
A History of Knowledge Under Attack

Chapter Twelve

イラク・メモリー財団のオフィスでバース党のファイルを調べるカナン・マキヤとハッサン・ムネイムニ（バグダット、2003年11月）。

歴史上、世界の抑圧的な政治体制はみな、情報を書いて記録し、それを管理することで人々を支配してきた。古代メソポタミアでは課税のために住民の情報を記録、管理していたが、おそらくこれが史上最初の包括的な住民への監視活動だろう。一〇六六年にノルマン人がイングランドを征服すると、新たに生まれた政権は、土地の区画や、さまざまな財産の所有権およびそのありかを把握するために、検地を行なった。その結果は記録として残されたが、なかでも最も有名なのが、ウィリアム一世の検地結果を記録した世界初の土地台帳「ドゥームズデイ・ブック」だ。その後も、さまざまな政権が密かな監視を行ない支配権を維持してきた。フランス革命の時代も、ナチス・ドイツや共産主義ロシアの時代も、市民は厳格に監視され、その詳細な記録を通じて厳しく管理されたのである。

第二次世界大戦末期、ロシアは東ドイツとベルリンの半分を占領し、その後の四五年間、ドイツ民主共和国（GDR）、いわゆる東ドイツは東西冷戦の最前線となった。一九五〇年二月八日、東ドイツの共産政権は国家の治安機関としてシュタージ（国家保安省）を創設した。シュタージはGDRの秘密警察、情報機関、犯罪捜査機関として機能し、最終的には一八万人の密告者すなわち「非公式の協力者」を含む二七万人がこの組織のために働いた。シュタージは東ドイツの市民生活のほぼすべての側面を密かに監視し、さらには国際的な諜報活動も行っていた。彼らはおよそ五六〇万人に関してファイルを作成し、そのすべてを並べれば全長一一一キロメートルにも及ぶ膨大な量のファイルを保管していた。そこには文書記録だけでなく、写真やスライド、映像、録音テープといった音声や画像の記録もあり、さらにはシュタージの職員が尋問中に採取した市民の汗や体臭のサンプルも含まれていた。

一九八九年一二月三日にドイツ社会主義統一党の中央委員会が退陣したあとは、シュタージが独裁政権の最後の砦となった。東ドイツの民主化運動のなかで生まれた新フォーラムが率いる東ドイツの政治団体は、シュタージがこれまでの活動を隠蔽するために記録やファイルを焼却するのではないかと懸念をもち始めた。そして一二月四日の朝、エアフルトにあったシュタージの地方総監部の煙突から煙が上がっているのに気づいた地元の政治団体は、シュタージがファイルを処分していると確信した。そこで女性団体「変化を求める女性たち（Frauen für Vertrauen）」は他の市民たちとともに、シュタージがファイルを保管していた地方総監部の建物と、隣接するシュタージの拘置所を占拠した。[1] これをきっかけに、東ドイツ全土にシュタージの建物占拠の動きが広がり、一九九〇年一月一五日、市民はベルリンのシュタージ本部にも押し入った。統一ドイツ政府はすぐにそれらの記録を管理下に置き、一九九一年一二月にシュタージ記録法が可決されると、市民はシュタージの記録文書を閲覧できるようになった。二〇一五年一月までに、七〇〇万人以上が自身に関するシュタージファイルの閲覧を申請した。

東ドイツのシュタージは、中欧や東欧、そして中東の抑圧的な政権にとっては、監視と記録の利用がいかに有効かを示す手本となった。同時に、シュタージの記録文書のその後の利用方法は、これらの文書が崩壊した社会を癒す手段にもなりうることを示す手本にもなるはずだ。

社会秩序、歴史の統制、そして国家・文化のアイデンティティの中核となるアーカイブ（記録文書）の問題は、二一世紀に入ってもなお喫緊の関心事だ。本書の執筆時点で、現代イラクのアーカイブのかなりの部分は、イラク国民の多くがいまも敵国と見なすアメリカ合衆国で保管されている。それらの文書は、一九六八年にバース党が権力を掌握してからのイラクやこの地域、さらには全世界をもかたちづくった激動の時代を理解するうえで不可欠だ。それと同時に、その記録は何十年も続いた内戦からこの国が立ち直るのを助ける有意義な社会的目的も果たすはずだ。

なかでも最も重要な記録が、バース党の記録だ。バース党、正式名称「アラブ社会主義復興党」は、三五年にわたりイラクの政治と政府を牛耳っていた唯一の党だ。一九七九年に大統領に就任し、二〇〇三年四月にその座を追われるまで、サダム・フセインはバース党の組織と資源を利用し、この国を異常なレベルの権力で支配した。その支配はおもに、市民を監視する治安機関や密告文化、反体制と思われる動きへの弾圧によって行なわれた。[2]

サダム・フセイン時代、東ドイツのシュタージはイラクで訓練や指導を何度も行っているが、彼らの指導はバース党支配のイラクが求めるものよりはずっと限定的だった。[3] イラクは、バース党が政権を掌握した一九六八年にシュタージと接触し、シュタージはイラクの役人たちに、密かに監視をする方法（特に盗聴）や、あぶり出しインクの使い方、通信文の解読、上級行政官の警備の訓練をほどこした。[4]

国際社会のイラクに対する関心は依然として高かったため、バース党が保管していた記録文書はその後アメリカに移されたが、この移送は、それらの内部文書を保管する重要性を信じた一握りの人々の情熱と決意によるもので、彼らはときに厳しい批判を浴び、命の危険にもさらされた。

記録文書の最初のコレクションは、クウェートに関するものだ。フセインによる一九九〇年のクウェート侵攻は電光石火の勢いで行なわれ、クウェート全土が二四時間で侵略、占領された。その後、イラクはクウェートが自国の県であると宣言し、クウェートを正式併合した。この侵攻は国際社会から厳しい非難を浴び、一九九〇年一一月、国連は一九九一年一月一五日までにイラクが撤退しなければ、イラクへの武力行使を認めるとの決議案を可決した。一九九一年一月一六日、多国籍軍の攻撃が開始され、二月二八日、クウェートをイラクから解放した。[5] イラク軍が慌ててクウェートから撤退すると、あとには膨大な量の記録文書が残された。その文書はアメリカに移送され、アメリカ国防情報局でデジタル化されたのち、一部は機密解除がなされた。このクウェート文書のデジタルファイルは最終的にスタンフォード大学のフーヴァー研究所に保管されることになり、クウェート・データセットと呼ばれている。[6]

一九九一年、クウェート侵攻の直後に起こったクルド人の反乱は、バース党政府とイラク北部に住むクルド人のあいだで何十年も続いていた軋轢《あつれき》の結果だった。「アンファル作戦」として知られる、一九七〇年代半ばから続くイラク人によるクルド人に対する残虐な攻撃は、クルド民主党が「人種差別主義的な絶滅戦争」[7]と呼んだことで国際問題へ発展した。クルド人の村は日常的に砲撃、爆撃され、ナパーム弾や毒ガスまで使用された。これに対してクルド人勢力は、第一次湾岸戦争直後の国際社会からの圧力を利用してイラク人を自分たちの領土から追い出し、イラク北部のスレイマニヤ、ダフーク、エルビルで、バース党の地域司令部など多くの行政拠点を制圧した。このときクルド人勢力は何百万にものぼる行政記録を押収し、その量はなんと重さ一八トンにも及んだ。これらの記録の価値を理解していたクルド人たちは、クルディスタンやそのほかの地域の人里離れた洞窟に隠し、保管した。記録文書は袋や、弾薬用の木箱に詰め込まれていたため保存状態が悪く、「アーカイブとしての秩序」などすっかりなくなっていたが、その後、世界情勢やイラクの将来に多大な影響を与えることになる。

一九九一年一一月、カナン・マキヤは、クルド人が支配するイラク北部を訪れた。祖国を離れたイラク人であるマキヤは、イラクのアーカイブ（記録文書）にまつわる物語の中心人物で、彼の手によりアーカイブは国際政治のど真ん中であるアメリカへと移送され、その後何十年にもわたってイラクの歴史を決定づけることになった。マキヤの活動のなかでも特筆すべきは、アーカイブを証拠の中心に据えてフセイン政権の不正や恐怖政治、残虐さを暴き出し、それを通じて国際社会を動かし、行動するよう促したことで、マキヤ自身が言うように、彼はアーカイブに「執着」していくことになる。[8]

マキヤの両親は一九七〇年代にイラクを離れていた。父は当時の一党独裁政権と衝突し、自身の建築事務所をロンドンに移したのだ。両親がバグダッドを逃れたとき、マキヤはアメリカのマサチューセッツ工科大学で建築を学んでいた。その後、マキヤはロンドンで反体制派のグループとつきあうようになり、中東に関する出版物を広めようと共同でアラブ関連の書店を開いた。書店では、伝統的なアラブ文化に関する本以外も扱い、特に中東の時事問題に関する出版物に力を入れた。彼には、西側世界が「デマの海で溺れている」ように見え、サダム・フセインが支配するイラクで実際に何が起こっているのか、その真実が見えていないと感じていたからだ。

一九八九年、カナン・マキヤはサミール・アル・ハリルという筆名で『恐怖の共和国（Republic of Fear）』を出版した。この本で彼は、反体制派のあいだで出回っていた資料のほか、自身が大英図書館やアメリカ議会図書館、そしてハーバード大学のワイドナー記念図書館で見つけた資料も利用して、イラクにおけるフセインの独裁を暴き出した。その後、版を重ねたこの本はやがて彼の実名で出版され、マキヤはまたたく間にイラク政権に反対の声を上げる著名人となった。一九九一年、『恐怖の共和国』がペーパーバック化されると、一九九〇年八月にクウェートがイラクに侵攻された直後でもあり、その内容は再び多くの人の注目を集めベストセラーになった。こうしてマキヤは、イラクの政権に対抗する主要な知識人となったのである。[9]

彼を味方と見なすクルド人たちからバース党の記録文書を見せられたマキヤは、クルド人に対して行なわれている人権侵害に世界の注目を集めるうえで、その記録は非常に重要な材料になると気がついた。マキヤは、自身が書いた『恐怖の共和国』は「患者の症状だけを見て病気を診断する医師のようなものだった。しかし何が行なわれていたかを示す記録文書があれば、医師は患者の体内も見ることができる」と語っている。[10]

記録の大部分は、フセイン政権下のイラクに対する憎悪から同盟関係を結んだクルド人政治団体、クルディスタン愛国同盟とクルディスタン民主党の管理下にあった。一九九〇年代に入り、この記録文書をアメリカに渡せば自分たちの組織のステータスが高まることに気づいた彼らは、クルド人が支配するイラク北部から文書を飛行機で持ち出し、トルコの空港経由でアメリカの国立公文書館に移管することに合意した。[11] そこからはアーキビストたちの出番で、彼らは文書を整理して一八四二個の文書保管箱に収め、アメリカ国防情報局およびジュースト・ヒルターマン率いるミドル・イースト・ウォッチの職員が安全に扱えるようにし、ヒルターマンのチームは一九九四年の末までに五五〇万の文書をデジタル化した。この時点で、記録文書はひとつのアーカイブとして扱われるようになった。一九九七年、上院外交委員会はそれらの文書（およびデジタルファイルのコピー）をコロラド大学ボルダー校に移管したが、この移転はカナン・マキヤが主張した条件を厳守して行なわれた。その条件とは、ファイルの正当な所有権はイラク国民にあるものとし、記録文書をドイツのアーカイブ、すなわち一般の人々が閲覧できるシュタージの記録文書を集めたアーカイブのように保管する政府がイラクにできるまでは、アメリカに預けるというものだった。[12]

一九九二年、カナン・マキヤはハーバード大学の中東研究所に小規模な研究グループ「イラク・リサーチ・アンド・ドキュメンテーション・プロジェクト（ＩＲＤＰ）」を設立すると、保管箱の文書の大部分（だがすべてではない）をデジタル化したファイルのコピーをＩＲＤＰに渡すよう手配した。翌年には、デジタル化したファイルはデータベースのシステムに組み込まれ、そこに個人名、データ元の部署、主要な出来事の日付、内容の概要などのメタデータが追加された。こうして一九九九年、ＩＲＤＰのウェブサイトは「これまでに公開されたイラクの記録のなかでも唯一最大のコレクション」と自負するまでになった。マキヤの狙いは、記録を研究、分析し、イラクの社会をより良いものにすることだった。イラク北部で日々起こっていた人権侵害によっていっそう緊急性を帯びていたこの壮大な社会的目的こそが、彼がやろうとしていたことの核心だった。それは、不正の証拠を白日の下にさらすことで、クルド人がいかに弾圧されているかを世界に知らせ、介入しなければならないというプレッシャーを国際社会にかけることだ。だがすぐに、倫理的なジレンマが明らかになった。記録文書の原本を検索可能な形でオンライン上に公開すれば、多くの人々の名前や個人情報が、彼らに害を加える可能性のある勢力に丸見えになり、イラク国民の命を危険にさらすことになってしまうのだ。結局、個人情報が明らかになるファイルはすべて、ウェブサイトから削除されることとなった。

クルド人勢力が確保した記録文書から得た情報を利用してマキヤが推し進めたイラクの政権交代を求める動きは、一九九〇年代から二〇〇〇年代へと入るうちに、アメリカの外交政策にたずさわる人々のあいだで大きな影響力をもつようになった。アメリカの空気が第二次湾岸戦争へ、そしてサダム・フセインやバース党を権力の座から排除すべきという方向に変わり始めたとき、ホワイトハウスが耳を傾けた声のひとつがマキヤの主張だった。やがてアメリカ政府は自国内にあったイラクの記録文書を精査し、大量破壊兵器の存在を示す手がかりを探し始めた。そしてイラクの政権に批判的なマキヤの強い思いは、イラクに対するアメリカ政府の姿勢を硬化させていった。

　マキヤにとって一大転換点となったのが、時事問題を扱う人気テレビ番組「ナウ」への出演だった。アメリカのベテラン政治評論家ビル・モイヤーズが、作家のウォルター・アイザックソン、歴史家のサイモン・シャーマとともにホストをつとめるこの番組で、彼は第二次湾岸戦争が必要だと訴え、イラクの政権交代が倫理的にいかに重要かを熱弁した。二〇〇三年三月一七日に放送されたこの番組では、当時話題になっていたイラク侵攻の話題を取り上げたが、マキヤはモイヤーズに「アメリカ軍は破壊するためにイラクに行くのではありません。国をつくるために行くのです」と語った。また、イラクで起こっている不正の証拠についてモイヤーズに尋ねられると、マキヤは例の記録文書に言及し「その証拠は、私たちがこの耳で聞いています。行方不明になった人々のリストもあります。一五〇万人が殺されました。一九八〇年から、一五〇万人のイラク人が政権によって残虐に殺されたのです」と訴えた。そしてこの番組の終盤、モイヤーズはマキヤに「ではあなたは、戦争は正しい選択だと確信しているわけですね？」と問いかけ、この難しい問いに彼は「ほかに選択肢はありません。戦争はすでに起こっているのです。イラク人に対して行なわれている戦争が」と答えた。[13] このような主張は、政府関係者に大きな影響を与えた。開戦間際には、カナン・マキヤはアメリカの指導者と親密につきあい、ジョージ・ブッシュ自身が彼に、まもなくイラクに侵攻すると直接伝えている。それから一カ月とたたないうちにアメリカ軍はイラクに侵攻し、マキヤは侵攻の様子を大統領の執務室で大統領とともに見守っていた。[14] このときの彼は、そのあと大混乱が起こるとは予想さえしていなかった。

二〇〇三年四月一五日、ガーディアン紙は「古代の文書がバグダッド図書館の火災で失われた」と題して報じ、「昨日、バグダッドの国立図書館が炎に包まれ、何世紀も前の手稿が灰と化したのを受け、アメリカ国防総省は、アメリカの考古学者たちが何カ月も前から警告していたにもかかわらず、古代遺物の略奪に対して図書館に何の方策もとっていなかったことを認めた」と続けた。[15] イラク侵攻が続くうちに、国際社会の注目は図書館から博物館へと移っていき、略奪された古代遺物は文化遺産の観点から世界の報道機関の話題をさらうことになった。ユネスコの文化担当事務局長補ムニール・ブシュナキは、遺物の略奪を「イラクの文化遺産にとっての大惨事」と語った。それと同様の、いやこの国にとってそれ以上の大惨事と言えるのは、イラク全土で起こった公文書館や図書館の破壊と差し押さえで、こちらは海外で報じられることがないまま、その後一五年間にわたって続くこととなった。

こうして伝統的な形式の記録文書が破壊されていくなか、新しい形の記録が登場し始めた。イラク侵攻は、ソーシャルメディアでライブ報道された史上初の紛争だった。「バグダッド・ブロガー」のサラーム・アブドゥルムネム(別名サラーム・パックス)はイラクの首都バグダッドの生活を生々しく伝え、これから起こるであろうことへの恐怖と不安をかきたてた。「昨夜は、ガソリンスタンドの前に信じられないほど長い行列ができていた」と彼は二〇〇三年三月一七日のブログに綴っている。さらに「ドーラ地区とタウラ地区では、サダムの写真に落書きがされているとのうわさ」があるとも付け加えた。まだテレビは視聴が可能で、「昨夜、テレビで見た光景は……ひどいものだった。街全体が、まるで燃えているみたいだった。頭に浮かぶのは、『どうして、バグダッドがこんなことに』という思いだけ。大好きだった建物が大爆発を起こしたときは、泣きそうになった」と彼は記している。その後、第二次湾岸戦争と呼ばれるようになったこの侵攻では、多くの人が犠牲になった。四〇〇〇人から七〇〇〇人のイラク市民と、治安部隊の隊員七〇〇〇人から一万二〇〇〇人の命が失われたのだ。一方、イギリス軍とアメリカの軍の犠牲者は二〇〇人に満たなかった。[16]

バグダッドの複数の地下倉庫に保管されていたバース党の内部文書は、アメリカ軍がバグダッド市内を爆撃すると、そのままうち捨てられた。このアーカイブはさまざまな名で呼ばれているが、最も一般的には「バース地域司令部《リージョナル・コマンド》コレクション（ＢＲＣＣ）」と呼ばれ、その大半はバグダッドのバース党本部にある入り組んだ地下室に保管されていた。ほとんどが紙媒体のこれらの記録文書に加え、イラク特別治安機関（ＳＳＯ）の指示で作成された音声記録のコレクションもあった。イラクではバース党が政府の中核を占めていたため、党の記録は事実上政府の記録と同じだった（たいていの国では、政党の文書と国の公文書はまったくの別物だ）。

カナン・マキヤは当時、この記録文書をコレクションとしては考えておらず、これが自分の人生やこの国の未来にこれほど大きな意味をもつことになるとも思っていなかった。二〇〇三年六月、彼はほかの六〇人ほどのイラク人とともに、イラク南部で開かれた「政権移行について検討する」会合に招かれた。このころ、彼はポストサダムのイラクについては楽観的で、イラク侵攻の直後、彼は「イラクには十分な豊かさと発展性、そして人的資源がある。これまで独裁政治と破壊を支えてきたこれらの力が、これからはアラブ・イスラム世界での民主主義と経済再建を推し進める大きな力となるはずだ」と書いている。[17]

しかし侵攻後のバグダッドはまさにカオスで、うわさ話と破壊が蔓延する場所となった。バグダッドのバース党本部地下室に保管された膨大な量の書類をどうすべきかとアメリカ陸軍の大尉に助言を求められたカナン・マキヤは、これにいたく興味をひかれた。そして彼は案内されるまま、「まるでアラジンの洞窟」のような地下の迷宮へと降りていった。なかには膝まで浸水している部屋もあり、電気も通っていなかった。ネットワーク状に広がる複数の地下室はどこも書類の棚がずらりと並んでいたが、その多くは倒れて書類が床に散乱していた。その書類やファイルのいくつかに目を通し、すぐに情報の宝庫だと気づいた彼は、これは絶対に保管しておかなければならないと考えた。

マキヤの両親は一九七一年に国を離れる前、バグダッドに大きな邸宅を建てていたが、幸いにもそこはアメリカ軍の管理領域、いわゆるグリーンゾーン内にあった。そこで彼はバグダッドに駐屯するアメリカ軍将校たちと連絡をとると、連合国暫定当局の最上級行政官ポール・ブレマーとのコネを使って記録文書を地下室から搬出し、みずからの管理下に移すことに成功した。彼にとっては夢のような僥倖《ぎょうこう》だった。両親の古い邸宅が、イラクのアーカイブを管理するために自身が設立した団体、イラク・メモリー財団（ＩＭＦ）の正式な本部となったのだ。バース党本部の地下室に保管されていた文書は徐々にそちらに移送され、デジタル化の作業が始まった。[18] ヒューレット・パッカードから寄付されたスキャナーを使い、イラク人のボランティア・チームで増員されたＩＭＦのスタッフが一カ月に八万ページのペースで書類をスキャンしていったのだ（現在のアーカイブが六〇〇万ページを上回っていることを考えると、このペースでもまったく追いつかなかった）。[19] しかしこれは非常に危険な作業で、元バース党幹部の仕業か、記録文書を破壊しようとする試みも何度かあり、作業チームのメンバーが殺害予告の脅迫を受けることもあった。一度など、財団本部の屋根にロケット弾が着弾したが、奇跡的に爆発はしなかった。その後、イラク国内で激しい内戦が始まったこともあり、記録文書は別の場所に移されることとなったが、当時はそれが賢明な措置と思われた。

こうしてこの記録文書は、国防総省の資金援助を受け、マキヤのチームの監督のもとでヴァージニア州の巨大な軍用格納庫へ移送された。ここに大規模な作業施設がつくられ、記録文書は一日当たり一〇万ページのペースでスキャンされていった。その結果、スキャン作業は九カ月で終了した。その後、バース党本部地下室で見つかったこのコレクションとクルド人が確保した記録文書は、サダム・フセインを人道に対する罪で告発した裁判で証拠として提出され、フセインは有罪とされて死刑判決を受け、二〇〇六年一二月三〇日に絞首刑となった。

バース党の記録文書は現在、カリフォルニア州にあるスタンフォード大学のフーヴァー研究所に保管されている。文書の移動についてはさまざまな証言があるが、どれも当初は短期的なものとして想定されていたという点で一致している。[20]このアーカイブは、高度な専門性をもつチームのスタッフによって保護、管理されることになるが、歴史はすでに第二次湾岸戦争の勝者によって支配されていた。イラク国立図書館・公文書館のサアド・エスカンダー館長は、次のように記している。

> イラク国立図書館・公文書館は、わずか三日のうちに、イラクの歴史的記憶の大部分を失ってしまった。何十万もの公文書や希少な書籍が永遠に失われた……。二度の火災と略奪により、国立公文

書館は所蔵していた資料のおよそ六〇パーセントを失った。ひと言で言えば、それは国家にとっての大災害だ。このような喪失は永遠に埋め合わせることができない。あの資料や公文書こそが、現代イラクの歴史的記憶であった。[21]

イラクから移送されたのは、クルド人が見つけた資料とバース党の内部文書だけではなかった。イラクの秘密警察のファイルもまた、コロラド大学ボルダー校へと移管されたのだ。[22]また、イラクの多くの政府施設や防衛施設でも膨大な量の記録文書が見つかった。これらの文書は、バース党本部で発見されたものよりもさらに膨大だったため、カタールに移送されてデジタル化された。しかし、フセイン政権の人権侵害を暴くために文書を引き渡したクルド人たちの当初の目的とは大きく異なり、これらの文書は大量破壊兵器のありかを探るという目的で利用された。この一連のファイルは、イラクの記録文書のなかでも最大規模で、全体では一億ページを上回ると見られている。これらの記録は、アメリカ国防総合大学の紛争記録研究センター（Conflict Records Research Center）が選別してオンラインで公表した。その後、大部分は二〇一三年五月に三万五〇〇〇箱に収められると、六三四枚のパレットで輸送機に積み込まれ、イラクへ返還された。[23]しかし、バース党の記録文書はアメリカ国内に残された。

イラクの市民社会の崩壊や、アーカイブがイラク侵攻のさいに果たした役割を考えた場合、はたして記録文書を国外に持ち出したことは正しかったのか？　現在、カナン・マキヤは二〇〇三年にイラク侵攻を求めたことは後悔しているが、アーカイブの移送についての後悔はない。イラクという国は「一九九〇年代にすっかり腐敗し……西側世界による制裁で空洞化していた[24]」から、敵対する勢力が不在の二〇〇三年の侵攻は、実際には本当の意味での戦争ではなかったというのだ。「その結果、すべてが一気に瓦解した」のだと彼は言う。マキヤ自身やブッシュ政権の政策決定者たちをはじめとするイラク国外の人々は誰ひとり、イラクという国があそこまで蝕まれているとは予想していなかった。また、侵攻後にイラクの社会秩序がこれほど急速に崩れ去ってしまうとも彼は考えていなかった。「二〇〇三年以降、イラクの惨事が雪だるま式に拡大していくのを見て、私は愕然とした」とマキヤは語っている。[25]

イラクのアーカイブは、第二次湾岸戦争とその余波を引き起こした政治的議論の形成に大きな役割を果たした。二つの湾岸戦争が世界に与えた影響は絶大なもので、かつてない規模の世界的テロリズムのきっかけともなった。さらに、イラクや周辺国は社会的、経済的な大惨事に見舞われ、世界中で何十万もの人々の命が失われた。イラクでは過去の記録文書がない状態が続いているが、それがイラク社会の傷の回復を妨げているのではないだろうか？

アーカイブの閲覧がどのような効果をもつのか、現在のイラクと共産主義崩壊後の東ドイツを比較してみるといいだろう。政権崩壊後に旧東欧諸国で起こったことと、イラクで起こったことは、なぜこれほど違うのか。イラクのアーカイブの移管をめぐる倫理的な問題に取り組むなか、私は何カ月ものあいだその問いに悩まされた。だがよく考えれば、そのような過去の記録なしに、国民はどうやってつらい過去と向き合えるというのだろうか？[26] ドイツでは、一九八九年にベルリンの壁が崩壊すると、極めて慎重な方法ながらも国民がシュタージの記録文書を閲覧できるようにする機関、いわゆる「ガウク機関」が設立された。イラクでもそれと同様の社会的進歩、すなわちアーカイブの公開――ガウク機関を介してではあるが――によって果たされた社会的進歩はできなかったのだろうか。たしかに、ドイツでの試みが成功したのは、西ドイツ経済にそれができるだけの力があったからにほかならない。旧東ドイツの牧師で、ガウク機関を設立した（そしてその後、ドイツ大統領となった）ヨアヒム・ガウクは、他国の人々の安全を損なわないよう配慮しながら国民への情報開示を慎重に進めるという高度な作業を行なう組織を構築した。一九九四年までに、ガウクは莫大な予算で三〇〇〇人の職員を雇い、ファイルへのアクセスおよび情報取得を求める何百万件もの要望に対処した。[27] 十分な予算なしにこのような取り組みを進めれば大混乱を引き起こした可能性もあり、イラクならばそうなっていたことも大いに考えられる。

また最近では、イラクの近年の出来事に関連した一連の記録文書が、まったく関係のない複数のオンライン記事に掲載された。なかでも最も目立ち、物議をかもしたのが、ニューヨーク・タイムズ紙の記者でイラク軍に従軍したルクミニ・カリマキの記事だ。彼女は、最近までＩＳＩＳが利用していた複数の建物に入り、一万五〇〇〇ページにものぼる文書とコンピュータのハードディスクを発見した。そしておもにこの情報を利用し、『ＩＳＩＳファイル』という記事を書いた。ＩＳＩＳとは、元はアルカイダの分派で、のちにシリアとイラクを支配しようとしたイスラミック・ステートと名乗るテロリスト集団で、この記事は彼らについて報じたものだ。しかしカリマキは見つけた文書や資料をイラクの領土から持ち出す許可を与えられておらず（許可を求めもしなかった）、無断で持ち出したのだ。その後、彼女はジョージ・ワシントン大学と協力して文書をデジタル化し、翻訳して、オンラインで公開している。ただし、これらの記録文書をほかの人々が閲覧できるのは、彼女がポッドキャストや新聞記事として長文の報道記事を発表したあとのみとなっていた。このやりかただと、記録文書をそれが作成された国から持ち出して公開する法的、倫理的権限をめぐるおなじみの問題が発生する。[28]

この記録文書によって、二〇一四年にＩＳＩＳが創設したカリフ制がどのように運営されているのかについて、多くの重要な情報が明らかになった。そこには管理体制の仕組みや、それが一般の人々の生活に与える影響についての詳細な情報もあった。たとえば、値段設定（帝王切開の費用から温州ミカンの値段まで）や、特定の犯罪に対する処罰（同性愛者は死刑、飲酒は鞭打ち八〇回）などだ。ＩＳＩＳはイラクの組織ではなく、イラクとシリアにまたがる多国籍の集団だ。また、彼らは従来のイラクの政治構造のまま後釜にすわるのではなく、新たな政治構造の樹立を主張しているため、彼らの記録文書はそれ以前にイラクから持ち出された記録文書とは性質が大きく異なる。それでもやはり、カリマキの行動には倫理的な問題が残る。文書は違法に持ち出されたのではないか？　また、それを公開するのは責任ある行動なのだろうか。特に、そこに記されている個人が存命中であれば、その人たちに命の危険が及ぶ可能性もあるのではないか。

現在カリマキが公開している文書の量は、アメリカ政府が持ち出した膨大な文書と比べればわずかなものだが、それでも全世界の政治的、社会的事象を理解するに当たってはアーカイブが引き続き中心的な役割を果たすことを示している。この一〇年間、イラクのアーカイブ、特にバース党の記録文書の位置付けについては、著名人や主要な団体を巻き込む大きな議論となっているが、文書は違法に持ち出されたのではないか、返還されるべきではないか、という重要な問題はいまなお未解決のままだ。

イラクの記録文書の経緯は複雑だ。クルド人が発見して確保した最初の文書コレクションは第二次湾岸戦争開戦の決め手となったが、同時にサダム・フセイン政権の恐怖も白日の下にさらした。クルド人は、政権から受けてきた残虐な仕打ちを世界に知らせようとその文書を利用したが、それを責めることはできない。また、カナン・マキヤがイラクで保管していたバース党本部の記録文書も、バース党政権の支配の実情を衝撃的な詳しさで伝えている。その結果、密告者の役割や反体制派の処刑、クルド人との戦争など、イラクの生活の詳細が世界に広く知られるようになった。もし、それがバグダッドから持ち出されずにいたら、アメリカ軍でさえそれを守るのは至難の業だっただろう。しかしそれらの文書はいまだにイラク国民の手が届くところにはなく、東ドイツによるシュタージ記録の公開のような社会的発展の一助とはなれずにいる。

ヨーロッパやアメリカにあるホロコースト関連の資料館や、分断された社会を癒す取り組みの一環として南アフリカの真実和解委員会が記録文書や口頭証言を活用した例に触発されたマキヤは、自身がこれまでに見つけた記録文書を収蔵する資料館をバグダッドに設立しようと考えた。過去の残虐行為を私たちは「忘れてはいけない」からだ。

この一〇年間、イラクはそれまでの四〇年間を必死に忘れようとしてきた。しかし若い世代の人々には、過去に何が起きたかを「覚えておく」、あるいは理解するための機会を得る権利がある。とはいってもそれは、押し付けられた政治体制の一員としてではなく、ひとりのイラク人としての権利だ。悲しいかな、私が本書を書いている二〇二〇年の初めにおいてもまだ、イラクのアーカイブはフーヴァー研究所にあり、イラク政府に返還されていない。この地域の地政学的な状況により、それがかなわないのだ。しかし、そのアーカイブを利用して自国の過去と向き合わないかぎり、イラク国民が未来に向かって前進することは難しいだろう。

第13章
デジタル情報の氾濫

Burning the Books
A History of Knowledge Under Attack

Chapter Thirteen

ロンドンで行われた反ブレグジット派の行進で掲げられたレッド・バイ・ドンキーズのバナーの航空写真（2019年4月）。

私たちはいま、知識が劇的に変化しつつある瞬間に立ち会っている。人と知識とが相互作用する方向へと向かっているのだ。[1] 現代はまさに「デジタル情報過多」の時代であり、私たちの生活はデジタル情報に満ちあふれている。日々驚くべき量の情報が生み出され、デジタル化され、オンラインで公開される。たとえば二〇一九年のある一分間に、世界中で一八一〇万件のテキスト文書が送信され、八万七五〇〇人がツイートし、三九万件以上のアプリケーションがダウンロードされた。[2] 着目すべきは、文字が伝えるストーリーや、ツイートとともにアップロードされる画像だけではなく、それらを支えるデータ自体もまた、社会がもつ知識の一部となっている点だ。

現在、図書館や公文書館の多くは、従来の紙媒体によるアナログ資料に加えてデジタルメディアもあわせて扱う「ハイブリッド」な保管機関となっている。そしてこれらの機関で扱うデジタル資料の多くは、既存の書籍や手稿、記録などをデジタル化したものと、電子メール、文書ファイル、スプレッドシート、デジタル画像データなど、もともとデジタル形式で作成された「生まれながらのデジタル情報」に分類される。研究者たちもまた、学術誌に論文を発表するだけではなく、機器を使った計測などの研究過程でしばしば膨大な量のデータを生み出している。多くの図書館や公文書館が所蔵するデジタルコレクションの規模は急速に拡大しており、たとえばボドリアン図書館では、保存が必要な約一億三四〇〇万の画像データが複数のストレージに分散して保存されている。[3] このように世の中にあり余るほどの情報が存在することが普通になり、私たちはそれに容易にアクセスできる便利さを当たり前と思い、そのおかげであらゆる分野の研究が可能になっていることを当然視している。

日常生活のデジタル化がさらに進行すれば、知識の保存はどうなっていくのだろうか？　これまでのデジタルシフトは比較的少数の有力なテクノロジー企業によって牽引されてきたが、誰が歴史をコントロールし、社会の記憶を保存する責任を負うのか。民間組織が管理することで、知識は攻撃を受けにくくなるのだろうか。図書館や公文書館は、メソポタミア文明の時代から行なってきたように、世代を超えてデジタルの記憶を守り伝えていく役目を担うべきなのか。

図書館や公文書館は、所蔵するコレクションを積極的にデジタル化し、オンラインで公開することで共有化してきた。分散型サービス妨害（DDoS）攻撃という現象は、オンラインで情報公開している人にはおなじみのものである。DDoS攻撃とは、さまざまなインターネットアドレスから一秒間に何千回、何万回もの問い合わせを公開ウェブサイトに送りつけ、ホストしているサーバーをダウンさせるもので、「ボットネット」または「ボット」と呼ばれる自動化ソフトウェアがよく使われる。この手の攻撃は定期的かつ頻繁に行なわれ、規模が大きく有名な、権威ある機関のウェブサイトを「ダウンさせる」チャレンジに魅せられた無謀なハッカーの仕業であることもあるが（ボドリアンのサイトもときどき攻撃を受ける）、最近では、国家がライバル国や敵国に対してDDoS攻撃を行なっている形跡も多く見られるようになった。攻撃を受ける側の組織はより強固なインフラを構築して対応しなければならず、コストがどんどんかさんでいく。しかし、この種の攻撃はデジタルの世界では最も「単純」な部類であり、より狡猾な攻撃も存在する。

いま図書館や公文書館が直面しているのは、社会全体に影響を及ぼしかねない新たな存亡の危機である。デジタル化された知識の多くは、比較的少数の巨大企業によって管理され、その度合いはますます増している。文化的記憶の未来は、知らず知らずのうちにそれら企業の強力なコントロール下に置かれており、その重大性と意味に私たちはようやく気づき始めたばかりだ。私たちが生み出し、単に「データ」と呼んでいる知識を、企業は収集している。世界中から集まるそのデータは、企業が提供するプラットフォームの利用とかかわるものであることから、たいていは彼らが独占的アクセス権をもつ。企業はそのデータを使い、さまざまな形で私たちの行動を操作する。それは主として購買活動のコントロールという形でなされているが、生活の他の分野、たとえば投票行動や健康にまで影響は広がりつつある。このような操作は、私たちには認識できない形で秘密裏に進められているのである。

世界的な顧客基盤を築き莫大な収益を上げるこのような企業の急激な台頭は、前代未聞の現象である。おそらくこれに最も類似しているのは、中世およびルネサンス期におけるローマ・カトリック教会の台頭だろう。カトリック教会もまた聖俗両面にわたる権力で広く世界を席巻し、莫大な金銭的利益を手にした。比較的少数の人間に絶大な権限を与える権力構造ではあったが、実際にはたったひとりの人間が実権を握っていた。そして共通の言語と共通の信仰をもつことが、世界的な権威の維持と成長をもたらしたのである。こんにち、フェイスブックは「唯一のグローバルコミュニティ」を誇り、統計によれば、グーグルはインターネット検索で圧倒的なシェアをもち、その結果、「アドテクノロジー」市場でも最大手となり得た。サービスの利用データからユーザーの行動を解析し、オンライン広告業者等に情報を販売するのだ。[4] 中国では、数十億人のユーザーがテンセントやアリババなど大手テクノロジー企業の提供するサービスを、日に何度も利用している。これらの企業はみな大規模なクラウドストレージを確保し、画像やメッセージ、音楽といったコンテンツのオンラインホスティングサービスを無料で提供している（アマゾンは現在、子会社のアマゾンウェブサービスを通じて世界最大のデータストレージサービスを提供している)。私たちは他のソーシャルメディアユーザーの投稿記事に「いいね」をしたり、広告を閲覧したりするのに慣れてしまっている。いまや絶大な力をもつこれらの企業を、歴史家のティモシー・ガートン・アッシュは「私的超大国」と呼び[5]、またその運営方法を「監視資本主義」と名付けた[6]。

二〇一八年の末、写真共有サイトのフリッカーはインスタグラム等との市場争いに苦戦し、アカウント所有者に提供する無料ストレージのサイズを制限すると発表した。そして二〇一九年一月以降、無料アカウントのユーザーが保存できる写真や動画の数は一〇〇〇件に制限され、それを超えた分は自動的に削除された。その結果、何百万人ものユーザーが、いつのまにかコンテンツの大半が消滅していることに気づいたのである。このフリッカーの一件から学ぶべきは、「無料」サービスは実際には無料ではないということだ。彼ら企業のビジネスモデルは、(多くの場合ユーザーの同意なしに行なわれる)ユーザーデータの売買を前提にしており、市場シェアを他社に奪われた場合は「無料」サービスは有料のプレミアムサービス(フリーミアム)に道を譲らざるを得なくなる。「保管(ストレージ)」と「保存(プリザベーション)」は同じではないのである[7]。

フリッカーの例が提示するのは、オンライン上の知識を管理する企業に対する信頼の問題だ。頻繁にサービスを利用するユーザーならば変更を事前に知り、他社のプラットフォームにデータを移すことができたであろうが、早急に対処できなかったユーザーは大切な人の写真や楽しい出来事の記録を失ったかもしれない。データを失うのは一瞬である。消費者はマイ・スペースやグーグルプラスといった他の「無料」プラットフォームでも同じような経験をしている。この二つのサービスも同様に、ほとんど事前告知なしに二〇一九年に終了している。また、ユーチューブは二〇一七年に、数千時間に及ぶシリア内戦の記録動画を削除した。[8] 貴重な情報は失われ、その大部分は永遠に取り返せない。[9] これらのサイトやその運営企業は商業的利益を目的としており、（ほとんどの場合）株主に対する責任を負っている。彼らには公的な利益を追求する使命はなく、保管している知識はすべて営利目的に使われるのである。

図書館や公文書館はこの新しい情報秩序に対応し、デジタル情報の保存に積極的な役割を果たそうとしているが、その作業は複雑で費用もかかる。たとえばアメリカ議会図書館は、ソーシャルメディア大手のツイッター社と画期的な提携を結ぶことを二〇一〇年に発表し、ツイッター社がサービスを開始した二〇〇六年三月以降の、過去、現在、未来の全ツイートの完全なアーカイブを構築するという野心的な目標を掲げている。議会図書館はデジタル情報の保存に取り組む先進的な機関のひとつであり、地球上で最も豊かな国の国立図書館として、ソーシャルメディアの大変革の最前線をいくテクノロジー企業との提携はごく自然なことに思える。

しかし残念ながら、この提携は資金不足のため二〇一七年に終了し、現在は「選択的に」ツイートを保存するにとどまっている。[10] ツイッターやフェイスブックなどのソーシャルメディアプラットフォームが力をもち、政治やその他の公務にかかわる主要な個人や組織がそれらを利用していることを考えると、体系的に記録が保存されていない状況は、開かれた社会の健全性にとって良いことではない。

ますます多くの時間をソーシャルメディアに費やすようになっているいま、図書館や公文書館が開かれた社会を維持していくための方法を考えなければならない。政治の世界でもデジタル情報が使われるようになり、「フェイクニュース」や「オルタナティブ・ファクト（もうひとつの事実）」というものが登場した。国民に正しい情報を伝え、公務に透明性を与えるための知識の保存は、民主主義の将来を考えるうえで重要な課題となっている。ソーシャルメディアをはじめとするテクノロジー関連企業や、選挙運動にたずさわるデータ分析企業の動きが厳しく監視されつつあるなか、彼らの活動を証明するアーカイブが不可欠なものとなるだろう。

ウェブ情報を（ウェブアーカイブに）保存している図書館や公文書館の重要性がひときわ高まっている。なぜなら、ウェブサイトやブログ、その他ウェブ上のリソースに公開されるありとあらゆる人間の活動を永遠に記録できる場所を、図書館や公文書館は提供しうるからだ。政治家候補や高官、政府関係者の公の発言（多くの場合、本人にとって不都合なもの）がウェブ上に掲載されるが、国民やメディア、そして有権者がその発言の責任を問うことができるように、それらを保存すべきだとの声が高まっている。

ウェブアーカイブはまだ比較的新しいツールだ。たとえば〈UKウェブアーカイブ〉は、イギリスとアイルランドにある六つの納本図書館が共同で運営している。[11] 一六六二年のライセンス法および一七一〇年のアン王女の著作権法の制定以来、印刷出版物を指定の図書館へ納入することを義務づける「法定納本制度」が敷かれ、前述の六つの図書館はこの特権を享受してきた。[12] 二〇〇四年、UKドメインをもつウェブサイトのアーカイブ化が大英図書館主導で始まった。当初、厳選されたウェブサイトの収集は任意の「許可制」を基本として進められ、事前に各ウェブサイトの所有者に連絡をとって明確な許可を得たうえでアーカイブに加えられ、保存されたサイトはすべてオンラインで公開されていた。二〇一三年には法定納本図書館法が改正されて「法定納本図書館（非印刷本）規則」が制定され、これによりウェブサイトの保存は任意の許可制から法的義務となって法定納本図書館に課せられ、六つの図書館が共同出資して、この膨大な事業を支えている。[13]

ウェブサイトのアーカイブ化は、対象がたえず変化するため複雑な作業となる。サイトの消滅やアドレス変更も頻繁に起きる。UKウェブアーカイブは、収集したサイトが時間の経過とともに驚くべき割合で減少していることを示している。ある年に保存されたウェブサイトのうち、二年後には約半数がインターネットから消えるか、何らかの理由でアクセスできない（技術的用語で言えば、ウェブアドレスが解決できない）状態になる。そして三年後には、その割合は約七〇パーセントになる。このような問題を抱えつつも、UKウェブアーカイブは成長を続け、二〇一二年には常時約二万件のウェブサイトを保存していた。二〇一九年には、クロール（ウェブサイトの巡回）が最後に完了した時点で（クロールには約一年かかる）六〇〇万以上のサイトのコピーがあり、そこには一五億件以上のウェブリソースが保存されていた。このアーカイブにはまた、より専門的に選び抜かれた九〇〇〇以上のウェブサイトからなる「スペシャル・コレクション」も保存されている。それらはキュレーターチームによって重要な研究的価値があると判断されたサイトで、他のサイトよりもかなり頻繁に、毎月、毎週、あるいは毎日クロールが行なわれ、そのウェブリソースは五億件にものぼる。[14]

ブログやウェブサイトを集めたスペシャル・コレクションのひとつに、二〇一六年に行なわれたイギリスのEU離脱（いわゆるブレグジット）の是非を問う国民投票とその後の政治的余波に関するものがあり、そこには一万のサイトが保存されている。二〇一六年六月、離脱賛成のキャンペーンを展開する超党派団体「ヴォウト・リーヴ（離脱に投票を）」は、自分たちの公式サイトから大量のコンテンツを削除した。そのなかには、イギリスがEUを離脱すれば毎週三億五〇〇〇ポンドを国民保健サービス（N

HS）に費やすという、彼らの公約に関する情報も含まれていた（この公約は、二〇一九年までにさらなる議論を呼んだ）。だが幸いにも、UKウェブアーカイブは削除される前にそのコンテンツを保存していた。

ウェブ上の知識へのアクセスは、いまや社会的に必要なことだ。しかし二〇〇七年、ハーバード大学の研究者ジョナサン・ジットレイン、ケンドラ・アルバート、ローレンス・レッシグは、『ハーバード・ロー・レビュー』など法学雑誌の記事で参照されたウェブサイトの七〇パーセント以上、それどころか、アメリカ合衆国最高裁判所の公式サイトにあるURLの五〇パーセントが壊れている、つまりデジタル保存の世界で言うところの「リンク切れ」状態にあることを発見した。これらのウェブサイトは社会的に非常に重要なものだ。その国の法を知らずして、社会は正しく機能できるのだろうか。[15]

デジタル情報は、図書館や公文書館が追いつけないほどの速さで増加しており、そのギャップを埋めるべく、また別のプレイヤーが登場した。究極のウェブアーカイブとも言える〈インターネット・アーカイブ〉は、民間が進めるアーカイブ化の取り組みの代表例だ。インターネットの先駆者であるブリュースター・ケールが一九九六年に設立し、サンフランシスコに拠点がある。彼らが掲げる「人類のあらゆる知識への普遍的《ユニバーサル》なアクセスを」というスローガンは、カリフォルニアのこのエリアではめずらしくない大胆な発想だ。設立以来、ウェイバックマシンと呼ばれる主要なサービスを通じて、インターネット・アーカイブは四四一〇億以上のウェブサイトを保存してきた。それらのサイトはインターネット上で公開されており、このアーカイブはもっぱら、ウェブ上のデータをスクレイピングして保存するウェブクローラーを活用して構築されている。サイト所有者の許可は得ておらず、イギリスの法定納本規則に相当するような明確な法的根拠もない。

このインターネット・アーカイブもまた、保存されている情報が破壊の対象となっている。二〇一六年六月、過激派組織ＩＳＩＳのメンバーやその支持者がつくったウェブサイトや動画を掲載していることに腹を立てたグループが、インターネット・アーカイブに大規模なＤＤｏＳ攻撃を仕掛けたが、失敗に終わっている。この一件で浮き彫りになったのは、情報へのアクセスを合法的に取得し提供することと、多くの人々にとって不快な情報や、暴力や非合法的思想によって違法とされた集団のプロパガンダとして利用されている情報を検閲し削除することは、じつは紙一重だということだ。[16]

インターネット・アーカイブについて私が最も懸念しているのは、長期的な持続可能性だ。活動を監督する委員会もあるが、組織自体は小規模で、ささやかな資金基盤のもとで運営されている。母体組織がなく、それゆえにこれほど短期間で急成長を遂げることができたのかもしれないが、面倒を見てくれる母体組織があれば、長期的に存続できる可能性が大いに高まるだろう。いずれは、世界中の知識を保存し利用可能にするという長期的な目標を共有する大きな機関の傘下に入るか、そのような組織と提携せざるを得ないのではないだろうか。私自身インターネット・アーカイブを幾度となく利用し、非常に価値があると感じている。二〇〇三年に家族でオックスフォードに転居したとき、二人の子どもが同じ小学校に通えるようにするために地方教育局と裁判になった。そのさい、ウェイバックマシンに保存されていた教育局の過去のウェブサイトのコピーにアクセスし、当局の方針に関する公開情報がある時点で変更されたことを証明できたのである。

インターネット・アーカイブの存在は、公的業務において、図書館や公文書館が社会のニーズに追いついていない分野があることの証でもある。公的機関は慎重であるがゆえに行動が遅い傾向がある。だが多くの場合、それは図書館や公文書館の強みでもあり、彼らが築き上げた仕組みは強靭だ。思うに、インターネット・アーカイブは現在、グローバル社会にとって極めて重要な「組織化された知識体系」だが、いまのように単独で存在する状態ではリスクがある。図書館や公文書館の国際的なコミュニティが一丸となって、インターネット・アーカイブの使命を支援する新たな方法を模索する必要があるだろう。

インターネット・アーカイブが行なっているのは、私が「パブリック・アーカイビング」もしくは「活動家《アクティビスト》によるアーカイビング」と呼びたい活動のひとつで、図書館や公文書館のような「記憶機関」とは無関係に、関心をもつ一般の人々が独自に行なう取り組みである。このようなパブリック・アーカイビングは、なにかと制約のある公的機関に比べて動きが速く、特に「フェイクニュース」が台頭しているいまこそ、その活動が求められる。

トランプ政権下の政治活動で特徴的だったのが、大統領によるソーシャルメディアの活用だ。二〇二〇年二月二八日の時点で、ドナルド・トランプはツイッターに七三一〇万人（アメリカの全人口の二二パーセントに相当）、インスタグラムに一七九〇万人ものフォロワーをもっていた。このような膨大な数のフォロワーをもつトランプは、アメリカの有権者に直接働きかけることができた。そのため、ソーシャルメディアでの彼の発言は強力なインパクトをもち、世界中に大きな影響を与える可能性もあった。ファクトベース（Factbase）という組織が大統領のツイッターのフィードと削除を追跡してきたが、その結果、二〇〇九年にツイッターに参加してから二〇二〇年二月二八日までのあいだに、トランプはなんと四万六六五一六回ツイートし、そのほんの一部——七七七回分——が、おそらく本人もしくはスタッフによって削除されていた。厳しい大統領記録法のもとでは、ツイッターでの発言もいずれ大統領のアーカイブの一部として扱われるはずであり、そうなればアメリカ国立公文書記録管理局（国立公文書館）の管轄となるだろう。[17]

大統領記録法は、大統領府と国立公文書館との信頼で成り立っており、合衆国アーキビスト（国立公文書館長）は、実際には大統領やそのスタッフに同法の遵守を強制することはできない。大統領記録法は大統領に対し、「憲法上、法令上、その他の公式または儀礼的な職務の遂行を反映した活動、審議、決定、政策がすべて適切に文書化されるよう、また、そのような記録が大統領記録として保持されるよう、必要なあらゆる手段を講じる」よう求めているが、大統領は一方で「行政的、歴史的、情報的、または証拠的価値がもはやなくなった大統領記録を破棄する」権限ももつ。同法は、合衆国アーキビストに助言を求めた場合にかぎり記録の破棄を可能としているが、大統領は助言に従う法的義務を負うわけではない。このように、アメリカ大統領の在任期間中、アーキビストは大統領記録を保存するために、二つの議会委員会の助言を求める以上の措置をとることができないのである。

二〇一七年二月、大統領法律顧問のドナルド・F・マクガーン二世はホワイトハウスの全職員に対し、（大統領記録法が定める）大統領記録の保存義務に関する覚書を発行し、電子媒体によるコミュニケーションについても明記したが、政権、あるいは大統領自身が実際に法を遵守しているかどうかはわからない。この法律はもともと、すべての大統領がその制度を遵守することを前提としているため強制力がないのだ。ユーザー設定により一定期間後にメッセージが自動削除される暗号化メッセージアプリ（たとえばワッツアップ（WhatsApp）は、大統領側近のあいだで広く使われていることで知られる）やソーシャルネットワーク、その他の「インターネットを使った電子通信手段を、ホワイトハウス当局の承認なしに公務に使用すること」は、はっきり禁止されている。[18] このような技術の使用については、合衆国アーキビストの助言を求める機会が提供されるべきであり、そうした技術の使用は大統領記録法に違反するとの意見も多い。[19]

ドナルド・トランプは、大統領になる前の二〇一一年から一四年まで、トランプ・オーガナイゼーションのユーチューブチャンネルでビデオブログを運営していた。ところが彼は、二〇一五年以前にその大部分を削除した（もともと一〇八件あった動画のうち、いまもユーチューブで確認できるのは、わずか六件のみ）。しかし、ファクトベースはそのことを公記録に加えるために、独自のウェブサイトに記録している。そのサイトにはトランプが任期中に受けたメディアのインタビューを集めたセクションがあり、メディア大手ニューズ・コーポレーション（ニューズ・コープ）が所有・管理するメディアのインタビューが圧倒的に多いというデータが、ファクトベースによって明らかになった。じつにインタビューの三六・四パーセントが、ニューズ・コープ傘下のメディアに対して行なわれていたのだ。ファクトベースはそれらすべてのデータの出典を明らかにし、保存し、文字化し、検索可能にしたが、大統領のオンライン上の言動を記録するためにデザインされたツールはそれだけではなく、トランプ・ツイッター・アーカイブと呼ばれるウェブサイトも同様にツイートの追跡を試みている。[20]

ファクトベースやトランプ・ツイッター・アーカイブなどの活動は、大統領の公的発言を国民が監視できるようにしたもので、歴代大統領のなかで、少なくとも任期中にその対象となった者はほかにいない。このように「公知」することは、開かれた民主主義の健全性にとって不可欠であり、特に世界で最も強力な政治的地位にある現職のアメリカ大統領が、みずからの政策を推進するために公共のメディアチャンネルを広く利用する場合はなおさらである。ファクトベースらの活動は、大統領やその支援者が公的発言を削除する傾向にある場合、より重要になる。トランプのツイートはスクリーンショットとして記録されたのち、自動化プログラムでツイートを書き起こし、メタデータを追加し、さらなる分析のためにデータベースに保存される。

パブリック・アーカイビングのもうひとつの例として、レッド・バイ・ドンキーズというイギリスの民間組織によるものがある。オンラインでの活動のほか、広告看板の設置や主要都市の公共の場での実際の活動を展開するレッド・バイ・ドンキーズは、有力な政治家の発言を保存し、表明した政策的立場との食い違いがあればそのことを公表し、原則として責任を追及してきた。[21] ちなみにレッド・バイ・ドンキーズという名称は、第一次世界大戦中、イギリスの歩兵隊がしばしば「ライオンズ・レッド・バイ・ドンキーズ（ロバに率いられたライオン）」と呼ばれていたことに由来する。この呼び名からは、前線の兵士たちが将官をどう思っていたかがうかがえる。

こうしたパブリック・アーカイビングの活動からわかるように、政治家にみずからの発言の責任を問えるよう、情報を保存しておくことが重要だ。政治演説は真実と虚偽がせめぎあう場となりがちだが、それがデジタルの闘技場《アリーナ》であれば、政治的虚偽が選挙結果に与える影響はより大きくなる。この種の情報保存は公的機関ならばもっと体系的に実施できるはずで、本来そうすべきものなのだが、ファクトベースやレッド・バイ・ドンキーズによるパブリック・アーカイビングの取り組みが、その空白を埋めているように私には思える。

現在、最も多く利用されている「組織化された知識体系」のひとつに、オンライン百科事典のウィキペディアがある。二〇〇一年に創設されてから急成長を遂げ、六年間で一〇〇万件の項目が追加された。批判も多く、弱点があるのも確かだが、いまでは六〇〇万件ある項目のいずれかに毎秒五〇〇〇から六〇〇〇件のアクセスがある、利用頻度が極めて高い巨大な情報源となっている。図書館や公文書館は、ウィキペディアに脅威を感じるどころか、当初から連携の道を選んできた。

そのウィキペディアに掲載されている知識もまた攻撃対象となっている。たとえば広告会社は、顧客が不快に思う内容の編集や削除を有料で行なっている。人気の高いステラ・アルトワというベルギービールは、かつて「ワイフビーター（妻を虐待する男）」の異名で呼ばれていた。これは情報源に裏付けられた事実であり、ウィキペディアのステラ・アルトワの記事にも書かれていたが、このような異名は西洋社会ではもはや容認されないことから、ある時点で削除された。のちに、削除を行なったアカウントは広告会社のポートランド・コミュニケーションズのものであることが判明し、ウィキペディアコミュニティのメンバーがその後、削除された記述を復活させている。[22]

政治家もまた、ウィキペディアに掲載されたいわゆる「経費スキャンダル」（デイリー・テレグラフほか各紙が暴いた、イギリス下院議員による一連の違法な経費請求事件）に関する不都合な記述を削除した。ジャーナリストのベン・ライリー＝スミスは、議員らの経歴に変更を加えたコンピュータのＩＰアドレスを解析し、問題の記述は検証可能な公知の事実であったにもかかわらず、ウェストミンスター宮殿（イギリス議会の議事堂）内のスタッフによって削除された事実を明らかにした。[23]

ウィキペディアは、情報公開の文化に根ざしている。すべての項目には変更履歴が記録され、誰でもそれを見ることができる。削除または変更された内容、日時、それを実行したアカウントがすべて閲覧可能だ。ウィキペディアは「ウォッチャー」チームを編成し、悪意ある不当な削除や誤った編集が行なわれそうな項目を事前に特定し、ウォッチャーたちが定期的に確認している。アカウントをもつユーザーは自分が「ウォッチ」するページを選ぶことができ、興味のある分野で変更があれば気づく仕組みになっているのだ。

また、すべての投稿者には誰でも見られる投稿記録がつくため、誰かが特定の個人やトピックについてのみ編集を加えると、その情報もまた他のユーザーの目に触れることになる。ウィキペディアでは、人間の「ウォッチャー」に加えて、広範囲にわたり自動化された「ウォッチング」が可能な「ボット」と呼ばれるソフトウェアツールによる技術的バックアップも用意されている。

一方、ウィキペディア自体もサイト全体を監視している。ある記事のかなりの部分が削除されたり、同性愛者を批判する言葉や人種差別的な言葉が追加されたりすると、ボットはそれを検知する。また、大量のテキストが追加された場合は記事の文書を自動的にグーグル検索し、盗用の有無を確認する。政治家のスタッフが記事を削除すれば、ボットや人間の編集者たちがそれを注視し、同じアカウントやコンピュータによる編集パターンが確認されれば、削除された内容をワンクリックで復元する。ときにはウィキペディアに対する削除や検閲の試みそのものが話題を生み、記事に引用されるのである。

知識の創造がデジタル形式で行なわれるようになり、デジタル情報の氾濫に直面した管理者は、大量のデジタル情報の対応に苦慮している。二〇一八年一二月、アメリカのメイン州政府は、アンガス・キング知事およびジョン・バルダッチ知事時代の公文書が壊滅的に失われ、また二〇〇八年以前に送信された州政府の電子メールのほとんどが消失して回復不能となり、ほかにもさまざまな文書がメイン州立公文書館に移される前に州当局者により破棄されていたことを明らかにした。将来の歴史家のための情報が失われただけでなく、消えた電子メールには、注目度の高い裁判における重要な証拠となる情報も含まれていた可能性がある。たとえば、二〇一二年に行なわれたロンドン銀行間取引金利（LIBOR）不正操作事件の裁判でラリー・チャピン弁護士らが行なったように、電子メールに書かれた内容をつなぎ合わせることで、有罪判決を確実なものにしたり、あるいは被告が刑務所に入るのを防いだりするのに十分な情報となりうるのである。[24]

ほかにも、知識へのアクセスが将来的にかなり重要になるが、必ずしも商業的利益は望めないような分野がある。原子力産業がその良い例だ。社会を担う者として、私たちは五年や一〇年ではなく数百年、数千年先を見据えて、どこに核廃棄物を保管し、それがどのような物質で構成され、いつからそこに置かれ、どのような容器に入れて保管されているのかなどを正確に把握しておかなければならない。このようなデータはいまも存在するが、イギリス原子力廃止措置機関をはじめ原子力関係者が直面しているのは、不動産開発業者や採掘業者、水道事業者、さらには政府や地方自治体が、たとえば五〇〇年後にすべての情報に確実にアクセスできるようにするにはどうすればいいかという問題だ。私たちはその情報がどこにあるかを知っておかなければならないし、情報はアクセス可能なフォーマットで保存され、必要なときに理解できるものでなければならない。今世紀初頭にアメリカの大手エネルギー会社エンロンが起こした巨額の粉飾決算事件がいい例だが、企業の経営が悪化したさい、デジタル情報の保存が産業界にもっと広く行き渡っていたなら、訴訟はもっとずっと容易だったはずだ。ところがエンロン社の従業員が電子メールなど膨大な量のデジタル情報を破棄したために、監査役による状況把握が妨げられ、訴訟はより困難で費用のかさむものになってしまったのである。

基本的に、知識の保存は過去ではなく未来のために行なわれる。メソポタミアの古代図書館には、占星術や天文学、占いといった、未来を予測する文書が圧倒的に多かった。また、統治者は戦争を始める好機を知るための情報を必要としていた。いまもなお、未来は過去の知識へのアクセスに依存しており、デジタル技術により未来予測の方法が変われば、依存傾向はさらに強まるだろう。これはまた、ますます力を増しつつある多くの組織が、私たちのデジタル生活が生み出す知識を政治的・商業的利益のためにどう利用するかにも左右される。

テクノロジー業界はいま「ＩｏＴ（モノのインターネット）」に莫大な投資を行ない、冷蔵庫などの身近な機器がインターネットに接続され、センサーからのデータ内容に応じて動作するようになっている。ＩｏＴはまた、腕時計やジュエリーのようなウェアラブル機器の分野にも進出している。これらは私たちの健康状態をモニターするように設計され、膨大な量の生体データを生成している。そのデータ量は、医療従事者が未来の健康状態を正確に予測できるようになるレベルにまで達するだろう。それは病気の予防につながる一方で、重大な倫理的問題を引き起こす。データはいったい誰のものなのか？　私たちは医師とは喜んでデータを共有するかもしれないが、医療保険会社に対してはどうだろうか。もしかすると、パーソナルなデジタル情報への安全なアクセスの提供において、図書館や公文書館はいまよりもずっと大きな役割を担えるかもしれない。そうなれば、市民は誰がアクセス可能かを管理できる一方で、図書館は匿名化されたデータ全体を公衆衛生などの目的に役立てることができるだろう。デジタル健康管理システムへの依存が高まるなか、もしもその情報（デジタル化された個人の生体データ）が破壊されれば、個々人の健康に重大な影響を及ぼしかねない。

マイクロソフトは二〇一九年六月、人の顔画像を集めた巨大なデータベースをオフラインに切り替えると発表した。一〇万人の個人にかかわる、総計一〇〇〇万を超えるその画像データは、世界中でＡＩ顔認証システムの学習に用いられてきた。それらの画像は、インターネットに公開されているものを許可なく「スクレイピング」して集めたものだ。[25] 研究者アダム・ハーヴェイの調査により、類似のデータベースがインターネット上に公開されており、デューク大学やスタンフォード大学が作成したものを含め、顔認証用データセットが数多く存在していることがわかった。そのなかには、トランスジェンダーのグループがユーチューブに投稿した動画からスクレイピングして、トランスジェンダーの人々を見分ける顔認証ＡＩの学習に使われていたものもある。[26]

最近まで、オンラインサービスのユーザーが生成したデータの収集に関しては、プライバシーの侵害とデータの収益化のリスクがおもな懸念事項だった。しかしいま、懸念はより広い分野にシフトしつつある。多くの政治運動がソーシャルメディア上で行なわれている現在、自分の投稿が違法に操作されていないかどうかを私たちはどうやって確かめればいいのだろうか。また、オンライン上の政治運動がオープンで公正なものであるか、個人の同意のもとに行われているかどうかは、企業が収集したデータをアーカイブ化し、誰もが精査できるようにしないかぎり、確認できないのではないだろうか。

二〇一七年から一八年にかけて、フェイスブックのユーザーによって生成されたデータが民間の選挙コンサルティング会社ケンブリッジ・アナリティカによってほぼまちがいなく不正使用され、ターゲットを絞った政治広告がつくられていたことが明らかになった。また、これと同じ時期、大手信用情報会社のエキファックスは、不慮のデータ流出により、利用者一億四七〇〇万人以上の金融情報を漏洩させている。[27] これらの問題は、法的枠組みが脆弱な、もしくは存在しない状態で個人情報が民間企業に握られていることへの懸念をもたらした。さらにまた、多くの政府がみずからの政治的利益のためにこのようなプラットフォームの操作を利用しているとの指摘もなされている。

ケンブリッジ・アナリティカ社のウェブサイトはだいぶ前に消滅したが、幸いにも、オフラインになる前にいくつかのウェブアーカイブがそのサイトを保存していた。二〇一八年三月二一日、同社は「データは人を動かす。ケンブリッジ・アナリティカはデータを活用し、聴衆の行動を変えていきます」と事業を紹介し、「どのようなお手伝いができるか、当社の商業部門または政治部門をお訪ねください」と呼びかけていた。ニューヨーク、ワシントン、ロンドン、ブラジル、そしてクアラルンプールにオフィスを構えるケンブリッジ・アナリティカは全世界を相手に、いかなる政治的・商業的目的であれ、料金さえ払ってくれるなら誰にでも奉仕する、言わばデジタル界の傭兵だった。彼らのサイトでは、インターネットを利用するアメリカの有権者ひとり当たり五〇〇〇件ものデータを収集したと謳っていた。

活動の軌跡をとどめるのは彼らのサイトのウェブアーカイブだけかと思いきや、同社はじつは八七〇〇万人という驚異的な数のフェイスブックユーザーのデータに許可なくアクセスしていた。その活動の全貌はいまだ不透明で、何が行なわれていたのか、詳細の解明がいまも進められている。「トランプ陣営の選挙活動を支援するフェイスブックのデータセットを誰も見たことがない」ガーディアン紙に掲載した調査記事でこの問題を明らかにしようとしてきたキャロル・カドワラダーは、ツイッターでそう述べている。「広告のアーカイブを見た者はいないいいいいいいいいいいいし、ケンブリッジ・アナリティカが何をしたのかもわからない。たとえ何かがあったのだとしても、何がどう機能したのか誰も知らない。だから証拠が必要なの」[28]。

思うに、フェイスブックの広告やツイッターの投稿、アドテクノロジー企業が収集した「見えない」ユーザーデータなど、大手テクノロジー企業が創出したデータセットをアーカイブ化することは、知識の保存を担う機関が直面している大きな課題のひとつである。膨大な量のデータが存在するこの分野において、図書館や公文書館は比較的小さな領域にしか踏み込むことができない。しかし、私たちの文化がいま何をしているのか、また、社会が変化しつつあるなか、鍵となる個人や企業などがどのような役割を果たしているのかを理解するためにも、社会にはそのようなアーカイブの存在が必要だ。

ソーシャルメディアサイトのアーカイブ化は気の遠くなるような仕事で、ツイッターの例を見てもわかるように、ソーシャルメディアプラットフォーム全体をデジタル保存することは、世界最大の図書館ですら対処しきれない課題なのである。それらのサイトは動的で刻々と変化し、個々のユーザーごとにパーソナライズされて表示されている。また、プラットフォーム上のコミュニケーションそのものと、それを支えるデータ転送の両方をアーカイブする必要がある。投稿されたメッセージも重要だが、「いいね」などのソーシャルツールもまた、私たちの社会的行動や文化、政治、健康などさまざまなことを教えてくれる。優れたソーシャルメディアやアドテクノロジーのプラットフォームを保存することは、いまの時代の重要課題になりつつあるのではないだろうか。

ここへ来て、ソーシャルメディアのアーカイブ化の試みがいくつか始まっている。二〇一九年の夏、ニュージーランド国立図書館はあるプロジェクトを発表し、同館の一部をなすアレクサンダー・ターンブル図書館に個人のフェイスブックプロフィールを提供するよう国民に呼びかけた。同館のデジタルサービスチームリーダーをつとめるジェシカ・モランは、自身のブログで次のように説明している。

> 当館では、フェイスブックアーカイブの標本を集めたいと考えています。私たちが何を保存し、フェイスブックなどのソーシャルメディアプラットフォームをどのように活用していたか、さらには二一世紀初頭のデジタル文化と生活に関する詳しい状況を未来の研究者が理解するのに役立つコレクションの構築を目指しています。ご協力くださる方には、将来にわたってデジタルアーカイブを保存できる信頼できるデジタルリポジトリを提供いたします。[29]

ニュージーランド国立図書館は、二つの重要な課題を提示した。ひとつは、記憶機関は主要なソーシャルメディアプラットフォーム上にある情報のアーカイブ化に着手しなければならないという点だ。未来の人々は過去に何が起きたかを知る必要があり、プラットフォームレベルでのアーカイブ化が無理ならば（現在、フェイスブックの月間アクティブユーザーは世界中で二五億人以上いる）、小さな単位ごとに取り組んでいかなくてはならない。ニュージーランドのような比較的小さな国のユーザーは、このような大きな課題に取り組むには絶好のサンプルとなる。もうひとつは、現在のフェイスブックユーザーのなかには、手間も費用も負担してくれる信頼できる公的機関に自分の歴史を保存してもらいたいと思っている人がいることを把握している点だ。また、これも重要なことだが、同館はフェイスブック情報の提供者に対し、プライバシーの尊重を明確に表明している。

ビッグデータとユビキタスコンピューティングが生み出した市場の実態に、社会はなかなか追いつけずにいる。とてつもなく豊かになった産業とそこで働く非常に賢い人々に、法律や制度がついていけないのである。データサイエンティストのペドロ・ドミンゴスは、「最高のアルゴリズムと最も多くのデータをもつ者が勝つ」と述べている。[30] プラットフォームの構築とそれを取り巻く「データ産業」は、ショシャナ・ズボフの言う「私的な知識王国（private knowledge kingdom）」である（「王国」はむしろ複数形にしたほうがいいかもしれないが）。ここで言うデータやテクノロジーはすべて、「改善、予測、収益化、支配のために」生み出されたものだ。[31] ズボフをはじめ、進行する監視資本主義を研究してきた著述家たちは、不釣り合いな量の世界の記憶が、社会がその事実に気づかないまま、あるいはその影響を十分に理解できないまま、テクノロジー企業にアウトソースされていると警告を鳴らしている。

現在、一般市民と大手テクノロジー企業との関係の根幹にあるものは、信頼問題だ。私たちは彼らが提供するサービスを利用するが、それはすでにそのサービスに依存しているからでもある。だが企業への信頼は徐々に薄れつつある。社会は膨大な知識を生み出してきたが、その知識は世界中の個人が自由に創造したにもかかわらず、私的に所有、管理、利用されている。企業のオーナーたちが市民からディストピア的な恐れと疑いの目で見られ始めているのは、ほぼまちがいない。

アメリカのシンクタンク、ピュー研究所の二〇一六年の調査によれば、アメリカの成人の七八パーセントが図書館を信頼のおける情報源ととらえている。一八歳から三五歳までの年齢層（いわゆるミレニアル世代）では、その数値はさらに高い。傾向を時系列でグラフ化できるほどの長期的調査は行なわれていないが、金融会社やソーシャルメディア組織、さらには政府に対する信頼の度合いとは対照的に、成人のあいだでは図書館に対する信頼が高まっているとピュー研究所は見ている。[32]

図書館や公文書館への市民の信頼が高い（そしてさらに高まっている）ことから、それらは個人が私的データを保管する場所になりうるのではないだろうか。社会はおそらく、「私的超大国」の支配に立ち向かい、社会的利益を前面に押し出す時代に入りつつある。公的機関が信頼できる財産管理人《スチュワード》となり、その手に個人のデータを委ねる未来を、私たちは思い描くことができるだろうか。

そのためには一定の条件を満たす必要がある。まず、施設を設立し規制を導入するための法律がなくてはならない。[33] 政策の策定やシステムの構築方法については、市民の意見を求め関与してもらう必要がある。また、その法律は地政学的な境界を越えて円滑に運用できるものでなくてはならない。次に、図書館がその役目を担うには多額の資金が必要になる。それについては、前述のテクノロジー企業に「記憶税」を課し、それを財源に充ててもいいだろう。[34]

デジタル保存連合（Digital Preservation Coalition）など既存の団体は、デジタル保存を進めるうえで重要な役割を果たすだろう。また、大英図書館、国立公文書館、スコットランド、ウェールズ、北アイルランドの姉妹組織などの国立機関もまた、実現に向けて協力し合うことができる。運用方法については、たとえば前述のように、二〇一三年に法定納本制度がデジタル出版物にも拡張されたさい、責任を分担し合った例がある。完璧ではなくとも、法制度も、六つの法定納本図書館が構築したシステムもうまく機能している。

だが、それだけでは十分ではない。自分のデータに誰がアクセスできるかを個人が管理できるように、インターネットにおける新たなデータアーキテクチャが必要だ。[35] イギリスでは「二〇一八年データ保護法」として施行された「EU一般データ保護規則（GDPR）」は、ヨーロッパにおける個人データの保護強化に大きく役立っている。

社会の知識が個人から商業的な領域に移行したことで、社会全体で対処すべき大きな問題が発生した。個人の権利はまちがいなく危機にさらされている。社会生活のその他の分野では「注意義務」という概念が存在し、たとえば公共の建物の設計や運営を行なうさい、企業や機関は一定の基準に従わなければならない。この概念はデジタルの世界にも適用が可能であるし、適用すべきだ。[36] 不当に利用されているデータをアーカイブ化しなければ、不当利用の全貌や影響を正しく把握することはできない。フェイスブックの政治広告の完全なアーカイブ化を実現しないかぎり、有権者がどのような影響を受けたのかを評価できない。広告を出した組織やプラットフォーム上の広告を分析し、研究し、問いただすための情報がなければ、何も解明されないのだ。

いまから一〇〇年後、歴史家、政治学者、気象学者たちは、二一二〇年の世界がなぜそうなったのか、その答えを探しているだろう。二一世紀初頭のいま、図書館や公文書館が膨大なデジタル情報を管理し、知識を攻撃から守ることで社会そのものを守るための時間は、まだ残されている。

第14章 楽園は失われたのか？

Burning the Books
A History of Knowledge Under Attack

Chapter Fourteen

Melpomene
Erato
IOANNIS MILTONI ANGLI EFFIGIES ANNO ÆTATIS VIGESS: PRI:
Urania
Clio
Ἀμαθεῖ γεγράφθαι χειρὶ τήνδε μὲν εἰκόνα
Φαίης τάχ' ἄν, πρὸς εἶδος αὐτοφυὲς βλέπων
Τὸν δ' ἐκτυπωτὸν οὐκ ἐπιγνόντες φίλοι
Γελᾶτε φαύλου δυσμίμημα ζωγράφου.
W.M. sculp:

21歳のころのジョン・ミルトン（ウィリアム・マーシャル画）。

ボドリアン図書館は、一五五〇年代にそれまでの大学図書館が破壊されたのち、トマス・ボドリー卿により再建された。その後、血なまぐさい内戦の余波が続くなか、オックスフォード大学の評議会《コンボケーション》は二度にわたり、ジョン・ミルトンが書いた本を、ジョン・ノックス、ジョン・グッドウィン、リチャード・バクスターら、敗北したピューリタン主義とかかわりのある他の宗教作家の作品とともに、図書館の外のスクールズ・クアドラングル（校舎に囲まれた四角形の中庭）で燃やすよう公式命令を出した。古物研究家のアンソニー・ウッドによれば、一六六〇年六月一六日、ミルトンとグッドウィンの本は「収蔵されていた図書館から持ち出された」のち、「回収され燃やされた」[1]。

ミルトンはボドリアン図書館の偉大な支援者であり、『詩集（Poems）』（一六四五年）を他の小冊子と一緒に綴じた特別版を、友人である第二代館長ジョン・ルースに送った。この本には、ミルトンが特別に書いた館長と図書館をたたえる一編の詩が含まれており、そこには自身の詩が「誰にも邪魔されない幸せな家」を見つけた喜びが綴られていた[2]。ミルトンはまた、『アレオパジティカ（Areopagitica）』（一六四四年）のなかで言論の自由を雄弁に擁護したことでも知られる。一六八三年、ボドリアン図書館は非常に困難な状況に置かれていた。大学当局の圧力に屈してこの特別な書物を手放すべきか、それとも言論の自由を擁護するこの書物を保持すべきか。しかし独立の精神に富むボドリアンは、大学の意向に背くという危険な決断を下し、本を隠した。ちなみに、「閲覧専用」の図書館として設立されたボドリアンは、内戦中の一六四五年、オックスフォードに居住していた国王チャールズ一世に対し（図書館内で議会が開かれていたにもかかわらず）本の貸し出しを拒否したことでも有名だ[3]。館長が所有していた蔵書目録にある手書きのメモから、問題の本の存在を秘密にすべく、公式な目録から慎重に省かれていたことがわかる。[4] そのおかげで、これらの本は現在もなお閲覧できるのである。[5] これまでに挙げたさまざまな例からわかるように、ライブラリアンやアーキビストは何世紀にもわたり、あらゆる攻撃から知識を守るために重要な役割を果たしてきた。

私はこの本を通して、長い歴史のなかで行なわれてきた知識に対する攻撃と、図書館や公文書館の破壊がコミュニティや社会全体に与えた影響について伝えようと試みた。そして知識はいまなお攻撃されている。このような歴史を知らずにいれば、アレクサンドリア図書館の緩やかな衰退を許したような油断が生じてしまう。それがもたらした脆弱性こそが、宗教改革期にオックスフォード大学を含めいくつかの図書館が破壊される原因となったのである。

油断はさまざまな形であらわれる。ウィンドラッシュ世代の上陸記録を内務省の役人が破棄したのも、ほぼまちがいなく油断が原因であり、彼らは情報がどこか別の場所に保管されていると思い込んでいた。私たちがいまデジタル情報を適切に保存していないのは油断しているからで、政府もまた油断して、保存のための資金を削減している。

アーキビストやライブラリアンは、自分たちが管理している知識を守るための技術を磨き、戦略を練ってきた。一九四〇年代のヴィルナで活躍した紙部隊のメンバーたち、一九九二年にサラエボで殺害されたアイダ・ブトゥロヴィッチ、あるいは二〇〇〇年代のバグダッドにおけるイラク・メモリー財団のカナン・マキヤと仲間たちのように、彼らは個人として、破壊から知識を守るために驚異的な責任感と勇気をたびたび発揮してきた。

「アーカイブを支配せずして政治権力は握れない」フランスの偉大な批評家ジャック・デリダは、名著『アーカイヴの病』でそう書いている。[6] このメッセージから教訓を得たのは独裁主義政権と大手テクノロジー企業、すなわちデジタル領域に移行した（移行していない場合も多い）アーカイブを掌握する「私的超大国」だ。前章で述べたように、社会の油断は、デジタル時代のソーシャルメディアプラットフォームやアドテク・データセットという史上最強の知識体系を取り巻く法制度、支配力、プライバシーの不在をもたらした。オーウェルが『一九八四年』で警告したように、「過去が消され、その消去自体が忘れられ、嘘が真実となる」（『一九八四年』［新訳版］、ジョージ・オーウェル著、高橋和久訳、早川書房）状況が現実となったのである。[7]

ここ数十年間、図書館の仕事にたずさわる人々はいわゆる「サービスの転換」に取り組んできた。[8] 私がライブラリアンになったばかりのころは、スタッフ側の重要事項よりも利用者のニーズを優先するという変化が起きていた。これは必要な戦略であり、おかげで仕事は大きく改善された。ところがその結果、資料の保存が手薄になってしまったのだ。ライブラリアンやアーキビストが新しい技術を使いこなすようになっても、デジタル保存に十分な資金を充てることは困難だった。

社会が新たなデジタル時代に直面しつつあるいま、優先順位を考え直さなければならない。知識の保存は社会へのサービス、すなわち貢献としてとらえるべきだ。結局のところ、変容するデジタルデータ時代の知識に対応した「サービスとしての保存」を行なうためには、政府や資金提供団体から「記憶機関」に供給される財源が最も重要な要素となる。アメリカの政治指導者たちは、オンライン情報があれば図書館はいらなくなると考え、図書館のための予算を削減した。しかし現実は真逆だった。アメリカの図書館利用率は非常に高く、業務は逼迫《ひっぱく》しているのだ。[9] 二〇一六年、オハイオ州コロンバスで、公共図書館システムを維持するための増税に有権者が賛成票を投じた。このように、地域社会は選出された公職者に対し、図書館や公文書館をもっと重視するよう求めていかなくてはならない。

我々図書館側もより大きな声を上げる必要があり、一方で地域社会にもまた、一緒に声を上げてもらわなければならない。知識の保存は、絶対的に人に依存している。図書館等の機関が基本的な任務を果たすためには、どれだけ人材が得られるかが極めて重要となる。一七世紀の図書館研究家ガブリエル・ノーデは、「兵士の群れが軍隊ではないのと同様に、本の山は図書館ではない」と主張した。[10] 本の山を「組織化された知識体系」に変えるのが図書館スタッフの仕事である。彼らは真実の守護者として、アナログとデジタル両方の知識を収集している。多彩な能力があり、献身的で、知識の保存への情熱をもつ彼らがいなければ、私たちは知識を失いつづけることになるだろう。

二〇一八年一一月、極度の貧困と人権に関する国連特別報告者のフィリップ・オールストン教授は、イギリス社会の状況について力強い声明を発表した。「デジタル情報に関する支援は公共図書館や市民社会団体に委託され、デジタル的に排除された人々やデジタルでの読み書きができない人々がユニバーサル・クレジット（イギリスの低所得者向け給付制度）を申請するさい、公共図書館が最前線でそれを支援している[11]」。

資金調達やデジタル化への移行という課題に対し、図書館は連携を強めることで対処している。知識の保存はいま、図書館どうしの協力体制に依存している。課題は途方もなく大きく、単独では対応しきれないからだ。だがそれは、これまでいくらでも行なわれてきたことだ。たとえば宗教改革以降、中世ヨーロッパの図書館から集められた本は、ボドリアン図書館（数千冊に及ぶ中世の本を所蔵）から、ほんの数冊しか所蔵していないシュルーズベリー校（名門パブリックスクールのひとつ）の図書館まで、何百もの図書館で保存されてきた。この分散収集という考え方がはっきり確立していたわけではないが、早くも一六〇〇年に、ボドリアンの初代館長トマス・ジェームズはオックスフォードとケンブリッジの図書館にあるすべての手稿本を集めた蔵書目録を作成している。さらに一六九六年には、オックスフォード大学の学者エドワード・バーナードが、イギリスの機関図書館および私設図書館にある手稿本をすべて掲載した、より壮大な蔵書目録を発行している。[12] このように、学者たちは知識の保存を分担する必要性を早くから認識していたのである。非公式なネットワークは時とともに拡大し、より公式なものへと変わっていった。その良い例がイギリスとアイルランドの法定納本図書館であり、多層的な協力関係を通じて納本制度の責任とコストを分担している。

図書館はまた、知識の保管場所の共有も進めている。アメリカのニュージャージー州には、プリンストン大学、コロンビア大学、ニューヨーク公共図書館が共同で出資し管理する、ＲＥＣＡＰと呼ばれる出版物やアーカイブの大型保管施設がある。このような大規模な施設の運営には多額の費用がかかるが、共有することでみながその恩恵を受けられるようになる。デジタルの世界においても、保存の負担を分散するために協調行動がとられている。スタンフォード大学図書館のスタッフによる「ＣＬＯＣＫＳＳプロジェクト」では、印刷業界で古くから用いられてきた伝統的な手法をデジタル保存に応用している。その中心となるコンセプトは「Lots of Copies Keeps Stuff Safe（ＬＯＣＫＳＳ）」、すなわち多くの複製を作成することで安全性を担保するというシンプルで魅力的なものだが、運営は各図書館が提供する余剰計算リソースに依存している。ＣＬＯＣＫＳＳは、ＬＯＣＫＳＳのコンセプトを学術雑誌の保存に応用したものだ。現在、三三〇〇万以上の記事が保存されており、このプロジェクトの成功の鍵は協力と信頼にある。[13]

知識の保存は、けっして安価に実現するものではない。図書館が持続可能なものとしてうまく機能するには資金調達が不可欠だ。トマス・ボドリー卿は一六世紀にそれを認識し、自身の新しい図書館に必要な「本の購入……職員の給与、その他の必要経費」のための資金として、いまならば基金と呼ばれるような「継続的な年間賃料」の提供を申し出た。それは、中世の図書館が消滅したのは資金不足と人員不足が原因だと考えたからだ。[14]

デジタルの世界では、知識は本質的に不安定なものとなり、その永続性は知識を保管する機関にかかっている。イギリスの図書館や公文書館にとって、二〇〇七年から二〇〇八年の世界的金融危機のもと政府が公共部門に課した「緊縮財政」に対応するのは困難だった。地元の公共図書館や記録保管所を管轄する地方自治体では、これらのサービスへの予算の振り分けが、学校や病院、家庭ごみの収集などと競合していた。

南アフリカでは、真実和解委員会の記録のアーカイブ化が国立公文書館に託されたが、資金不足により作業の効率性が大きく妨げられた。問題は単純で、作業を行なう人員が十分に確保できなかったのである。そのせいで政府省庁からアーキビストに記録を渡すプロセスに影響が出て、記録が未処理のまま蓄積した。その結果、人々は「共有の記憶」にアクセスできず、国民を癒すプロセスが効果的に回らなくなった。これは政治決定の結果であり、政府に開放性を求め市民の権利を支援する法律を制定することと、その法律を意味のあるものにすべく財源を適切に配分することは別なのである。[15]

図書館や公文書館への支援は、世界的に非常に厳しい状況にある。ナイジェリアの歴史家たちは最近、国立公文書館が「非常に残念な状態」にあり、アフリカにおけるナイジェリアの位置付けを理解するためには公文書館の再活性化が必要であると懸念を表明した。彼らは連邦政府に対し、「ナイジェリア国立公文書館の記録とサービスにもっと活力を与える」よう求めている。[16] 二〇一九年七月、オーストラリア国立公文書館の諮問委員会は、政府に見過ごされてきたことにより、二〇一四年以降は毎年予算の一〇パーセントが削減され、公文書館は「危機的な状況にある」と警鐘を鳴らした。[17] 諮問委員会の議長いわく、「現在、オーストラリア連邦のデジタル公文書は何百もの別々のシステムや政府機関に分散しており、漏出、旧式化、消滅の危険にさらされて」いた。[18]

図書館や公文書館は、本、手稿、地図などの大量の紙資料を保管するだけでなく、急速に増加し、維持コストがかさみがちなデジタル資料にも対応しなければならない。このように「ハイブリッド」なコレクションを収蔵するには、適切な能力と経験、考え方をもつスタッフ（デジタルアーキビストや電子記録の管理者など）を追加で雇用しなければならない。また、業界標準に準拠した技術システムやワークフロープロセスへの投資も必要となる。だがいまのところ、未来を守る前衛は、過去の管理人であるライブラリアンやアーキビストだ。彼らは長年にわたり、ソフトウェア開発やデータ処理、学術的コミュニケーションなどにも柔軟に取り組んできた。

資金問題に対し政府が取りうる方法のひとつとして、大手テクノロジー企業への課税が考えられる。

国境を越えてビジネスを行なっている「私的超大国」は、租税回避に長けている。前章で私は、「記憶税」が資金問題に対処するひとつの方法ではないかと述べた。[19] 私たちから多くの利益を得ながら、通常の事業税をほとんど支払っていないテクノロジー企業に対して、彼らの事業により蝕まれている分野、つまり社会的記憶に資金を提供するよう求めてもいいのはないだろうか。彼らの利益のわずか〇・五パーセント程度を徴収できれば、公的な記憶機関の活動を支援するのに十分な資金になるだろう。

他の国々においても同様の課税が法制化されれば、ネットワークを構築し、ソーシャルメディア企業が保有する膨大な情報のアーカイブ化という難しい課題にともに取り組むことができるだろう。図書館と公文書館が非常に効果的に連携していることはすでに述べた。資金がさらに投入されれば、より多くのことが可能になるはずだ。これまで見てきたように、ツイッターのアーカイブ化はアメリカ議会図書館にとってすら困難な大事業だ。フェイスブック、ウィーチャット、微博《ウェイボー》、テンセントなど、その他の巨大なソーシャルメディアプラットフォームのアーカイブ化はさらに難しい課題かもしれない。しかし、巨大なソーシャルメディアプラットフォームをアーカイブ化する持続的な取り組みを行なわずにいる期間が長びくほど、社会は弱体化していくだろう。そして私たちは、人と人との交流の大切さがわからなくなり、社会がいかにソーシャルメディアに影響され毒されてきたかを理解できなくなってしまうだろう。

現代社会では、短い時間で結果を出すことへのこだわりが強まっている。投資家はすぐに利益を回収しようとし、取引は自動化されて、株式市場では一時間に何十億もの売買が行なわれている。こうした短期化への執着は、世の中のさまざまな場面で見られる。長期的な思考はもう流行《はや》らないのである。しかし人類の記憶、楔形文字が書かれた粘土板からデジタル情報まで、ありとあらゆる形態の知識は、単なる短期的な使用のために生み出されたのではない。知識を評価し、分類し、保存して利用可能にするよりも、それを破壊するほうが安上りで、便利で、簡単で、時間もかからないかもしれない。けれども目先の都合で知識を放棄してしまえば、それは必ずや、社会がしっかりと真実を握りしめる力の弱体化へとつながるだろう。

依然として知識や真実が攻撃対象となるなか、私たちは公文書館や図書館を信頼しつづけなければならない。知識の保存は社会への貢献と見なされるべきだ。なぜならそれが社会の健全性や地域性を支え、多様な発想や意見、記憶を安全に守るからだ。図書館や公文書館は人々から高い信頼を得ているが、予算は年々削減されていく。開かれた民主的な社会のためにデジタル形式による知識の保存が大いに求められるなか、それが起きているのだ。呑気に構えている時間はない。知識への次なる攻撃は、いまにも起きようとしている。それでも、図書館や公文書館、そしてそこで働く人々に十分な支援を与えることができれば、彼らは引き続き知識を守り、誰もが自由に利用できるようにしてくれるだろう。

結び
図書館や公文書館はなぜ必要なのか

ベルリンのシュタージ博物館の棚に並ぶ紙のファイル（2013年８月）。

ここでは、図書館や公文書館がなくなったり破壊されたりすると失われる五つの機能について述べてみたい。ライブラリアンやアーキビストは職務を遂行し、財政的援助を呼びかけるが、実権は多くの場合ほかの誰かが握っている。五つの機能はその権力者の手に委ねられており、図書館や公文書館が破壊されたり資金不足におちいったりすると、私たちは次の機能を失ってしまう。

（一）社会全体およびそのなかの特定のコミュニティの教育を支える機能。
（二）多様な知識や思想を提供する機能。
（三）重要な権利の保護と健全な意思決定の奨励を通じ、市民の幸福と開かれた社会の理念を支える機能。
（四）真偽の判断が透明性、検証、引証、再現性によってなされるよう、確かな判断基準を提供する機能。
（五）社会や文化に帰属する記録文書の保存を通じて、社会が独自の文化的・歴史的アイデンティティを確立するのを助ける機能。

まず、第一の機能である教育だが、図書館や公文書館がもつ教育的役割はじつに大きい。図書館は批判的思考の機会を提供し、新たな発想の探求を環境面で支える。ほとんどの図書館は無料もしくは低料金で利用でき、経歴や研究目的にかかわらず利用者は平等に扱われる。一九九〇年代、サラエボにあるボスニア・ヘルツェゴビナ国立・大学図書館は、地域を代表する同大学の学生や研究者だけではなく、国全体の教育を支えていた。そのため、この図書館が攻撃されたことで、世代全体の教育に被害が及んだ。こんにち、世界各地の大学図書館は膨大な数の学生や研究者にサービスを提供しつづけている。たとえばボドリアン図書館のコレクションには二〇一七／一八年度だけで四〇〇〇万件を超えるアクセスがあり、雑誌記事のダウンロードから書庫にある中世の写本の閲覧まで、利用の形態は多岐にわたった。オックスフォード大学内の学術コミュニティでそれらの資料を閲覧している（もしくはプログラムを実行してその情報を検索している）人は三万人にも満たないが、その数にイギリス国内にある一三〇あまりの大学や、アメリカの数千の大学、さらに全世界の大学の数を掛け合わせれば、図書館がいかに重要なもので、社会の進歩の原動力となっているかに気づくだろう。

公共図書館システムや地域の公文書館も同様に、そのサービスを受けるコミュニティにとって非常に重要なものであり、コミュニティのニーズの変化や進化にともなって、それらが担う仕事はつねに拡大しつづけている。イギリスだけでも、毎年何百万冊という本が貸し出されている。こうした機関の資金調達は極めて厳しい状況にあり、イギリスでは公共図書館への二〇一七／一八年度の予算は三〇〇〇万ポンド減額され、一三〇館以上が閉館し、さらに五〇〇館以上が専門のライブラリアンではなくボランティアによって運営されている。[1] 教育における公共図書館の重要性を考えれば、まちがいなく社会の不平等性は助長され、流動性は低下するだろう。スリランカのジャフナの人々から教育の機会を奪う目的で公共図書館が攻撃された話を私たちはぞっとしながら読んだが、その私たちの身近なところで公共図書館が閉鎖され、予算が削減されていく。

この「緊縮財政の時代」、多くの国の公共図書館は自分たちが地域社会を支える最前線にいることに気づき、革新的な方法でそれに対応している。ニューヨーク公共図書館は、就職面接に行くのにおきまりの「きちんとした」服装を整える余裕のない人たちを支援するために、ネクタイやブリーフケースなど身の回り品の「貸し出し」を始めた。イギリスでは、政府があまりにも多くのサービスをデジタルプラットフォームに移行させたため、情報格差《デジタル・ディバイド》によって排除された人々を対象とするサービスを公共図書館が提供している。

知識の保存は教育面でも大きな役割を果たしうる。気候変動の問題は、世界が直面する諸問題のなかでおそらく最も緊急性が高く、最近のある重要な研究では、あるめずらしい記録資料に含まれる気候データの分析が行なわれた。その資料とは、ブルゴーニュ地方を代表するワインの産地ボーヌのブドウの収穫に関する、一三五四年から二〇一八年までの詳細な記録だった。そこには驚くほど充実した気候データがあり、それは過去から途切れることなく連綿と続く、おそらくヨーロッパ最長の気候データだった。このデータを使えば、最初の何世紀かのあいだは、異常気象の頻度が高ければ異常値であったが、一九八八年に注目すべき気候変動があり、それ以降はその極端な値が標準値になったことを示せると気候学者たちは気づいた。[2]その記録は世界有数のブドウ園によって作成されたものだが、当初の目的以外にも利用できる可能性を秘めていた。知識が破壊され、あるいは放置され消滅していくとき、どれほど価値のあるものを失うのかを、私たちは気づかずにいることもあるのだ。

第二の機能として、図書館や公文書館は多様な知識や思想を提供し、私たちが過去への理解を深め、現在と未来に向き合うことを可能にする。出会う思想や理解する歴史、かかわりをもつ文化が、いまの私たちをつくりあげているのだ。しかし、私たちがクリエイティブで革新的であるためには、思想や情報のため池にはつねに新鮮な水が補給されなければならない。これは、たとえば美術や音楽、文学といったクリエイティブな分野に限らず、より広い意味で言えることだ。イギリスの民主主義は、思想の自由な伝達に依存している。民主的なプロセスに疑念を抱く心に新風を吹き込むためだ。それはすなわち報道の自由という意味でもあるが、それ以外にも、市民は多様な意見にアクセスできなければならない。図書館はあらゆる種類のコンテンツを入手し、その豊富な資料によって、私たちのものの見方は刺激を受け、市民は知識を身につけることができる。ジョン・スチュアート・ミルが『自由論』のなかで主張しているように、「現状の人知においては、多様な意見を通じてのみ、真実のあらゆる側面を公正に扱える可能性がある」[3]のである。

一七〇三年、オックスフォード大学クライスト・チャーチ・カレッジの学監ヘンリー・オールドリッチは、サヴィル幾何学教授職に指名された偉大な天文学者エドモンド・ハレーに、古代ギリシャの科学について研究するよう勧めた。そしてハレーが始めたプロジェクトのひとつが、ボドリアン図書館で古代ギリシャの科学者ペルガのアポロニウスの重要な幾何学研究書『比例切断』のアラビア語写本を調べていた優秀な言語学者エドワード・バーナード（一六三八〜九七年）の研究を引き継ぐことだった。ハレーはこの研究を完成させ、ラテン語に翻訳して一七〇六年に出版した。[4]「私がより遠くまで見通せたとしたら、それは巨人の肩の上に立っていたからです」――ハレーの友人で共同研究者であったアイザック・ニュートンの有名なこの言葉が示すように、古代から受け継がれた多種多様な知識が新たな発見を生むきっかけとなるよう、ライブラリアンや収集家たちは何世代にもわたり、古代の文書を破壊から守り保存してきたのである。

このような多様性はときに圧制的な政治体制によって拒絶され、学びの機会や、新たなアイデアや自説を試す機会が失われることがある。トルコでは二〇一九年八月、レジェップ・タイイップ・エルドアン政権が政敵フェトフッラー・ギュレンに関連する本の破壊を開始し、これまでに三〇万部の書籍が学校や図書館から撤去された。出版社も攻撃を受け、国際ペンクラブなどの団体から非難の声が上がっている。図書館の本を破壊すれば、人はその文書をますます読みたくなるものだ。それ以外のどのような効果が得られるというのだろうか。

政府の干渉を受けずに運営できなければ、（権力や通説と相反するものであっても）あらゆる知識へのアクセスを提供するという図書館や公文書館の役割は損なわれるだろう。長きにわたるグアテマラの内戦で、国民に対する国の圧制や人権侵害に果たした警察の役割が大きな論議を呼んだ。人権団体は国家警察に関する歴史的資料を破壊から守り、それらの記録はグアテマラの人々が近年の歴史と折り合いをつけるのに役立っていたが、二〇一九年三月、スタッフが解雇され、資料へのアクセスが停止された。以来、こうしたアーカイブを破壊と政府の干渉から守り、資料を複製してスイスとテキサス大学オースティン校の図書館に保管するよう呼びかけがなされている。[5] イエメンのザイド派の図書館と同様、多様な意見や発想を根絶する目的で知識への攻撃が行なわれているが、国際的な学術コミュニティはデジタル技術を使って資料を保存することができる。

第三の機能として、図書館や公文書館は重要な権利の保護と健全な意思決定の奨励を通じ、市民の幸福と開かれた社会の理念を支えている。歴史家トレヴァー・アストンの言葉を借りるなら、アーカイブは「人間の権利を守る砦[6]」となりうるもので、保存された資料が失われたとき、人の権利が踏みにじられる可能性がある。それはちょうど、かつてのユーゴスラビアにおいてセルビア人武装勢力が記録を破壊し、イスラム教徒の権利を剝奪して、ボスニア・ヘルツェゴビナからイスラム教徒が存在した記憶を消し去ろうとしたのに似ている。

過去三〇年間、東ドイツや南アフリカのような国では、そこで何が起きたのかを国民が知る権利をアーカイブが支え、民主主義の再建に非常に大きな役割を果たしてきた。ベルリンのリヒテンベルク区にあるシュタージ本部では、シュレッダーにかけられた文書が何千袋分も発見されたが、それは「タイプライターで打たれた、自分たちの行状を示す証拠書類を彼らがいかに恐れたかの証左である」と、旧ドイツ民主共和国国家保安省文書（シュタージ文書）に関する連邦受託機関（通称「ガウク機関」）の初代受託官ヨアヒム・ガウクは語っている。[7] シュタージファイルの公開プロセスは、中欧・東欧の旧共産主義国にとって非常に重要だった。それにより国家の支配体制が透明化され、やがて国民が自国のファイルにアクセスできるようになったのである。[8] ベルリンの壁が崩壊してちょうど五年後の一九九四年六月末の時点で、ガウク機関にあるファイルの閲覧申請は一八五万件を超えた。[9]

日常生活やビジネス、政府関係文書のデジタル化は複雑な問題をもたらし、デジタル資料の保存は、私たちが直面する最も大きな問題のひとつになりつつある。早急に行動を起こさなければ、続く未来の世代は私たちが何も手を打たなかったことを残念に思うだろう。ウェブやソーシャルメディアのアーカイブ化は特に急を要する。二〇一二年、コンピュータ科学者のハニ・サラエルディーンとマイケル・ネルソンは、バラク・オバマのノーベル平和賞受賞、マイケル・ジャクソンの死、エジプト革命、シリア内戦など大きな出来事に関するソーシャルメディアへの投稿について大規模なサンプル調査を行なった。

すると衝撃的な消失率が明らかになった。一年以内に投稿の一一パーセントがサイトから消え、その後も消滅しつづけたのだ。ＥＵ離脱をめぐるイギリスの国民投票に関するウェブサイトや、そのほか近年の重要な出来事のウェブ情報からもわかるように、開かれた政治および社会生活のためには、それらのウェブサイトを保存することが今後ますます重要になってくるだろう。

　各地の図書館や公文書館では、保存活動の一環としてウェブアーカイビングを進めている。イギリスなど一部の国では法定納本制度がそれを支えているが、法的な裏付けと適正な資金に支えられたナショナルドメインごとのウェブアーカイビングを行なうためには、より大胆な後押しが必要だ。〈インターネット・アーカイブ〉は、引き続きリーダーシップを発揮しつづけている。このような記憶機関こそが、社会的記憶の重要な部分をなすウェブ情報のアーカイブ化を主導していくべきなのだ。

　第四の機能として、検証、引証、再現性によって真偽の責任を問うことができるよう、図書館や公文書館は確たる判断基準を提供する。情報を記録にとどめるという発想はおそらく古代の租税管理とともに始まったものだが、現代においては、アカウンタビリティという概念とともに位置付けなければならない。ジョージ・オーウェルは『一九八四年』でこう書いている。「記録は一つ残らず廃棄されたか捏造され……日付まですっかり変えられてしまった。しかもその作業は毎日、分刻みで進行している。……果てしなく続く現在の他には何も存在しない。そしてその現在のなかでは党が常に正しいんだ」（『一九八四年』［新訳版］早川書房）[10]このような状況を回避するために、私たちは記録を保存し、それにアクセスできるようにしておかなければならない。

二〇一九年の夏、香港政府に対する大規模な抗議デモが起きた。現代史上最大規模の非暴力的抗議活動であり、それを台無しにするような暴力的行為も散見されたが、全体的に見れば、中華人民共和国によって香港社会の独立性が脅かされていることに対する、市民のあいだに広がる不安の発露だった。香港の公記録には、保存する対象や、自分たちの歴史にアクセスする市民の権利や香港政府の権利を規定する法が何もない。二〇一八年の公式報告によると、四四〇〇メートル（エベレスト山の高さの約半分）に相当する記録が政府档案処（政府記録サービス）によって破棄された。たとえば二〇一四年の民主化デモ（雨傘運動）や、より広く支持を集めた二〇一九年の抗議デモに対する扱いなど機密性のある記録が破棄されたことへの懸念から、運動家たちは、より透明性の高い記録保存を政府当局者に義務づけ、その責任を政府に負わせる法の制定を求めている。二〇一九年四月（抗議の波が起き始める以前）、香港の英字新聞サウス・チャイナ・モーニング・ポストの社説は、「正確な記録と自由なアクセスは、正しい統治を証明する印《ホールマーク》である」[11]と雄弁に述べた。公文書に関する法が制定されたとしても、香港が直面する問題は解決されないだろうが、それでも開かれた誠実な政府に向けた大きな一歩にはなるだろう。

　公文書館や図書館は、アカウンタビリティを支えるインフラを提供することで地域に貢献している。現代の科学にとって、アカウンタビリティは重要なものとなった。「科学の再現性」や「研究倫理」は科学界で使われる専門用語だが、それらが意味するところは、つきつめれば同じだ。つまり実験の基礎となるデータに一般の人々がアクセスし、科学者の主張を検証できるか（もしくは実験結果を再現できるか）ということだ。そうするには、自由にアクセスできるようデータが独立して保存されている必要があり、イギリスの研究助成機関の一部（たとえば環境科学・物理科学研究会議など）はいま、資金提供をした研究に関連するデータを公認のデータリポジトリに預けるよう研究者に求めている。
科学論文の量はここ数十年で大幅に増加した。研究成果を迅速に発表するよう研究者に圧力がかかったのがその一因であり、その理由は多くの場合、競合する研究グループよりも優位に立つためだ。また科学雑誌も同様に、重要な科学的成果を告げる注目度の高い論文を発表するよう研究者たちに拍車をかけた。このように発表を急いだことと、論文発表が本来もつ競争的な性質とがあいまって、「フェイク・サイエンス」の顕著な事例がいくつも発生した。発表された科学的発見が本質的にでっちあげであるため、他の研究者が結果を再現しようとしてもできないのだ。ロンドンのイギリス学士院（世界最古の最も権威ある学術団体のひとつ）は最近「フェイク・サイエンス」に関する論文を発表し、「科学界全体が最高基準の倫理的行動、誠実さ、透明性を守り、研究の完全性と実証された情報という価値基準を維持していくことが何よりも重要である」と主張したが、一方でこの論文の著者たちは、「残念ながら、こうした強い願いとは逆行するさまざまな力が働いている。科学の世界に身を置く人々も、行動を促す個人的野心や強い圧力と無縁ではない」と認めている。[12]
このような流れに対抗すべく、学術界ではそれまで以上に研究倫理を重視し、「研究の再現性」という概念を提唱している。研究の再現性とは、入力データや手順、コード、解析条件が同じであれば同一の科学的結果が得られるというものだ。また、研究データをオープンアクセス形式で公開することで信頼と透明性の再構築が可能となる。そして、このプロセスの鍵となるのが図書館だ。一般的に、科学界に代わってオープンアクセス論文や研究データの機関リポジトリを運営しているのは図書館だからだ。図書館スタッフはこのプロセスをたどる研究者を導き、研究費を申請するのに必要なデータ管理計画の作成をサポートし、メタデータなど技術的な面でのアドバイスも行なっている。

最後に、図書館や公文書館は社会に帰属する記録文書の保存を通じて、社会が独自の文化的・歴史的アイデンティティを確立するのを助ける機能を果たす。地域社会が「その土地の風土」や「共通の記憶」を認識するのに図書館や公文書館が重要な役割を果たすという考えは何ら新しいものではなく、私が最初にそれに気づいたのは一〇代のころ、故郷ディールの公共図書館に郷土史のコーナーがあると知ったときだった。そのコーナーは、雑多な本や小冊子、新聞（そのほか特別な索引や目録など）であふれていた。長年のあいだに何千人というディールの住民が、自宅の歴史や町で起きた昔の出来事、なかでも特に家族の歴史を調べるためにその資料を利用してきた。地域の図書館や記録保管所、郷土史センターには驚くほど充実したコレクションがあり、（多くは寄贈により）非常に希少な資料や判別の難しい資料が手に入ると、その地域の「記憶機関」に提供される。この作業は見過ごされがちで、資金も非常に限られていることが多い。地方の歴史の重要性にいまいちど目を向けることは、地域社会がその土地への愛着を深める一助となり、社会の結束力を強め、人々が自分自身と故郷をより深く理解するのにつながるだろう。

民族の文化やアイデンティティはたびたび攻撃の的となった。ナチスがユダヤ人や「非ドイツ人」の文学を攻撃したのは、「書物の民」に対する大虐殺政策の前兆だった。ボスニアで起きたセルビア人によるアーカイブや国立・大学図書館の攻撃は、ボスニアの歴史と文化に加わったイスラムの記憶を消し去りたいという願望から生まれたものだ。私たちは本に対する攻撃を、遠からず人間への攻撃が起きることを示す「早期警戒警報」ととらえるべきだ。

植民地主義と帝国が日常的に行なってきた意図的な知識の破壊については、数々の事例が存在する。また、本書でも触れた「本来の場所から移されたアーカイブ」の問題はますます顕在化しつつある。それらの資料は、独立してまもない国々の歴史的ナラティブの形成に重要な役割を果たすものであり、そうした国々が独立記念日を祝う時代に突入しつつあるいま、その役割は特に重要だ。独立五〇周年、六〇周年、七五周年など年数を重ねる喜びのひとつは、独立の日から成し遂げてきた功績の歴史を祝うことにあるのかもしれない。しかし一方で、かつての植民地時代を振り返ることもあるだろう。そして「いまと当時」を比べたり、過去の不正について語ったり、ただ昔話をすることもあるだろう。植民地時代の歴史はその当時のアーカイブや刊行物に依存している。その歴史に触れることは政治的にデリケートな問題となりかねない。「燃やしてしまえば惜しまれない」これは、一九六三年の北ボルネオの独立に先立ち、イギリスの役人が部下に記録の査定を指示したさいに発した言葉だ。[13]

知識の返還は、社会が世界における自分たちの位置付けを理解し、過去と和解する助けとなる。イラクやドイツ、南アフリカのように、困難な過去であった場合はなおさらだ。二〇一八年一一月、フランスの美術史研究家ベネディクト・サヴォイとセネガルの経済学者フェルウィン・サールによる文化遺産の返還に関する報告書がフランスで公表され、物議をかもした。この報告書はアフリカの遺物を無条件ですべて返還するよう呼びかけたもので、世界中の美術館や博物館では、植民地時代に獲得したコレクションの扱いをめぐり大論争が巻き起こった。報告書には、簡潔にこう書かれている。「アフリカでは、我々が話した相手は全員、フランスの美術館や博物館が保有する文化遺産の返還のみならず、アーカイブの問題についても真剣に検討する必要があると主張した」[14]。

以上、五つの機能について述べたが、それですべてを包括するつもりはなく、単に知識の保存が社会にもたらす価値を強調する手段として挙げたにすぎない。ものごとを短期的に見る現在の世界において、図書館や公文書館は長期的視点で文明をとらえている。その重要性をないがしろにするリスクは、私たちの身に降りかかるのである。

謝辞

この本の構想は、降って湧くように生まれた。二〇一八年の春、ウィンドラッシュ事件におけるアーカイブの位置付けについて私がフィナンシャルタイムズ紙で論評を発表したあとのことだった。しばらく前から、知識の保存の重要性について問題提起する必要があるのではないかと考えていたのだが、そこで起きたウィンドラッシュ事件は、知識に対する攻撃の本質に目を向けることが、知識の保存の問題への有用なアプローチになりうることを示した。このアイデアを形にするうえで、私のエージェントであるフェリシティ・ブライアン・アソシエイツのキャサリン・クラークには多大な協力を得た。このプロジェクト全体を通して、彼女は非常によくサポートしてくれた。

そしてまずは、ボドリアン図書館の同僚たちに感謝しなければならない。本書のためのリサーチの過程で、私はソーシャル・サイエンス図書館、レオポルド・ミュラー・メモリアル図書館、ラドクリフ・カメラ、サックラー図書館、ボドリアン法律図書館、ウェストン図書館、オールド・ボドリアンのアッパー／ロウアー閲覧室のコレクションを利用し、書籍保管施設やウェストン図書館の書庫から無数の本、文書、地図を取り寄せ、画像化スタジオで文書の撮影を依頼し、デジタルリソースやサービスを頻繁に利用した。ボドリアンの勤勉で忠実でひたむきなスタッフ全員に、感謝の言葉を捧げたい。冷静沈着なローズマリー・レイを始めとする疲れを知らない有能で明るい管理職スタッフが私の仕事を調整してくれたおかげで、この本のための調査と執筆を進めることができた。私は同僚である数多くのキュレーターから専門的なアドバイスを受けたが、なかでもクリス・フレッチャー、マーティン・カウフマン、クリッシー・ウェッブ、マイク・ウェッブ、マムティミン・スヌオドラ、マイ・ムジエ、そしてセサル・マーチャン＝ハーマンに感謝したい。当時ボドリアンのレジデンスだったウィキメディアンのマーティン・ポールターは、ウィキペディアの仕組みについて非常によく解説してくれた。

オックスフォード大学のカレッジはあらゆる知的探求にとってすばらしいリソースであり、ほぼすべての問題についてじつに効率よく多様な視点にアクセスできる。ベイリオル・カレッジの同僚たちは大いに応援し励ましてくれ、私の幼稚な疑問にも根気よく耳を傾けてくれた。特にジョン＝ポール・ゴブリアル、シーマス・ペリー、ロザリンド・トマス、エンリコ・プロディ、トム・メラム、アンディ・ハレルに感謝したい。なかでもオックスフォード・インターネット・インスティテュートの所長であるフィル・ハワードには非常にお世話になった。ベイリオルの同僚たちは、二〇一九年五月に開いた私のリサーチ・コンソーシアムに出席し、貴重な意見を述べてくれた。そして二人のベイリオル卒業生、アヴナー・オフラス（現在はブレーメン大学のポスドク）とオリヴィア・トンプソンは、調査助手として本書に関わってくれた。勤勉な彼らの学識と多くの貴重な洞察なしに本書を完成させることはできなかっただろう。

そのほか、オックスフォード大学の友人および同僚たちからも惜しみないアドバイスや専門的意見をもらった。ジョナサン・ベイト、クリスチャン・サーナー、サー・ノエル・マルコム、ジェームズ・ウィロビー、メグ・ベント、サンディ・マレー、ピエ・ヴァン・ボクセル、ポール・コリンズ、アンドルー・マーティン、セシル・ファーブル、ジョージ・ガーネット、アラン・ラスブリッジャー、ポール・スラック、サー・キース・トマス、スティーヴ・スミス、アダム・スミス、サー・ナイジェル・シャドボルト、アン・トレフェゼン、ジュリア・ウォルワース、そしてヘンリー・ワドハウゼン。私は二〇一九年五月にオックスフォード大学で開かれたリチャード・シャープのすばらしいライエルレクチャーから非常に多くの恩恵を得た。それは中世期イギリスの図書館という非常に関係の深い内容だった。本書の原稿整理中に舞い込んだ彼の突然の訃報は、私にとっても中世の研究者にとっても大きな打撃となった。ステファニー・ダリーのおかげで、私は数多くのミスを犯さずにすんだ。

ボスニア・ヘルツェゴビナ国立博物館のアンドレア・ダウトヴィッチ、ハル・ヒストリー・センターのクレア・ウェザオール、アシュリー・ギルバートソンから多大な協力を得た。また、サラ・バクスター、ハッティー・クック、エマ・チェシャーは、フィリップ・ラーキンの引用文使用に関し、作家協会とフェイバー社から権利を取得してくれた。

格別に寛大な友人や同僚たちがいなかったら、この本を書き上げることなどとうていできなかっただろう。その筆頭がジョゼフ・サスーンで、彼はイラクの近代史に関する深遠な知識を共有し、さらにカナン・マキヤに紹介してくれた。マキヤ氏は非常に協力的で、私のインタビューに答えてくれたほか、ハッサン・ムネイムニ、フーヴァー研究所のハイダー・ハディとエリク・ワキンに紹介してくれた。私はまた、本書を執筆するにあたってジョゼフがくれた広範なアドバイスとサポート、そして彼とヘレン・ジャクソンによるワシントンでのすばらしいもてなしにも感謝している。ティモシー・ガートン・アッシュは、国家の記憶（そして忘却）におけるアーカイブの位置付け、そしてデジタル分野における「私的超大国」の危険性について大いに語ってくれ、彼の著書はつねにインスピレーションの源となった。

アメリカのアーキビストであるデイヴィッド・フェリエロとイギリス国立公文書館のＣＥＯであるジェフ・ジェームズは、大西洋の両岸において公文書館がいま直面している問題に関する情報源となってくれた。また、ウィリアム・ワングは香港の状況について教えてくれた。ボスニアの図書館や公文書館の運命に関するアンドラス・リードマイヤーの知識は群を抜いていたが、その知識を惜しみなく共有してくれた彼の気前の良さは最高のライブラリアンならではのものだった。戦犯法廷で彼が果たした役割は、私たち同業者に広く認知され評価されるべきである。

ほかにも、世界中の同業者たちから計り知れない協力を得た。現代のアレクサンドリア図書館について語ってくれたイスマイル・セラゲルディン、ザイド派との共同作業について詳細に教えてくれたサビーネ・シュミットケ。ジョン・テイラーは大英博物館の楔形文字コレクションについて、大英図書館のヘレン・ホックス＝ユー、ブリュースター・カーレ、アンディ・ジャクソンはウェブアーカイビングに関する広範な知識を与えてくれた。ジョン・Ｙ・コールとジェーン・エーキンはアメリカ議会図書館の逸材で、とりわけジェーンは、議会図書館の歴史に関するまだドラフト段階の重要な研究内容を見せてくれた。デイヴィッド・ランドルは、ハンフリー公図書館に関する調査の成果を共有してくれた。ブライアン・スキブはミシガン大学に関する情報源として協力してくれ、ヴィント・サーフは多くのデジタル問題において中心的存在だった。また、ジョン・シンプソンはボスニアの思い出を語ってくれた。レッド・バイ・ドンキーズ・チーム、なかでもジェームズ・サドリは、自分たちのキャンペーンを中断して話を聞かせてくれた。私にとって驚くべき「発見」のひとつが、ニューヨークのＹＩＶＯというすばらしい機関に関するものだった。ＹＩＶＯという唯一無二の組織ができた背景から現在の運営状況に至るまで惜しみなく説明してくれたジョナサン・ブレント、ステファニー・ハルパーン、シェリー・フリーマンに特別な賞賛を送りたい。また、彼らが紹介してくれたニューヨークのユダヤ神学校のデイヴィッド・フィッシュマンは、紙部隊について何時間も話してくれた。ヴィルナですばらしい活躍をした紙部隊の面々については、デイヴィッド自身の研究によるところが大きい。ロバート・ソーンダーズは、公共の知識と民主主義の関係について考えを聞かせてくれた。ピエール・デルサートとジェームズ・キーティングは最終段階でリファレンスチェックをしてくれた。私の三人の旧友、デイヴィッド・ピアソン、ビル・ザックス、イエズス会のマイケル・スアレス師は、良きアドバイスと賢いアイデア、ゆるぎない支援の源泉だった。

本書の一部を成すごく初期の原稿を掲載し、大幅に改善してくれた編集者たちにもお礼を述べたい。フィナンシャルタイムズ紙のライオネル・バーバーとジョナサン・ダービーシャー、フィナンシャルタイムズ・ウィークエンド紙のロリエン・カイト、エコノミスト誌のケン・キュキエ、そしてカーネギー・レポーター誌のケネス・ベンソン。

ジョン・マレー社の担当編集者ジョージーナ・レイコックには大変お世話になった。彼女は編集助手のアビゲイル・スクラビーとともに本書をまとめあげ、慎重かつ詳細な編集上のアドバイスによって、彼女たちは私の単調な文章を一変させてくれた。マーティン・ブライアントの識見に富む校閲で本書は大きく改善され、ハワード・デイヴィスは綿密な校正で重要な改良を加えてくれた。また、キャロライン・ウェストモアはじつに手際よく本書の製作を進めてくれた。ルーシー・モートンは見事にインデックスを作成してくれた。また、このプロジェクトを終始支えてくれたハーバード大学出版局のシャルミラ・センにも感謝の意を伝えたい。

そして私がいちばん感謝しなければならないのは、我が家族だ。娘のケイトリンとアンナ。そして誰よりも、長年苦労をかけてきた妻のリン。彼女がいなければ、この本を完成させるどころか構想すらなかっただろう。何もかも妻のおかげだ。

二〇二〇年六月、オックスフォードにて

リチャード・オヴェンデン

訳者あとがき

人類史上、知識というものがこれほど攻撃され、破壊されてきたことを、みなさんはご存じだっただろうか。

本書は、二〇二〇年にイギリスの老舗出版社ジョン・マレーから刊行された『Burning the Books: A History of Knowledge Under Attack』の全訳である。知識の破壊という切り口で、紀元前から現在までの歴史をたどった壮大なノンフィクションだ。

著者のリチャード・オヴェンデンは、イギリス各地の図書館を経て、二〇一四年からオックスフォード大学ボドリアン図書館の館長をつとめる、その道四〇年近いライブラリアンだ。本文中でも語られているが、ボドリアン図書館の館長は特に「Bodley's Librarian（ボドリーのライブラリアン）」と呼ばれており、「ライブラリアン」という語には「司書」と「館長」の両方の意味がある。ボドリーとはもちろん創設者トマス・ボドリー卿のことで、ボドリアン図書館は「ボドリーの図書館」を意味する。オックスフォード大学ボドリアン図書館は、大学が多数のカレッジから構成されるように、ひとつの図書館ではなく、中世末期以降さまざまな時期に建てられた二八もの図書館から構成されている。ボドリアンと聞いてぴんときたかたもいるだろう。そう、映画『ハリー・ポッター』の「ホグワーツの図書館」のロケ地となった図書館だ。大型の古書がずらりと並ぶ書架が、重厚な雰囲気をかもしだしていた。

そんな歴史と伝統、名声に彩られた世界屈指の図書館の現館長である著者の「社会は知識の保存を図書館や公文書館に頼れなくなってきている。私はその状況に怒りを覚え、この本を書いた」(一一ページ)という言葉は重い。怒りを覚える状況については本書の一三章以降で詳しく述べられているが、ようするに、デジタル情報時代のいま、日々大量のデータが生み出され、それが「私的超大国」と称される少数の大手テクノロジー企業に握られていること。その一方で、図書館など公的機関の予算が減らされ、知識の保存が危機的状況にあること。知識保護への意識の低さ、無策を憂えて、早急に手を打たなければ取り返しのつかないことになると著者は警鐘を鳴らしているのだ。過去ではなく、いままさに起きていることであり、身近な問題としてとらえた読者も多いのではないだろうか。私自身、この本を読んで初めて危機感を抱いた。イギリスでは統廃合によって小規模な図書館がどんどんなくなっているようだが、日本はどうだろうか。地域の図書館がなくなったら、私は困る。調べ物に必要な資料、つまり過去に出版された書籍が近くの図書館の「書庫」にあるとわかり、これまで幾度ほっとしただろうか。「無料の貸本屋」ではない、知識の保存という図書館本来の役目を、私たちはもっと認識しなければならない。

本書で取り上げられた知識の破壊は、どれも痛ましい。相手に打撃を与えるための破壊、不都合な真実を隠すための破壊、人や文化の存在を消し去るための破壊、みずから望んでの破壊と理由はさまざまだが、破壊はネガティブな感情しか引き出さない。一方、知識が破壊されないよう必死に守ろうとする人々の行動は英雄的であり、希望を与えてくれる。

この「あとがき」を書いているいま、ロシアがウクライナに侵攻して約一カ月が経過した。翻訳作業を進めていたときには、まさか戦争が起ころうなどとは思いもせず、爆撃や砲撃で知識が破壊されるシーンは、過去の痛ましい出来事だった。ところが、訳文の手直しをする段階になると、最近訳したばかりのシーンに重なる映像を連日テレビで目にするようになった。図書館などが破壊されたというニュースは聞こえてこないが、きっと現地のライブラリアンやアーキビストたちは大切な本や資料をどこかに避難させようとしているのではないか。そんなことを考えていたとき、CNNが発信する「ウクライナの文化遺産を守れ、一刻を争う博物館の取り組み」と題するオンラインニュースが目に留まった。ウクライナ西部の街リビウにある国立博物館で、ロシア軍の襲撃に備え、貴重な収蔵品を地下に隠す作業が進められていた。そのようすを伝える映像では、それまで壁を飾っていた貴重な美術品は撤去され、書架にあった大量の本をボランティアたちがバナナの箱に詰め込む作業をしていた。記事によると、別の場所ではすでに貴重な文化遺産が失われていた。またしてもくり返されている破壊を、著者はどんな思いで見ているのだろうか。

ここで動画をひとつ紹介したい。ユーチューブにアップされた、著者自身が本書について語るオンライン講座だ。一時間ほどの動画で、音声も字幕も英語だが、たとえば発掘された粘土板やユダヤ人の記録文書を隠した地下の穴倉など、本書には収録されていない画像がいくつも出てくる。本書を読んだあとに振り返るのにうってつけの内容である。「Richard Ovenden OBE: Burning the Books」で検索するとすぐに見つかるはずだ。ただし、著者が指摘しているように、急に削除されることもありうるので注意が必要だ。

本書と似たテーマの本をもっと読んでみたいかたにお勧めの本をいくつか挙げておきたい。まず、図書館と本の破壊（アーカイブは含まない）に関する大著『書物の破壊の世界史――シュメールの粘土板からデジタル時代まで』（フェルナンド・バエス著、八重樫克彦・八重樫由貴子訳、紀伊國屋書店）。もうひとつは、第八章に登場した「紙部隊」の活動を詳しく描いた『ナチスから図書館を守った人たち：囚われの司書、詩人、学者の闘い』（デイヴィッド・フィッシュマン著、羽田詩津子訳、原書房）。第八章の訳出にあたっては、人物名などを参考にさせていただいた。そして最後に、書籍や資料の収集家に興味のあるかたには、拙訳『コロンブスの図書館』（エドワード・ウィルソン＝リー著、五十嵐加奈子訳、柏書房）。「西洋文明が長年描きつづける夢、それは、すべての知識をひとつの図書館に集約させるというものだ」（本書九七ページ）という一文を見た瞬間頭によみがえったのが、壮大な世界図書館をつくりあげようとしたスペインのエルナンド・コロン（コロンブスの息子）のことだった。挙げた三冊は、いずれも読み応えたっぷりの本である。

最後に、翻訳作業をお手伝いくださった吉嶺英美さんと長野達朗さんに感謝するとともに、本書を訳す機会をくださった柏書房の二宮恵一さんに心からお礼を申し上げたい。

二〇二二年三月

五十嵐加奈子

（Ashley Gilbertson/VII/Redux/ アフロ）
第 13 章：レッド・バイ・ドンキーズのバナー（2019 年 4 月）（By permission of Led by Donkeys.）
第 14 章：21 歳のころのジョン・ミルトン（ウィリアム・マーシャル画）（Frontispiece to *Poems of Mr John Milton, Both English and Latin*（London, 1645）. Bodleian Library, Arch.g.f.17. Reproduced by Permission, Bodleian Libraries, University of Oxford.）
結び：ベルリンのシュタージ博物館の棚に並ぶ紙のファイル（Jason Langer/Glasshouse Images/Alamy Stock Photo）

図版クレジット

はじめに：1933年5月10日にベルリンで行われた、ナチスの焚書（Scherl/Süddeutsche Zeitung Photo/Alamy Stock Photo）

第1章：ニルムードでスケッチをするオースティン・ヘンリー・レヤード〔From *Discoveries Among the Ruins of Nineveh and Babylon*（New York, 1859）, Getty Institute, 84-B9374. Reproduced by Permission of the Getty Institute.〕

第2章：巻物を手にもち、書見台とカプサ（巻物の保管箱）のあいだに腰かけている、ローマの詩人ウェルギリウス（5世紀初頭）（Bibliotheca Apostolica Vaticana, MS. Vat. Lat 3867, fol. 14r. © NPL - DeA Picture Library / Bridgeman Images）

第3章：キリストの足元にひざまずく聖ダンスタン。10世紀後半に書かれた『聖ダンスタンの教本』より（Bodleian Library, MS. Auct F.4.32 fol. 1 recto. Reproduced by Permission, Bodleian Libraries, University of Oxford.）

第4章：トマス・ボドリー卿（1545～1613年）。作者不明の肖像画（1590年ごろの作品）（Bodleian Library, LP 71. Reproduced by Permission, Bodleian Libraries, University of Oxford.）

第5章：ワシントン焼き討ちの場面を背景に立つ、海軍少将ジョージ・コーバーン卿。ジョン・ジェームズ・ホールズによる肖像画を、C・ターナーが版画にしたもの（1819年）。メゾチント（Library of Congress, PGA — Turner — Sir George Cockburn.（D size）［P&P］. Reproduced courtesy of the Library of Congress.）

第6章：フランツ・カフカ。1906年、プラハにて。ゼラチン・シルバー・プリント（Bodleian Library, MS. Kafka 55, fol 4r. Reproduced by Permission, Bodleian Libraries, University of Oxford.）

第7章：1914年の火災以前のルーヴァン大学図書館〔From Karel Sluyterman, *La Belgique monumentale: 100 planches en phototypie tirées. Intérieurs anciens en Belgique*（Le Haye: Martin Nijhoff, 1915）. Chronicle/Alamy Stock Photo〕

第8章：ニューヨークで荷ほどきされるYIVOの資料（1947年）。ゼラチン・シルバー・プリント（From the Archives of the YIVO Institute for Jewish Research, New York.）

第9章：フィリップ・ラーキンの、おそらく自撮り写真。1970年、オール・ソウルズ・カレッジにて。ゼラチン・シルバー・プリント（Hull History Centre, Larkin Photographs, U DLV/3/190（7））

第10章：狩りから帰ってきたエサウと、ヤコブのはしご。サラエボ・ハガダー（1350年ごろ）より。fol. 10r.（Courtesy of the National Museum of Bosnia Herzegovina.）

第11章：ボドリアン図書館が所蔵するエチオピアの写本と、イギリスで暮らすエチオピアとエストニアの人々（2019年8月）（MS. Aeth.c.2, Gospels, fifteenth century. Photograph by Ian Wallman.）

第12章：イラク・メモリー財団のオフィスでバース党のファイルを調べるカナン・マキヤとハッサン・ムネイムニ（バグダット、2003年11月）

7 Gauck and Fry, 'Dealing with a Stasi Past', pp. 279–80; Maddrell, 'The Revolution Made Law', p. 153.
8 外務省のファイルは除外される。歴史家のティモシー・ガートン・アッシュはその理由について、東西ドイツの元首間で交わされた「中傷的な会話」が露見したため、「西ドイツの政治家たちは、自分たち以外の誰にも見せないと勇断したのだろう」と述べている。Garton Ash, 'Trials, Purges and History Lessons', in *History of the Present,* p. 309.
9 Gauck and Fry, 'Dealing with a Stasi Past', p. 281.
10 Orwell, *Nineteen Eighty-Four,* p. 178.
11 'Time to Press Ahead with Archive Law'.
12 Hopf, et al., 'Fake Science and the Knowledge Crisis', p. 4.
13 Hampshire, '"Apply the Flame More Searingly"', p. 343 に引用されている。
14 Savoy and Sarr, *Report on the Restitution of African Cultural Heritage,* pp. 42–3.

3　貸出要請書は、いまも保存されている。MS. Clarendon 91, fol. 18.
4　この果敢な抵抗は、のちにフィリップ・プルマンの小説『美しき野生』(2017年）の感動的な一節に影響を与えた。プルマンが描く架空の世界に登場するボドリアンの館長は、銃殺隊を前にしてもなお、アレシオメーター（真理計）を規律監督法院に引き渡すのを拒む。「図書館長は再び拒み、自分は図書館の所有物をプレゼントするために働いているのではない、学問のために所有物を保存し守る神聖な義務を負っているのだ、と言い放ちました」(『ブック・オブ・ダストⅠ美しき野生〔上〕』、フィリップ・プルマン著、大久保寛訳、新潮社）
5　現在、ルースへの献辞が書かれたミントンの1645年版『詩集（Poems)』には、Arch.G.e.44(1) という書架記号が付されている。以下も参照。Achinstein, Citizen Milton, pp. 5–7.
6　Derrida, *Archive Fever,* p. 4.
7　Orwell, *Nineteen Eighty-four,* p. 68.
8　この言葉は、以下によって図書館コミュニティに広まった。Lorcan Dempsey, 'The Service Turn . . .' http://orweblog.oclc.org/The-service-turn/（アクセス日：2020年1月5日）
9　Klinenberg, *Palaces for the People,* p. 32.
10　Naudé, *Advice on Establishing a Library,* p. 63.
11　Alston, 'Statement on Visit to the United Kingdom'.
12　Ovenden, 'Catalogues of the Bodleian Library'.
13　詳細は以下を参照。https://www.clockss.org
14　*Letters of Sir Thomas Bodley to the University of Oxford 1598–1611,* p. 4.
15　Kenosi, 'Preserving and Accessing the South African Truth and Reconciliation Commission Records'.
16　Ojo, 'National Archives in a "Very Sorry State"'.
17　Koslowski, 'National Archives May Not Survive Unless Funding Doubles, Warns Council'.
18　同上。
19　Ovenden, 'Virtual Memory' および 'We Must Fight to Preserve Digital Information'.

結び：図書館や公文書館はなぜ必要なのか

1　CIPFA *Annual Library Survey,* 2017–18.
2　Labbé, et al., 'The Longest Homogeneous Series of Grape Harvest Dates'.
3　Mill, *On Liberty,* p. 47.
4　Hamilton, 'The Learned Press', pp. 406–7; Carter, *A History of the Oxford University Press,* pp. 240–3.
5　Doyle, 'Imminent Threat to Guatemala's Historical Archive of the National Police'.
6　Aston, 'Muniment Rooms', p. 235.

15 Zittrain, Albert and Lessig, 'Perma', pp. 88–99.
16 'Internet Archive is Suffering from a DDoS attack'; Jeong, 'Anti-ISIS Hacktivists are Attacking the Internet Archive'.
17 以下に記載。https://factba.se/trump（アクセス日：2020 年 2 月 28 日）
18 'The White House. Memorandum for All Personnel . . .'.
19 McClanahan, 'Trump and the Demise of the Presidential Records Honor System'.
20 関連サイトは、https://factba.se/ および http:// trumptwitterarchive.com/
21 Sherwood, 'Led By Donkeys Reveal Their Faces at Last'.
22 Wright, O., 'Lobbying Company Tried to Wipe Out "Wife Beater" Beer References'.
23 Riley-Smith, 'Expenses and Sex Scandal Deleted from MPs' Wikipedia Pages by Computers Inside Parliament'.
24 Woodward, 'Huge Number of Maine Public Records Have Likely Been Destroyed'.
25 Murgia, 'Microsoft Quietly Deletes Largest Public Face Recognition Data Set'.
26 Harvey, https://megapixels.cc/; Vincent, 'Transgender YouTubers had Their Videos Grabbed to Train Facial Recognition Software'.
27 Coulter and Shubber, 'Equifax to Pay almost $800m in US Settlement Over Data Breach'.
28 https://twitter.com/carolecadwalla/status/1166486817882947586?s=20（アクセス日：2019 年 8 月 28 日）
29 Moran, 'Is Your Facebook Account an Archive of the Future?'.
30 Zuboff, *The Age of Surveillance Capitalism*, p. 191 に引用されている。
31 同上 , pp. 351–2.
32 https://www.pewresearch.org/fact-tank/2017/08/30/most-americans-especially-millennials-say-libraries-can-help-themfind-reliable-trustworthy-information/（アクセス日：2020 年 2 月 29 日）
33 たとえばイギリスならば、1958 年公記録法（Public Records Act 1958）もしくは 1964 年公立図書館・博物館法（Public Libraries and Museums Act 1964）を改正すればいいかもしれない。
34 Ovenden, 'Virtual Memory'.
35 ナイジェル・シャドボルト卿（Sir Nigel Shadbolt）は、「自律化アーキテクチャ（Architectures for Autonomy）」と呼ばれる別のウェブ管理方法を主張している。
36 こう助言してくれたナイジェル・シャドボルト卿に感謝する。

第 14 章　楽園は失われたのか？

1 Wood, *Life and Times of Anthony Wood, Antiquary, of Oxford, 1632–1695*, I, p. 319.
2 Philip, The Bodleian Library, pp. 42–3.

org/statements/acasaa-joint-statement-oniraqi-records（アクセス日：2020年2月28日）
20 Montgomery, 'Immortality in the Secret Police Files', pp. 316–17.
21 Caswell, '"Thank You Very Much, Now Give Them Back"', p. 231 に引用されている。
22 Montgomery, 'The Iraqi Secret Police Files', pp. 69–99.
23 Montgomery and Brill, 'The Ghosts of Past Wars Live on in a Critical Archive'.
24 カナン・マキヤへのインタビュー（2019年6月）。
25 Makiya, 'A Personal Note', p. 317.
26 Garton Ash, 'Trials, Purges and History Lessons', in *History of the Present,* p. 294.
27 Gauck, 'State Security Files', p. 72.
28 Tucker and Brand, 'Acquisition and Unethical Use of Documents Removed from Iraq by *New York Times* Journalist Rukmini Callimachi'.

第13章　デジタル情報の氾濫

1 Rosenzweig, 'Scarcity or Abundance?'.
2 Desjardins, 'What Happens in an Internet Minute in 2019'.
3 Halvarsson, 'Over 20 Years of Digitization at the Bodleian Libraries'.
4 Binns, et al., 'Third Party Tracking in the Mobile Ecosystem'.
5 Garton Ash, *Free Speech,* p. 47.
6 特に以下を参照。Zuboff, The Age of Surveillance Capitalism.
7 Hern, 'Flickr to Delete Millions of Photos as it Reduces Allowance for Free Users'.
8 Hill, E., 'Silicon Valley Can't Be Trusted with Our History'.
9 ほかの例については以下を参照。SalahEldeen and Nelson, 'Losing My Revolution'.
10 Bruns, 'The Library of Congress Twitter Archive'.
11 その6つとは、ボドリアン図書館、大英図書館、スコットランド国立図書館、ウェールズ国立図書館、ケンブリッジ大学図書館、ダブリン大学トリニティ・カレッジ図書館。
12 Feather, *Publishing, Piracy and Politics.*
13 情報開示の精神に則り開示するなら、私はボドリアン図書館の館長として、このシステム全体の管理機構の一部を担っており、（他の図書館長や出版業界の代表者とともに）法定納本監督グループ（Legal Deposit Directors Group）と納本制度協議会（Joint Committee for Legal Deposit）に名を連ねている。また2014年からは、デジタル法定納本制度の導入を担うグループの議長もつとめている。
14 ウェブサイトのアーカイビング化について深い知識と専門性を共有してくださった大英図書館のアンディ・ジャクソン（Andy Jackson）氏には特に感謝している。

22 主導したのは、ボドリアン図書館のパブリック・エンゲージメント（公衆参画）マネージャー、マイ・ムジエ（Mai Musié）博士だった。
23 Gnisci (ed.), *Treasures of Ethiopia and Eritrea in the Bodleian Library.*

第 12 章　アーカイブへの執着

1 Große and Sengewald, 'Der chronologische Ablauf der Ereignisse am 4. Dezember 1989'.
2 この話はジョゼフ・サスーン（Joseph Sassoon）の著作、特に彼の権威ある著書『Saddam Hussein's Ba'ath Party』を参考にしている。
3 Sassoon, 'The East German Ministry for State Security and Iraq, 1968–1989', および Dimitrov and Sassoon, 'State Security, Information, and Repression'.
4 Sassoon, 'The East German Ministry for State Security and Iraq, 1968–1989', p. 7.
5 Tripp, A History of Iraq, pp. 239–45.
6 Hoover Institution Archival Finding Aid, Register of the Hiz.b al-Ba'th al-'Arabī al-Ishtirākī in Iraq [Ba'th Arab Socialist Party of Iraq] Records, http://oac.cdlib.org/findaid/ark:/13030/c84j0cg3（アクセス日：2019 年 6 月 3 日）
7 Makiya, Republic of Fear, p. 22 に引用されている。
8 長時間に及ぶインタビューに答えてくれたカナン・マキヤ（Kanan Makiya）氏に感謝する。
9 Filkins, 'Regrets Only?'.
10 ロバーツ（Roberts）はインタビューのなかで、この時期の出来事とアーカイブの発見について詳述している。Stephen Talbot, 'Saddam's Road to Hell', 24 January 2006, https://www.pbs.org/frontlineworld/stories/iraq501/audio_index.html（アクセス日：2019 年 11 月 24 日）
11 Gellman and Randal, 'U.S. to Airlift Archive of Atrocities out of Iraq'.
12 Montgomery, 'The Iraqi Secret Police Files', pp. 77–9.
13 ビル・モイヤーズによるカナン・マキヤのインタビューを文字化したものは、以下。PBS: *Now Special Edition,* 17 March 2003, https://www.pbs.org/now/transcript/ transcript031703_full.html（アクセス日：2019年 3 月 17 日）. 以下も参照。Filkins, 'Regrets Only?'.
14 Gravois, 'A Tug of War for Iraq's Memory'.
15 Burkeman, 'Ancient Archive Lost in Baghdad Library Blaze', *Guardian,* 15 April 2003.
16 Salam Pax: *The Baghdad Blogger,* 19 March 2003, https://salampax. wordpress.com/page/22/（アクセス日：2019 年 3 月 17 日）; Tripp, A History of Iraq, pp. 267–76.
17 Makiya, 'A Model for Post-Saddam Iraq', p. 5.
18 Gravois, 'A Tug of War for Iraq's Memory'.
19 アーカイブの正確な規模については諸説あり、アメリカアーカイブ協会（Society of American Archivists）は 2008 年 4 月に、IMF のウェブサイトを引用する形で 300 万ページと記述している。https://www2.archivists.

26 同上 , p. 276.
27 同上 , p. 288.
28 Sambandan, 'The Story of the Jaffna Public Library'.
29 Wheen, 'The Burning of Paradise'.
30 Moldrich, 'Tamils Accuse Police of Cultural Genocide'.
31 Sahner, 'Yemen's Threatened Cultural Heritage'.
32 Riedlmayer, 'The Bosnian Manuscript Ingathering Project'.
33 Ahmed, 'Saving Yemen's Heritage'; Schmidtke, 'The History of Zaydī Studies', p. 189.

第 11 章　帝国の炎

1 特に以下を参照。Savoy and Sarr *Report on the Restitution of African Cultural Heritage.*
2 これを最もよく伝えているのは、Purcell, 'Warfare and Collection-Building' および Pogson, 'A Grand Inquisitor and His Books'.
3 Philip, *The Bodleian Library in the Seventeenth and Eighteenth Centuries,* pp. 9–10.
4 Ovenden, 'Catalogues of the Bodleian Library and Other Collections', p. 283.
5 Mittler (ed.), *Bibliotheca Palatina,* p. 459.
6 Engelhart, 'How Britain Might Have Deliberately Concealed Evidence of Imperial Crimes'.
7 Banton, 'Record-Keeping for Good Governance and Accountability in the Colonial Office', pp. 76–81.
8 Hampshire, '"Apply the Flame More Searingly"', p. 337.
9 W. J. Watts, Ministry of External Defence, to Private Secretary to High Commissioner, July 1956, folio 2, FCO 141/7524, National Archives; および Hampshire, p. 337.
10 Hampshire, '"Apply the Flame More Searingly"', p. 340.
11 同上 , p. 341.
12 Anderson, 'Deceit, Denial, and the Discovery of Kenya's "Migrated Archive"', p. 143.
13 同上 , p. 146.
14 Karabinos, 'Displaced Archives, Displaced History', p. 279.
15 Archives nationales d'outre-mer: History, http://archivesnationales. culture.gouv.fr/anom/en/Presentation/Historique.html（アクセス日：2020 年 2 月 28 日）
16 Shepard, '"Of Sovereignty"', pp. 871–2.
17 McDougall, *A History of Algeria,* pp. 224–31.
18 Shepard, '"Of Sovereignty"', pp. 875–6.
19 同上 , p. 873.
20 Chifamba, 'Rhodesian Army Secrets Kept Safe in the UK'.
21 Matthies, *The Siege of Magdala,* p. 129.

18 Read, *Letters of Ted Hughes,* pp. 366–7.
19 Brain, 'Sylvia Plath's Letters and Journals', p. 152.

第 10 章　降り注ぐ砲弾

1 Kalender, 'In Memoriam: Aida (Fadila) Buturovic (1959–1992)', p. 73.
2 Riedlmayer, '*Convivencia* Under Fire', p. 274.
3 Huseinovic and Arbutina, 'Burned Library Symbolizes Multiethnic Sarajevo' に引用されている。
4 Donia, *Sarajevo,* pp. 72, 314.
5 この章で述べた出来事の政治的、宗教的、文化的背景は、以下によくまとめられている。Noel Malcolm, *Bosnia,* pp. 213–33.
6 Dunford, *Yugoslavia: The Rough Guide,* p. vii.
7 同上 p. 257 に引用されている。
8 ボスニアの図書館や文書館の充実ぶりについては、以下で概観できる。Riedlmayer, '*Convivencia* Under Fire'; Riedlmayer, 'The Bosnian Manuscript Ingathering Project'; および Stipcčević, 'The Oriental Books and Libraries in Bosnia during the War, 1992–1994'.
9 Schork, 'Jewel of a City Destroyed by Fire', p. 10.
10 Kurt Schork による上記記事「Jewel of a City Destroyed by Fire」は 8 月 27 日のタイムズ紙に掲載されたが、第 10 面で取り上げられたにすぎなかった。それよりも長い Roger Boyes による記事「This is Cultural Genocide」が 8 月 28 日に掲載され、ここでようやく攻撃のより広い意味合いが明かされた。
11 Riedlmayer, '*Convivencia* Under Fire', pp. 289–90.
12 Malcolm, 'Preface', in Koller and Karpat (eds), *Ottoman Bosnia,* p. vii.
13 Riedlmayer, *Destruction of Cultural Heritage in Bosnia-Herzegovina,* 1992– 1996, p. 18.
14 Riedlmayer, '*Convivencia* Under Fire', p. 274.
15 Riedlmayer, 'Crimes of War, Crimes of Peace', p. 114.
16 Riedlmayer, '*Convivencia* Under Fire', p. 276.
17 Walasek, 'Domains of Restoration', p. 72.
18 同上 , p. 212.
19 Riedlmayer, '*Convivencia* Under Fire', p. 274.
20 Riedlmayer, 'Foundations of the Ottoman Period in the Balkan Wars of the 1990s', p. 91.
21 Walasek, 'Cultural Heritage, the Search for Justice, and Human Rights', p. 313.
22 本人からの情報。2019 年 8 月。
23 Walasek, 'Cultural Heritage, the Search for Justice, and Human Rights'.
24 *The Prosecutor vs. Ratko Mladić: 'Prosecution Submission of the Fourth Amended Indictment and Schedule of Incidents'.*
25 Riedlmayer, '*Convivencia* Under Fire', p. 274 に引用されている。

8 そこから選ばれた手紙が以下にまとめられている。Philip Larkin, *Letters Home* 1936–1977.

9 Bate, *Ted Hughes,* p. 385.

10 Brain, 'Sylvia Plath's Letters and Journals', p. 141. シルヴィア・プランのアーカイブは現在、北米の数カ所に分散して保管されている。具体的には、スミス・カレッジ（プランの母校）ニールセン図書館のモーティマー希少本コレクション（Mortimer Rare Book Collection at Neilsen Library of Smith College）、ミネソタ州ブルーミントンにあるインディアナ大学の特別コレクション図書館であるリリー図書館（Lilly Library）、およびジョージア州アトランタにあるエモリー大学スチュアート・A・ローズ手稿、アーカイブ、希少本図書館（Stuart A. Rose Manuscript, Archives, and Rare Book Library）のテッド・ヒューズ・アーカイブの主要部分。プラスの日記の大半はスミス・カレッジのプラス関係資料（Plath Papers）に含まれ、当カレッジの元アーキビストであるカレン・キューキル（Karen Kukil）によって綿密な編集がなされている。

11 プラスの詩集『アエリアル（Ariel）』の復刻版（2004 年）に寄せられたフリーダ・ヒューズの序文を参照。アンドルー・モーションに宛てた手紙に、テッド・ヒューズは次のように書いている。

> S.P.（シルヴィア・プラス）の伝記作家たちの最大の問題は……S.P. の人生で最も興味深くドラマチックな部分のうち、S.P. はその半分にすぎず、残りの半分は「ぼく」だと気づいていない点だ。彼らは愚かな空想が描くイメージで S.P. 像をつくりかえ、それでもなんの咎めも受けずにいるものだから、いかにも愚かな連中らしくなんの考えもなしに、ぼくのことも同じように扱って構わないと思っている。どうやら彼らは忘れているようだが、ぼくはまだ生きていてチェックができるし、彼らの解釈を受け入れる気も、彼らが改造した形に自分を合わせる気もない、そうできるならね。(*Malcolm, The Silent Woman,* p. 201 より）

12 Plath, *Journals of Sylvia Plath,* p. xi.

13 Brain, 'Sylvia Plath's Letters and Journals', p. 144. 日記は、カレン・キューキル（Karen Kukil）編『完全版シルヴィア・プラス日記（The Unabridged Journals of Sylvia Plath: 1950–1962)』として 2000 年に出版された。これは学識がなせる驚異的な功績だ。なぜなら日記とは本来、種々雑多な寄せ集めだからだ。綴じたノートもあれば、スパイラルノートもあり、タイプ打ちしたもの、1枚の紙に手書きしたもの、断片的なものもある。日付が特定できないものも多い。

14 Ted Hughes, *Winter Pollen.*

15 Erica Wagner, 'Ted Hughes Archive Opened at Emory University', The Times, 10 April 2000. 以下に掲載されたものを参照。http://ericawagner.co.uk/ted-hughess-archive-opened-at-emory-university/（アクセス日：2019 年 11 月 10 日）

16 Brain, 'Sylvia Plath's Letters and Journals', p. 154 に引用されている。

17 Bate, *Ted Hughes,* pp. 305–6.

39 同上 , p. 71; Fishman, *The Book Smugglers,* p. 97.
40 Fishman, *The Book Smugglers,* p. 114.
41 ヴィルナ・ゲットー図書館の歴史については、ディーナ・アブラモヴィチ（Dina Abramowicz）自身が 'The Library in the Vilna Ghetto' において、またヘルマン・クルク（Herman Kruk）が 'Library and Reading Room in the Vilna Ghetto, Strashun Street 6' において語っている。
42 ニューヨークにおいて、YIVO は広がりつつある惨状をアメリカ市民に最初に伝えた組織のひとつだった。YIVO は 1940 年にワルシャワ・ゲットーに関する報告を公表し、4 年後にはゲットーの反乱に関する小冊子を発表した。
43 Roskies (ed.), *Voices from the Warsaw Ghetto,* pp. 62–3.
44 同上 , p. xxv.
45 Fishman, *The Book Smugglers,* pp. 138–9 に引用されている。
46 同上 , pp. 65 (経歴の詳細), 140.
47 同上 , pp. 145–52; Fishman, 'Embers Plucked from the Fire', p. 73.
48 この話が英語で最も詳しく語られているのは Fishman, *The Book Smugglers,* pp. 244–8 だが、もっと深く掘り下げて語る価値のある話である。
49 Goodman, *A History of Judaism,* pp. 387–9.
50 https://vilnacollections.yivo.org/Discovery-Press-Release
51 略奪された本や文書の返還プロセスについては幅広く研究がなされたが、なかでも注目すべきは、ハーバード大学の研究者パトリシア・ケネディ・グリムステッド（Patricia Kennedy Grimsted）によるもので、彼女の論文 'The Postwar Fate of Einsatztab Reichsleiter Rosenberg Archival and Library Plunder, and the Dispersal of ERR Records' は優れた入門書となる。
52 その人物とはルーシー・ダヴィドヴィッチ（Lucy Dawidowicz）であり、以下に引用されている。Gallas, *'Das Leichenhaus der Bücher': Kulturrestitution und jüdisches Geschichtsdenken nach 1945,* pp. 11–14.
53 同上 , pp. 60–4; Lustig, 'Who Are to Be the Successors of European Jewry?', p. 537.
54 Esterow, 'The Hunt for the Nazi Loot Still Sitting on Library Shelves'.
55 *Trial of the Major War Criminals Before the International Military Tribunal, Nuremberg, 14 November 1945–1 October 1946,* 1, pp. 293–6, 11, pp. 493, 585.

第 9 章　読まずに燃やして

1 Larkin, *Letters to Monica* (22 May 1964), p. 335.
2 Larkin, 'A Neglected Responsibility', p. 99.
3 Motion, *Philip Larkin,* pp. xv–xviii.
4 同上 , p. 522.
5 同上 , pp. 522, 552.
6 Larkin, *Letters to Monica,* pp. 278–83.
7 Larkin, *Selected Letters of Philip Larkin,* p. 600.

5 von Merveldt, 'Books Cannot Be Killed By Fire', pp. 523–7.
6 同上 , p. 528. 現在、アメリカ・ナチ禁書図書館の蔵書はニューヨークにあるユダヤ教神学院（Jewish Theological Seminary）の図書館に保管されている。
7 Hill, 'The Nazi Attack on "Un-German Literature"'.
8 同上 , p. 32.
9 同上 , pp. 12–14.
10 Lustig, 'Who Are to Be the Successors of European Jewry?', p. 523.
11 Piper, *Alfred Rosenberg,* pp. 462–508.
12 Sutter, 'The Lost Jewish Libraries of Vilna', pp. 220–3.
13 Hill, 'The Nazi Attack on "Un-German Literature"', pp. 29–32.
14 Steinweis, *Studying the Jew,* pp. 115–16.
15 同上 , p. 117.
16 Matthäus, 'Nazi Genocides', pp. 167–73.
17 van Boxel, 'Robert Bellarmine Reads Rashi: Rabbinic Bible Commentaries and the Burning of the Talmud', pp. 121–3.
18 Grendler, *The Roman Inquisition and the Venetian Press, 1540–1605,* pp. 93–102.
19 Beit-Arié, *Hebrew Manuscripts of East and West,* pp. 9–10.
20 Shamir, 'Johannes Pfefferkorn and the Dual Form of the Confiscation Campaign'.
21 Goodman, *A History of Judaism,* p. 440.
22 Kuznitz, *YIVO and the Making of Modern Jewish Culture,* p. 3.
23 同上 , p. 18; Fishman, 'Embers Plucked from the Fire', pp. 66–8.
24 Kuznitz, *YIVO and the Making of Modern Jewish Culture,* p. 51.
25 Goodman, A History of Judaism, pp. 387–9.
26 ヴィルナの紙部隊に関しては、デイヴィッド・フィッシュマン（David Fishman）の学識、厚意、助言に依るところが大きい。Fishman, *The Book Smugglers,* pp. 13–22.
27 同上 , p. 17.
28 ストラシュン図書館の歴史は、以下で詳しく語られている。Dan Rabinowitz, *The Lost Library.*
29 Sutter, 'The Lost Jewish Libraries of Vilna', p. 224.
30 Fishman, *The Book Smugglers,* p. 21.
31 Kuznitz, *YIVO and the Making of Modern Jewish Culture,* pp. 73–6.
32 同上 , pp. 182–5.
33 この話が詳しく語られているのは、Sutter, 'The Lost Jewish Libraries of Vilna', pp. 224–5 および Fishman, *The Book Smugglers,* pp. 25–30.
34 Fishman, *The Book Smugglers,* pp. 55, 61–3, 71.
35 Fishman, 'Embers Plucked from the Fire', pp. 69–70.
36 同上 , p. 69.
37 Sutter, 'The Lost Jewish Libraries of Vilna', p. 228.
38 Fishman, 'Embers Plucked from the Fire', p. 70.

16 Balint, *Kafka's Last Trial,* p. 135.

第７章　二度焼かれた図書館

1 Coppens, et al., *Leuven University Library 1425–2000,* p. 160. この日記を書いたために、彼はドイツの銃殺隊に処刑された。
2 J. de le Court, *Recueil des ordonnances des Pays-Bas autrichiens. Troisième série: 1700–1794,* pp. 276–7.
3 Coppens, et al., *Leuven University Library 1425–2000,* pp. 52–5, 73–4.
4 ルーヴァン大学図書館に関しては、以下が非常に詳しい。*Leuven University Library 1425–2000.*
5 'A Crime Against the World', *Daily Mail,* 31 August 1914, p. 4.
6 Toynbee, *The German Terror in Belgium,* p. 116; La Croix, 30 August 1914.
7 Schivelbusch, *Die Bibliothek von Löwen,* pp. 27–31.
8 同上 , pp. 27–8.
9 同上 , pp. 36–9.
10 Coppens, et al., *Leuven University Library 1425–2000,* p. 190.
11 'Cardinal Mercier in Ann Arbor', p. 65.
12 *Illustrated London News,* 30 July 1921.
13 Guppy, *The Reconstitution of the Library of the University of Louvain,* p. 19.
14 Proctor, 'The Louvain Library', pp. 156–63.
15 同上 , pp. 163–6.
16 'Nazis Charge, British Set Fire to Library', *New York Times,* 27 June 1940, p. 12.
17 'Librarian of Louvain Tells of War Losses', *New York Times,* 17 April 1941, p. 1.
18 Jones, 'Ordeal by Fire', p. 2.
19 Schivelbusch, *Die Bibliothek von Löwen,* p. 19.

第８章　紙部隊

1 Rose, 'Introduction', p. 1.
2 カイロのゲニザの話は、アディナ・ホフマン（Adina Hoffman）とピーター・コール（Peter Cole）の共著 *Sacred Trash* で見事に語られている。ゲニザの概要については pp. 12–16 を参照。
3 手紙の原本は、米国盲人協会（American Foundation for the Blind）が保有するヘレン・ケラー・アーカイブにある。手紙はオンラインで閲覧可能。https://www. afb.org/HelenKellerArchive?a=d&d=A-HK02-B210-F03-001&e=----- --en-20--1--txt--------3-7-6-5-3-------------0-1（アクセス日：2020 年 4 月 10 日）
4 'Mr H. G. Wells on Germany', *The Times,* 22 September 1933, p. 14.

year ended June 30, 1940, p. 202. ローゼンバック本人は、その本について以下で語っている。*A Book Hunter's Holiday,* pp. 145–6.
19 Johnston, *History of the Library of Congress,* pp. 69–71 に引用されている。
20 同上 , p. 71.
21 Ostrowski, *Books, Maps, and Politics,* pp. 74–8.
22 同上 , p. 75.
23 Johnston, History of the Library of Congress, pp. 86, 90 に引用されている。
24 同上 , p. 97.
25 同上 , p. 168.
26 Fox, *Trinity College Library Dublin,* pp. 90, 121; McKitterick, *Cambridge University Library,* p. 152; Harris, P. R., *A History of the British Museum Library,* p. 47.
27 Ostrowski, *Books, Maps, and Politics,* pp. 81–3.
28 Johnston, *History of the Library of Congress,* p. 154.
29 Conaway, *America's Library,* p. 68.

第6章　守られなかったカフカの遺志

1 MacCulloch, *Thomas Cromwell,* pp. 1–3.
2 Krevans, 'Bookburning and the Poetic Deathbed: The Legacy of Virgil', p. 198 に引用されている。
3 トマス・ラヴ・ピーコック（Thomas Love Peacock）に宛てた 1821 年 8 月 10 日の手紙。*Letters of Percy Bysshe Shelley* (ed. F. L. Jones), II, p. 330.
4 Frederick Locker-Lampson, 'Tennyson on the Romantic Poets', pp. 175–6.
5 マレー社の概要が最もよくわかるのが、偉大なる伝記作家ハンフリー・カーペンター（Humphrey Carpenter）による、以下。*The Seven Lives of John Murray.*
6 Carpenter, *Seven Lives,* pp. 128–9.
7 Carpenter, *Seven Lives,* p. 134 に引用されている。
8 Hobhouse's journal, British Library Add. MS 56548 ff. 73v-87v. ピーター・コクラン（Peter Cochran）によって文字化され、同上 p. 132 に引用されている。
9 原稿の焼却処分について私が書いた内容は、多くの情報源からカーペンターがまとめた説（*Seven Lives,* pp. 128–48）およびフィオナ・マッカーシー（Fiona MacCarthy）の *Byron: Life and Legend,* pp. 539–43 を参考にしている。
10 Balint, *Kafka's Last Trial,* p. 128 に引用されている。
11 Stach, *Kafka,* pp. 542–3.
12 同上 , p. 642.
13 同上 , pp. 402–3.
14 同上 , pp. 475–6.
15 Murray, *Kafka,* pp. 39–43.

42–3. ジョン・グラントの言葉が引用されている。
25 Slack, *The Invention of Improvement,* pp. 116–20.
26 Buck, 'Seventeenth-Century Political Arithmetic', p. 71.
27 Pepys, *The Diary of Samuel Pepys,* 5, p. 142.
28 Webster, *The Great Instauration,* p. 194.
29 Rozenberg, 'Magna Carta in the Modern Age'.
30 Prest, *William Blackstone,* p. 165.
31 これはよく引き合いに出される一節で、ここでは以下から引用。Ovenden, 'The Libraries of the Antiquaries', p. 528.
32 Bepler, 'The Herzog August Library in Wolfenbüttel', p. 18.
33 Philip, *The Bodleian Library in the Seventeenth and Eighteenth Centuries,* pp. 6–7 に引用されている。

第5章　征服者の戦利品

1 Gleig, *A Narrative of the Campaigns of the British Army at Washington and New Orleans,* p. 128.
2 同上 , pp. 127, 134.
3 Madison, *The Papers of James Madison,* 1, p. 269.
4 Ostrowski, *Books, Maps, and Politics,* pp. 39–72.
5 同上 , pp. 12–14.
6 Beales and Green, 'Libraries and Their Users'; Carpenter, 'Libraries'; Ostrowski, *Books, Maps, and Politics,* pp. 14–19.
7 Johnston, *History of the Library of Congress,* p. 23 に引用されている。
8 同上 , p. 19.
9 McKitterick, Cambridge University Library, pp. 418–19; Ostrowski, *Books, Maps, and Politics,* pp. 44–5.
10 Johnston, *History of the Library of Congress,* p. 38 に引用されている。
11 同上 , p. 517.
12 Fleming, et al., *History of the Book in Canada,* p. 313.
13 Vogel, '"Mr Madison Will Have to Put on His Armor"', pp. 144–5.
14 この話は以下で語られている。Johnston, *History of the Library of Congress,* pp. 65–6. コールドウェルに関しては以下を参照。Caldwell, see Allen C. Clark, 'Sketch of Elias Boudinot Caldwell', p. 208.
15 Gleig, *A Narrative of the Campaigns of the British Army at Washington and New Orleans,* p. 129.
16 ジョン・Y・コール（John Y Cole）の提言により、ジェーン・アーキン（Jane Akin）は寛大にも、執筆中の議会図書館の歴史に関する本の草稿を見せてくれた。
17 Gleig, *A Narrative of the Campaigns of the British Army at Washington and New Orleans,* p. 132.
18 同上 , p. 124. ローゼンバック（Rosenbach）の贈り物については以下に詳述されている。*Annual Report of the Librarian of Congress for the fiscal*

30　同上 , p. xliii.
31　Wood, *The Life of Anthony à Wood from 1632 to 1672, written by himself,* p. 107.
32　以下で非常に詳しく説明されている。Vincent, N., *The Magna Carta.*
33　Ovenden, 'The Libraries of the Antiquaries', p. 528.

第4章　学問を救う箱舟

1　Philip, *The Bodleian Library in the Seventeenth and Eighteenth Centuries,* pp. 2–3 に引用されている。
2　Ker, 'Oxford College Libraries before 1500', pp. 301–2.
3　Parkes, 'The Provision of Books', pp. 431–44, 456–7.
4　中世におけるオックスフォードの図書館については、以下で非常に詳しく説明されている。Parkes, 'The Provision of Books' and Ker, 'Oxford College Libraries before 1500'.
5　Rundle, 'Habits of Manuscript-Collecting: The Dispersals of the Library of Humfrey, Duke of Gloucester', pp. 106–16; *Duke Humfrey's Library & the Divinity School, 1488–1988,* p. 46.
6　*Duke Humfrey's Library & the Divinity School, 1488–1988.*
7　デイヴィッド・ランドル博士（Dr David Rundle）から直接入手した情報。
8　*Duke Humfrey's Library & the Divinity School, 1488–1988,* p. 123 に引用されている。
9　同上 , pp. 18–49.
10　ボドリーの幼少期に関する最新の記述は、以下。Goldring, *Nicholas Hilliard,* pp. 40–59.
11　Bodley, *The Life of Sir Thomas Bodley,* p. 15.
12　*Letters of Sir Thomas Bodley to the University,* pp. 4–5.
13　Peterson, *The Kelmscott Press,* pp. 45–7.
14　書籍出版業組合は印刷出版界をほぼ独占していたことから、事実上、新設された図書館にはイギリスで出版された本がすべて集まった。これについては、以下が非常に詳しく伝えている。Barnard, 'Politics, Profits and Idealism'.
15　Clapinson, *A Brief History of the Bodleian Library,* pp. 20–2.
16　以下に再現されている。Burke, *A Social History of Knowledge,* pp. 104–5.
17　Naudé, *Advice on Establishing a Library,* pp. 17, 67–8.
18　Bodley, *Reliquiae Bodleianae,* p. 61.
19　Ovenden, 'Catalogues of the Bodleian Library and Other Collections', p. 282.
20　Southern, 'From Schools to University', p. 29.
21　Slack, 'Government and Information in Seventeenth-Century England', p. 38.
22　Tyacke, 'Archives in a Wider World', p. 216.
23　Ovenden, 'Scipio le Squyer'.
24　Slack, 'Government and Information in Seventeenth-Century England', pp.

tion of England, p. 4.

4 Bodleian, MS. Top. Gen. c. 3, p. 203. リーランドの旅の全貌は、以下で再現されている。Leland, De uiris illustribus, pp. lxi–xcv.

5 中世の図書館については、以下で詳細に分析されている。Bruce Barker-Benfield, *St Augustine's Abbey, Canterbury.*

6 Leland, *De uiris illustribus,* pp. 67, 69.

7 同上 , pp. 315, 321.

8 同上 , p. 66.

9 同上 , p. 386.

10 現在、ボドリアン図書館での書架記号は MS である。Auct.F.4.32.

11 ボドリアンのオンラインカタログにある、以下の項目を参照。*Medieval Manuscripts in Oxford Libraries,* http://medieval.bodleian.ox.ac.uk/catalog/manuscript_675 (アクセス日：2020 年 2 月 29 日)

12 以下に、悲哀を誘う記述がある。Knowles, *The Religious Orders in England,* pp. 348–9.

13 同上 , p. 381.

14 Wood, *History and Antiquities of the University of Oxford,* 1, p. 141.

15 Dixon, 'Sense of the Past in Reformation Germany', pp. 184–6.

16 Leland, *The laboryouse journey,* sig. Bi.

17 Ker, *Pastedowns in Oxford Bindings; Pearson, Oxford Bookbinding 1500–1640.*

18 Watson, *A Descriptive Catalogue of the Medieval Manuscripts of All Souls College Oxford,* pp. 28–30; Ker, Pastedowns in Oxford Bindings, p. xi.

19 Duffy, *The Stripping of the Altars,* pp. 181–3.

20 Carley, 'The Dispersal of the Monastic Libraries', pp. 284–7.

21 Watson, 'Thomas Allen of Oxford', p. 287.

22 Ovenden, 'The Manuscript Library of Lord William Howard of Naworth', p. 306.

23 この本は現在、大英図書館の MS. Royal 1.A.xviii の書架にある。以下を参照。*Libraries of King Henry VIII,* p. xlv.

24 この本は現在、大英図書館の MS. Royal 2.C.x の書架にある。以下を参照。*Libraries of King Henry VIII,* p. xxxix.

25 *Libraries of King Henry VIII,* pp. xliii–xlvi.

26 以下に記述されている。Leland, The Itinerary of John Leland, II, p. 148.

27 イギリスから海を越えて海外に運ばれた本のなかで最も大規模なものは、ドミニコ会修道院から持ち出された 250 点の写本だ。これはローマのチェルヴィーニ枢機卿に送られたもので、現在はヴァチカン図書館にある。以下を参照。Ker, 'Cardinal Cervini's Manuscripts from the Cambridge Friars'; Carley, 'John Leland and the Contents of English Pre-Dissolution Libraries: The Cambridge Friars', pp. 90–100.

28 ジョン・リーランドに関するこの記述は、James Carley のすばらしい学識による。Leland, *The laboryouse journey,* sig. Biiiv.

29 Leland, *De uiris illustribus,* p. xxiv.

いる。以下を参照。Affleck, 'Priests, Patrons, and Playwrights', pp. 124–6.
19 Houston, 'The Non-Philodemus Book Collection in the Villa of the Papyri', p. 183.
20 Posner, *Archives in the Ancient World,* pp. 71–2.
21 Strabo, *Geography,* 13.1.54; Coqueugniot, 'Where Was the Royal Library of Pergamum?', p. 109.
22 Bagnall, 'Alexandria: Library of Dreams', p. 352.
23 Casson, *Libraries in the Ancient World,* pp. 52–3.
24 Hatzimichali, 'Ashes to Ashes?', p. 173.
25 MacLeod, 'Introduction: Alexandria in History and Myth', p. 4.
26 Pfeiffer, Politics, *Patronage and the Transmission of Knowledge;* Burnett, 'The Coherence of the Arabic-Latin Translation Program in Toledo in the Twelfth Century'; Gutas, *Greek Thought, Arabic Culture.*
27 以下に画像が再現されている。Clark, J. W., *The Care of Books,* p. 41.
28 Reynolds and Wilson, *Scribes & Scholars,* pp. 81–3.
29 同上 , p. 54.
30 Breay and Story (eds), *Anglo-Saxon Kingdoms,* pp. 126–9.
31 これについては、本書の第 8 章でさらに詳しく触れている。また、以下も参 照。Stroumsa, 'Between "Canon" and Library in Medieval Jewish Philosophical Thought'.
32 Bloom, *Paper Before Print,* pp. 48–9.
33 同上 , pp. 119–21.
34 Biran, 'Libraries, Books and Transmission of Knowledge in Ilkhanid Baghdad', pp. 467–8 に引用されている。
35 Hirschler, Medieval Damascus, Hirschler, *The Written Word in the Medieval Arabic Lands;* Biran, 'Libraries, Books and Transmission of Knowledge in Ilkhanid Baghdad'.
36 Thomson, 'Identifiable Books from the Pre-Conquest Library of Malmesbury Abbey'; Gameson, *The Earliest Books of Canterbury Cathedral: Manuscripts and Fragments to c.1200;* Lapidge, *The Anglo-Saxon Library,* Chapter 2, 'Vanished libraries of Anglo-Saxon England'.
37 Meehan, *The Book of Kells,* p. 20.
38 Gameson, 'From Vindolanda to Domesday', pp. 8–9.
39 Ganz, 'Anglo-Saxon England', pp. 93–108.
40 同上 , p. 103.
41 Bodley, *The Life of Sir Thomas Bodley,* sig. A2v.

第 3 章　本が二束三文で売られたころ

1 Leland, *De uiris illustribus,* p. xxii.
2 同上 , p. liii.
3 Harris, O., 'Motheaten', p. 472. Harrison, *The Description of Britain* (1587), p. 63. 以下に引用されている。Harrison and Edelen, *The Descrip-*

第2章　焚きつけにされたパピルス

1　Bagnall, 'Alexandria: Library of Dreams', p. 349.

2　Strabo, *Geography,* 17.1.8. 以下に引用されている。Hatzimichali, 'Ashes to Ashes? The Library of Alexandria after 48 bc', p. 170, n.7.

3　McKenzie, Gibson and Reyes, 'Reconstructing the Serapeum in Alexandria', pp. 79–81.

4　Ammianus Marcellinus, *History,* 22.16.12.

5　ロジャー・バッグナル（Roger Bagnall）は、この点についてじつに説得力のある論を展開している。Bagnall, 'Alexandria: Library of Dreams', pp. 351–6, 出典に関する論考もあり。

6　Rajak, *Translation and Survival,* p. 45 に記述されている。この一節の全訳は以下を参照。 McKenzie, Gibson and Reyes, 'Reconstructing the Serapeum in Alexandria', pp. 104–5.

7　Suetonius, *Lives of the Caesars,* 8.3.20; Bagnall, 'Alexandria: Library of Dreams', p. 357.

8　Ammianus Marcellinus, *History,* 22.16.13. 以下に引用されている。Barnes, 'Cloistered Bookworms in the Chicken-Coop of the Muses', p. 71.

9　Dio Cassius, Roman History, 42.38. 以下に引用されている。Casson, *Libraries in the Ancient World,* p. 46.

10　この逸話については、以下で詳細に語られている。Gibbon, in *Decline and Fall,* III, pp. 284–5.

11　同上 , p. 83.

12　Bagnall, 'Cloistered Bookworms in the Chicken-Coop of the Muses', pp. 71–2; Jacob, 'Fragments of a History of Ancient Libraries', p. 65.

13　McKenzie, Gibson and Reyes, 'Reconstructing the Serapeum in Alexandria', pp. 86, 98–9. 181 年の火災の日付は、ジェローム（Jerome）版のエウセビオス著『年代記』（Eusebius' Chronicle）に出てくる（McKenzie, Gibson and Reyes, p. 86 参照）。キリスト教徒の著述家テルトゥリアヌス（Tertullian）は 197 年、セラペウムの図書館で七十人訳聖書（Septuagint）を見たと記述しており (Apologeticum, 18.8)、これがセラペウムの図書館に関する最初の言及である。181 年の火災直後の記述であることから、火災によって図書館は破壊されなかったのかもしれない。217 年の火災について、ディオ・カッシウスは『ローマ史』(Roman History Epitome, 79.7.3) のなかで、神殿は奇跡的に被害をまぬかれたと記している。

14　アウレリアヌスによるブルケイオン（王族の居住区）の破壊は、アンミアヌス・マルケリヌス著『歴史』（Ammianus Marcellinus, *History*）22.16.15 に記述されている。

15　Gibbon, *Decline and Fall,* III, p. 285.

16　同上 , pp. 284–5.

17　この火災およびガレノスの記述については以下を参照。Tucci, 'Galen's Storeroom, Rome's Libraries, and the Fire of a.d. 192'.

18　Plutarch, *Aemilius Paulus* 28.6 に図書館の強奪のことが詳しく語られて

3 クセノフォンよりもわずかに年長のヘロドトスは、ニネヴェの略奪について述べ、そのさいアッシリア人という名を出している (Histories, 1.106)。クセノフォンは少なくとも部分的にはヘロドトスの著作に精通していたはずであり、彼がアッシリア人を知らなかったことは研究者たちを当惑させた。しかし、クセノフォンによる嵐の詳細な描写は、預言者ナホムによるニネヴェの陥落の描写 (Nahum 2:6–7) を連想させ、のちの歴史家シケリアのディオドロスは、まず川がその地に不運をもたらすまで、なんびともニネヴェを攻略できないだろうという神託について述べている (Diodorus, 21.26.9)。それが暗示するのは、その地域におけるアッシリア人の記憶が敵によって見事に消し去られていたために、クセノフォンはかって栄えた都市の住人がアッシリア人であったことを認識できなかったということだ。以下を参照。Haupt, 'Xenophon's Account of the Fall of Nineveh', pp. 99–107.

4 Buckingham, *Travels in Mesopotamia,* II, 211.

5 Rich, *Narrative of a Residence in Koordistan, and on the Site of Ancient Nineveh,* I, p. 2.

6 同上 , p. xxii.

7 Lloyd, *Foundations in the Dust,* p. 9.

8 同上 , p. 108.

9 Reade, 'Hormuzd Rassam and His Discoveries', pp. 39–62.

10 Robson, E., 'The Clay Tablet Book in Sumer, Assyria, and Babylonia', p. 74.

11 Layard, *Discoveries in the Ruins of Nineveh and Babylon,* pp. 344–5.

12 同上 , p. 345.

13 Finkel, 'Ashurbanipal's Library'. アーヴィング・フィンケル (Irving Finkel) が行なった研究はおもに、アッシュールバニパルの図書館がもつ意味を理解するためだった。

14 同上 , p. 80.

15 Robson, 'The Clay Tablet Book', pp. 75–7.

16 Finkel, 'Ashurbanipal's Library', p. 82.

17 *Cuneiform Texts from Babylonian Tablets in the British Museum* 22,1 (BM 25676 = 98-2-16, 730 and BM 25678 = 98-2-16, 732). 翻訳は以下より。Finkel, 'Ashurbanipal's Library', p. 82, and Frame and George, 'The Royal Libraries of Nineveh', p. 281.

18 Frame and George, 'The Royal Libraries of Nineveh', pp. 265–83.

19 Parpola, 'Assyrian Library Records', 4ff.

20 MacGinnis, 'The Fall of Assyria and the Aftermath of the Empire', p. 282.

21 特に同書を参照。

22 Robson and Stevens, 'Scholarly Tablet Collections in First-Millennium Assyria and Babylonia, c.700–200 bce', p. 335.

23 Posner, *Archives in the Ancient World,* p. 56; Pedersén, Archives and Libraries in the Ancient Near East, pp. 241–4.

5 その後の調査で、情報の一部は国立公文書館内の別の記録文書群に保存されていたことが判明した。Wright, et al., ‘Windrush Migrants’.
6 Ovenden, ‘The Windrush Scandal’.
7 概略は以下を参照。Posner, *Archives in the Ancient World,* および Pedersén, *Archives and Libraries in the Ancient Near East.*
8 「メタデータ」は、別形式のデータ、一般的にデジタルデータを説明するデータをさす言葉だ。
9 *Pedersén, Archives and Libraries in the Ancient Near East,* pp. 237–82 および以下に収録された論文を参照。König, et al., *Ancient Libraries.*
10 現存するリストはオクシリンクスで発掘されたパピルスの断片であり、現在はダブリン大学トリニティ・カレッジの図書館に所蔵されている。Hatzimachili, ‘Ashes to Ashes? The Library of Alexandria after 48 bc’, pp. 173–4.
11 Burke, *A Social History of Knowledge,* p.138; Weiss, ‘Learning from Loss; Digitally-Reconstructing the Trésor des Chartes at the Sainte-Chapelle’, pp. 5–8.
12 Naisbitt, *Megatrends,* p. 24.
13 Rosenzweig, ‘Scarcity or Abundance?’.
14 Winters and Prescott, ‘Negotiating the Born-Digital’, pp. 391–403.
15 ボドリアン図書館の創設については、以下を参照。Clapinson, A Brief History of the Bodleian Library. ボドリアン所蔵のコレクションの概要は、以下。Hebron, *Marks of Genius and Vaisey, Bodleian Library Treasures.*
16 Hansard, House of Commons Debates, 13 March 1850, 109: cc838–50. 以下に収録された論文も参照。Black and Hoare, *Cambridge History of Libraries,* III: Part One, および Max, ‘Tory Reaction to the Public Libraries Bill, 1850’, pp. 504–24.
17 Alsop, ‘Suffrage Objects’.
18 Black, ‘The People’s University’, p. 37.
19 Travers, ‘Local Government’.
20 Busby, Eleanor, ‘Nearly 800 Public Libraries Closed Since Austerity Launched in 2010’.
21 Asmal, Asmal, and Roberts, Reconciliation Through Truth, p. 6.
22 Garton Ash, ‘True Confessions’, p. 1.
23 Truth and Reconciliation Commission, Final Report, pp. 201–43.
24 トマス・ジェファソンからアイザック・マクファーソン（Isaac Macpherson）への 1813 年 8 月 13 日付の手紙。Lipscomb and Bergh (eds), The Writings of Thomas Jefferson, 13, pp. 333–5.

第 1 章　土に埋もれた粘土板のかけら

1 しかし現在では、彼が実際にこの行軍を行なったかは疑わしいとする研究者もいる。
2 Xenophon, *Anabasis,* 3.4.7–12.

原　註

はじめに

1　Rydell, *The Book Thieves,* p. 9, および Ritchie, 'The Nazi Book-Burning'. 性科学研究所（Institute of Sexual Studies）については以下を参照。Bauer, The Hirschfeld Archives, pp. 78–101.

2　Orwell, *Nineteen Eighty-Four,* p. 247.

3　聴衆の数については、2017 年 1 月 21 日にヴァージニア州ラングリーにある CIA 本部で行ったスピーチで、まずトランプが主張した。また、同じく 2017 年 1 月 21 日にホワイトハウスで行われテレビ放送された最初のインタビューで、当時のホワイトハウス報道官ショーン・スパイサーが、「過去最大の聴衆が就任式に立ち会っている——この場で、そして世界中で」と述べた。トランプの就任式と 2009 年のバラク・オバマの就任式のモール（連邦議会議事堂前のナショナルモール）の画像を比較すると、ロイターが公開した写真（写真家のルーカス・ジャクソンとステリオス・ヴァリアスが撮影）を含め、その主張の裏付けとはなっていない。キース・スティル（Keith Still）はニューヨーク・タイムズ紙の分析で、トランプの就任式に集まった聴衆の数はオバマのときの 3 分の 1 程度だと指摘している（Tim Wallace, Karen Yourish and Troy Griggs, 'Trump's Inauguration vs. Obama's: Comparing the Crowds', New York Times, 20 January 2017）。

　数字はまた、スパイサーの発言とも矛盾する。ニールセン社の視聴率調査によると、金曜日の就任式を視聴したのは 3060 万人で、2009 年の 3780 万人を 19 パーセント下回った。また、就任式の視聴者数の最高記録はロナルド・レーガンのときの 4180 万人である。最後に、WMATA（ワシントン首都圏交通局）によると、トランプの就任式の日の午前 11 時までのワシントン・メトロ利用者数は 19 万 3000 人で、2009 年のオバマの就任式の日は 51 万 3000 人だった。午前 4 時から終電までの利用者数は、2017 年のトランプの就任式の日は 57 万 557 人、2009 年のオバマのときは 110 万人。しかし大統領顧問ケリーアン・コンウェイは 2017 年 1 月 22 日、NBC のトーク番組〈ミート・ザ・プレス〉でチャック・トッドのインタビューを受け、このような証拠を「オルタナティブ・ファクト」として一蹴した。その後、トランプの就任式の写真は彼の指示で粉飾されていたことが発覚する（Swaine, 'Trump inauguration photos were edited after he intervened', Guardian, 6 September 2018)。トランプ大統領自身、この問題がずっと気になっていたのか、2018 年 11 月 3 日、モンタナ州の集会に集まった人々の行列を支援者が撮影した動画についてツイートし、「いまモンタナに到着——少なくともみんなは、私の行列と聴衆のほうがバラク・オバマよりはるかにビッグだと認めている……」とコメントした。(出典 : factba. se/search#%2Bin%@Bmontana)

4　Gentleman, 'Home Office Destroyed Windrush Landing Cards Says Ex-Staffer'.

Winters, Jane, and Prescott, Andrew, 'Negotiating the Born-Digital: A Problem of Search', *Archives and Manuscripts,* 47 (2019), pp. 391-403

Wood, Anthony, *The Life of Anthony à Wood from 1632 to 1672, written by himself* (Oxford: Clarendon Press, 1772)

——, *The History and Antiquities of the University of Oxford,* (ed.) John Gutch, 2 vols (Oxford: Printed for the Editor, 1792-96)

——, *The Life and Times of Anthony Wood, Antiquary, of Oxford, 1632-1695 Described by Himself,* (ed.) Andrew Clark, 5 vols (Oxford: Oxford Historical Society, 1891-1900)

——, *The Life and Times of Anthony Wood in His Own Words,* (ed.) Nicolas K. Kiessling (Oxford: Bodleian Library, 2009)

Woodward, Colin, 'Huge Number of Maine Public Records Have Likely Been Destroyed', *Pressandherald.com,* 30 December 2018, https://www.pressherald.com/2018/12/30/huge-number-of-maine-public-records-have-likely-been-destroyed/ (最終アクセス : 2019 年 9 月 17 日)

Wright, C. E., 'The Dispersal of the Libraries in the Sixteenth Century', in Francis Wormald and C. E. Wright (eds), *The English Library Before 1700* (London: Athlone Press, 1958), pp. 148-75

Wright, Oliver, 'Lobbying Company Tried to Wipe Out "Wife Beater" Beer References', *Independent,* 4 January 2012, https://www.independent.co.uk/news/uk/politics/lobbying-company-tried-to-wipe-out-wife-beater-beer-references-6284622.html (最終アクセス : 2019 年 8 月 29 日)

Wright, Robert, Cocco, Federica, and Ford, Jonathan, 'Windrush Migrants' Cases Backed by Records in National Archives', *Financial Times Weekend,* 21-2 April 2018, p. 1

Xenophon, *Anabasis,* (eds) Carleton L. Brownson and John Dillery (Cambridge, MA: Harvard University Press, 2001)

Zgonjanin, Sanja, 'The Prosecution of War Crimes for the Destruction of Libraries and Archives During Times of Armed Conflict', *Libraries & Culture* (2005), pp. 128-87

Zittrain, Jonathan, Albert, Kendra, and Lessig, Lawrence, 'Perma: Scoping and Addressing the Problem of Link and Reference Rot in Legal Citations', *Legal Information Management,* 88 (2014), pp. 88-99

Zuboff, Shoshana, *The Age of Surveillance Capitalism: The Fight for the Future at the New Frontier of Power* (London: Profile, 2019)

tion-and-unethical-use-of-documents-removed-from-iraq-by-rukmini-callimachi（最終アクセス：2019 年 3 月 17 日）
Tyacke, Sarah, 'Archives in a Wider World: The Culture and Politics of Archives', in Wallace Kirsop（ed.）, *The Commonwealth of Books: Essays and Studies in Honour of Ian Willison*（Monash: Centre for the Book, 2007）, pp. 209-26
Vaisey, David, *Bodleian Library Treasures*（Oxford: Bodleian Library, 2015）
Vincent, James, 'Transgender YouTubers had Their Videos Grabbed to Train Facial Recognition Software', *Verge,* 22 August 2017, https://www.theverge.com/2017/8/22/16180080/transgender-youtubers-ai-facial-recognition-dataset（最終アクセス：2020 年 2 月 28 日）
Vincent, Nicholas, *The Magna Carta*（New York, Sotheby's: 18 December 2007）
Vogel, Steve, '"Mr Madison Will Have to Put on His Armor": Cockburn and the Capture of Washington', in *America Under Fire: Mr Madison's War & the Burning of Washington City*（Washington, DC: David M. Rubinstein National Center for White House History, 2014）, pp. 137-46
von Merveldt, Nikola, 'Books Cannot Be Killed By Fire: The German Freedom Library and the American Library of Nazi-Banned Books as Agents of Cultural Memory', *Library Trends,* 55（2007）, pp. 523-35
Walasek, Helen, 'Cultural Heritage, the Search for Justice, and Human Rights', in Helen Walasek（ed.）, *Bosnia and the Destruction of Cultural Heritage*（Farnham: Ashgate, 2015）, pp. 307-22
——, 'Domains of Restoration: Actors and Agendas in Post-Conflict Bosnia-Herzegovina', in Helen Walasek（ed）, *Bosnia and the Destruction of Cultural Heritage*（Farnham: Ashgate, 2015）, pp. 205-58
Watson, Andrew G., 'Thomas Allen of Oxford and His Manuscripts', in M. B. Parkes and Andrew G. Watson（eds）, *Medieval Scribes, Manuscripts & Libraries: Essays Presented to N. R. Ker*（London: Scolar Press, 1978）, pp. 279-313
——, *A Descriptive Catalogue of the Medieval Manuscripts of All Souls College Oxford*（Oxford: Oxford University Press, 1997）
Webster, Charles, *The Great Instauration: Science, Medicine, and Reform 1626-1660,* 2nd edn（Oxford: Peter Lang, 2002）
Weiss, Rachel, 'Learning From Loss: Digitally-Reconstructing the Trésor des Chartes at the Sainte-Chapelle', MA Dissertation, University of California, Los Angeles, 2016（Ann Arbor, MI: Proquest Dissertations Publishing, 2016）
Wheen, Francis, 'The Burning of Paradise', *New Statesman,* 102, 17 July 1981, p. 13
'The White House. Memorandum for All Personnel, Through Donald F. McGahan II… Subject: Presidential Records Act Obligations', 22 February 2017, https://www.archives.gov/files/foia/Memo % 20to % 20WH % 20Staff % 20Re % 20Presidential % 20Records % 20Act % 20（Trump, % 2002-22-17）_redacted% 20（1）.pdf（最終アクセス：2020 年 2 月 15 日）

終アクセス : 2020 年 1 月 14 日)
Sweney, Mark, 'Amazon Halved Corporation Tax Bill Despite UK Profits Tripling', *Guardian,* 3 August 2018, https://www.theguardian.com/technology/2018/aug/02/amazon-halved-uk-corporation-tax-bill-to-45m-last-year (最終アクセス : 2019 年 9 月 11 日)
Talbot, Stephen, 'Saddam's Road to Hell: Interview with the Filmmaker', *pbs.org,* 24 January 2006, https://www.pbs.org/frontlineworld/stories/iraq501/audio_index.html (最終アクセス : 2019 年 11 月 24 日)
Thielman, Sam, 'You Are Not What You Read: Librarians Purge User Data to Protect Privacy', *Guardian,* 13 January 2016, https://www.theguardian.com/us-news/2016/jan/13/us-library-records-purgeddata-privacy (最終アクセス : 2019 年 12 月 21 日)
Thomson, Rodney, 'Identifiable Books from the Pre-Conquest Library of Malmesbury Abbey', *Anglo-Saxon England,* 10 (1981), pp. 1-19
'Time to Press Ahead with Archive Law', *South China Morning Post,* 30 April 2019, https://www.scmp.com/comment/insight-opinion/article/3008341/time-press-ahead-archive-law (最終アクセス : 2019 年 7 月 12 日)
'To Repair a War Crime: Louvain's Future Library', *Illustrated London News,* 30 July 1921, pp. 145-6
Toynbee, Arnold J., *The German Terror in Belgium* (London: Hodder & Stoughton, 1917)
Travers, Tony, 'Local Government: Margaret Thatcher's 11 Year War', *Guardian,* 9 April 2013, https://www.theguardian.com/local-government-network/2013/apr/09/local-government-margaret-thatcher-war-politics (最終アクセス : 2020 年 1 月 18 日)
Trecentale Bodleianum: A Memorial Volume for the Three Hundredth Anniversary of the Public Funeral of Sir Thomas Bodley March 29 1613 (Oxford: Clarendon Press, 1913)
Trial of the Major War Criminals Before the International Military Tribunal, Nuremberg, 14 November 1945-1 October 1946, 42 vols (Nuremberg: International Military Tribunal, 1947-9)
Tripp, Charles, *A History of Iraq,* 3rd edn (Cambridge: Cambridge University Press, 2007)
Truth and Reconciliation Commission of South Africa, *Final Report* (1998), http://www.justice.gov.za/trc/report/finalreport/Volume% 201.pdf (最終アクセス : 2019 年 9 月 21 日)
Tucci, Pier Luigi, 'Galen's Storeroom, Rome's Libraries, and the Fire of A.D. 192', *Journal of Roman Archaeology,* 21 (2008), pp. 133-49
Tucker, Judith E., and Brand, Laurie A., 'Acquisition and Unethical Use of Documents Removed from Iraq by *New York Times* Journalist Rukmini Callimachi', Communication from Academic Freedom Committee of the Middle Eastern Studies Association of North America, 2 May 2018, https://mesana.org/advocacy/committee-on-academic-freedom/2018/05/02/acquisi-

Campaign', in Jonathan Adams and Cordelia Heß (eds), *Revealing the Secrets of the Jews: Johannes Pfefferkorn and Christian Writings About Jewish Life and Literature in Early Modern Europe* (Munich: de Gruyter, 2017), pp. 61-76

Shelley, Percy Bysshe, *Letters of Percy Bysshe Shelley,* (ed.) F. L. Jones, 2 vols (Oxford: Clarendon Press, 1964)

Shepard, Todd, '"Of Sovereignty": Disputed Archives, "Wholly Modern" Archives, and the Post-Decolonisation French and Algerian Republics, 1962-2012', *American Historical Review* (2015), pp. 869-83

Sherwood, Harriet, 'Led by Donkeys Reveal Their Faces at Last: "No One Knew It Was Us"', Observer, 25 May 2019, https://www.theguardian.com/politics/2019/may/25/led-by-donkeys-reveal-identities-brexit-billboards-posters

Sider, Sandra, 'Herculaneum's Library in AD 79: The Villa of the Papyri', *Libraries & Culture* (1990), pp. 534-42

Slack, Paul, 'Government and Information in Seventeenth-Century England', *Past & Present,* 184 (2004), pp. 33-68

——, *The Invention of Improvement: Information and Material Progress in Seventeenth-Century England* (Oxford: Oxford University Press, 2015)

Southern, R. W., 'From Schools to University', in J. I. Catto (ed.), *The History of the University of Oxford,* 1: *The Early Oxford Schools* (Oxford: Clarendon Press, 1984), pp. 1-36

Sroka, Marek, 'The Destruction of Jewish Libraries and Archives in Cracow During World War II', *Libraries & Culture,* 28 (2003), pp. 147-65

Stach, Reiner, *Kafka: The Years of Insight* (Princeton, NJ: Princeton University Press, 2008)

Steinweis, Alan E., *Studying the Jew: Scholarly Antisemitism in Nazi Germany* (Cambridge, MA: Harvard University Press, 2006)

Stevenson, Tom, 'How to Run a Caliphate', *London Review of Books,* 20 June 2019, pp. 9-10

Stipcčević, Aleksandar, 'The Oriental Books and Libraries in Bosnia during the War, 1992-1994', *Libraries & Culture,* 33 (1998), pp. 277-82

Stroumsa, Sarah, 'Between "Canon" and Library in Medieval Jewish Philosophical Thought', *Intellectual History of the Islamicate World,* 5 (2017), pp. 28-54

Suetonius, *Lives of the Caesars,* (ed.) John Carew Rolfe, 2 vols (Cambridge, MA: Harvard University Press, 2014)

Sutter, Sem C., 'The Lost Jewish Libraries of Vilna and the Frankfurt Institut zur Erforschung der Judenfrage', in James Raven (ed.), *Lost Libraries: The Destruction of Great Book Collections Since Antiquity* (London: Palgrave MacMillan, 2004), pp. 219-35

Swaine, John, 'Trump Inauguration Crowd Photos Were Edited After He Intervened', *Guardian,* 6 September 2018, https://www.theguardian.com/world/2018/sep/06/donald-trump-inauguration-crowd-size-photos-edited (最

ened-cultural-heritage-11545739200（最終アクセス：2019年1月4日）
SalahEldeen, Hany M., and Nelson, Michael L., 'Losing My Revolution: How Many Resources Shared on Social Media Have Been Lost?', in Panayiotis Zaphiris, George Buchanan, Edie Rasmussen and Fernando Loizides (eds), *Theory and Practice of Digital Libraries: Second International Conference, TPDL 2012, Paphos, Cyprus, September 23-27, 2012. Proceedings* (Berlin: Springer, 2012), pp. 125-37
Saleh, Maryam, 'Protection or Plunder: A U.S. Journalist Took Thousands of ISIS Files Out of Iraq, Reigniting a Bitter Dispute Over the Theft of Iraqi History', *Intercept,* 23 May 2018, https://theintercept.com/2018/05/23/isis-files-podcast-new-york-times-iraq/
Sambandan, V. S., 'The Story of the Jaffna Public Library', *Frontline,* 20, 15-28 March 2003, https://frontline.thehindu.com/magazine/archive（最終アクセス：2019年4月13日）
Sassoon, Joseph, *Saddam Hussein's Ba'ath Party: Inside an Authoritarian Regime* (Cambridge: Cambridge University Press, 2012)
——, 'The East German Ministry for State Security and Iraq, 1968-1989', *Journal of Cold War Studies,* 16 (2014), pp. 4-23
——, *Anatomy of Authoritarianism in the Arab Republics* (Cambridge: Cambridge University Press, 2016)
Savoy, Bénédicte, and Sarr, Felwine, *Report on the Restitution of African Cultural Heritage, Toward a New Relational Ethics* (Paris: Ministère de la Culture / CRNS-ENS Paris Saclay Université Paris Nanterre, 2018), http://restitutionreport2018.com/sarr_savoy_en.pdf（最終アクセス：2019年1月12日）
Schipper, Friedrich T., and Frank, Erich, 'A Concise Legal History of the Protection of Cultural Property in the Event of Armed Conflict and a Comparative Analysis of the 1935 Roerich Pact and the 1954 Hague Convention in the Context of the Law of War', *Archaeologies: Journal of the World Archaeological Congress,* 9 (2013), pp. 13-28
Schivelbusch, Wolfgang, *Die Bibliothek von Löwen: eine Episode aus der Zeit der Weltkriege* (Munich: Carl Henser Verlag, 1988)
Schmidt-Glintzer, Helwig, and Arnold, Helwig (eds), *A Treasure House of Books: The Library of Duke August of Brunswick-Wolfenbüttel* (Wiesbaden: Harrassowitz, 1998)
Schmidtke, Sabine, 'The History of Zaydī Studies: An Introduction', *Arabica,* 59 (2012), pp. 85-199
——, 'The Zaydi Manuscript Tradition: Preserving, Studying, and Democratizing Access to the World Heritage of Islamic Manuscripts', *IAS The Institute Letter* (Spring 2017), pp. 14-15
Schork, Kurt, 'Jewel of a City Destroyed by Fire', *The Times,* 27 August 1992, p. 10
Shamir, Avner, 'Johannes Pfefferkorn and the Dual Form of the Confiscation

Uluslararası Sempozyumu, İstanbul-Edirne 9-10-11 Mayıs 2012 (Ankara: T. C. Başbakanlık Vakıflar Genel Müdürlüğü, 2012), pp. 89-110
Riley-Smith, Ben, 'Expenses and Sex Scandal Deleted from MPs' Wikipedia Pages by Computers Inside Parliament', *Daily Telegraph,* 26 May 2015, https://www.telegraph.co.uk/news/general-election-2015/11574217/Expenses-and-sex-scandal-deleted-from-MPs-Wikipedia-pages-by-computers-inside-Parliament.html (最終アクセス：2019年8月29日)
Ritchie, J. C., 'The Nazi Book-Burning', *Modern Language Review,* 83 (1988), pp. 627-43
Robertson, J. C., 'Reckoning with London: Interpreting the *Bills of Mortality* Before John Graunt', *Urban History,* 23 (1996), pp. 325-50
Robson, Ann, 'The Intellectual Background to the Public Library Movement in Britain', *Journal of Library History,* 11 (1976), pp. 187-205
Robson, Eleanor, 'The Clay Tablet Book in Sumer, Assyria, and Babylonia', in Simon Eliot and Jonathan Rose (eds), *A Companion to the History of the Book* (Malden, MA: Blackwell Publishing, 2009), pp. 67-83
——, and Stevens, K., 'Scholarly Tablet Collections in First-Millennium Assyria and Babylonia, c.700-200 BCE, in Gojko Barjamovic and Kim Ryholt (eds), *Libraries Before Alexandria: Near Eastern Traditions* (Oxford: Oxford University Press, 2019), pp. 319-66
Rose, Jonathan, 'Introduction', in Jonathan Rose (ed.), *The Holocaust and the Book: Destruction and Preservation* (Amherst, MA: University of Massachusetts Press, 2001), pp. 1-6
Rosenbach, A. S. W., *A Book Hunter's Holiday: Adventures With Books and Manuscripts* (Boston: Houghton Mifflin, 1936)
Rosenzweig, Roy, 'Scarcity or Abundance? Preserving the Past in a Digital Era', *American Historical Review,* 108 (2003), pp. 735-62
Roskies, David G. (ed.), *Voices from the Warsaw Ghetto: Writing Our History* (New Haven, CT: Yale University Press, 2019)
Rossi, Valentina Sagaria, and Schmidtke, Sabine, 'The Zaydi Manuscript Tradition (ZMT) Project: Digitizing the Collections of Yemeni Manuscripts in Italian Libraries', *COMSt Bulletin,* 5/1 (2019), pp. 43-59
Rozenberg, Joshua, 'Magna Carta in the Modern Age', in Claire Breay and Julian Harrison (eds), *Magna Carta: Law, Liberty, Legacy* (London: British Library, 2015), pp. 209-57
Rundle, David, 'Habits of Manuscript-Collecting: The Dispersals of the Library of Humfrey, Duke of Gloucester', in James Raven (ed.), *Lost Libraries: The Destruction of Great Book Collections Since Antiquity* (London: Palgrave Macmillan, 2004), pp. 106-24
Rydell, Anders, *The Book Thieves: The Nazi Looting of Europe's Libraries and the Race to Return a Literary Inheritance* (New York: Viking, 2017)
Sahner, Christian C., 'Yemen's Threatened Cultural Heritage', *Wall Street Journal,* 26 December 2018, https://www.wsj.com/articles/yemensthreat-

History, 18 (2013), pp. 17-24
Rabinowitz, Dan, *The Lost Library: The Legacy of Vilna's Strashun Library in the Aftermath of the Holocaust* (Waltham, MA: Brandeis University Press, 2019)
Rajak, Tessa, *Translation and Survival: The Greek Bible of the Ancient Jewish Diaspora* (Oxford: Oxford University Press, 2009)
Rankovic, Didi, 'The Internet Archive Risks Being Blocked in Russia Over Copyright Suits', *Reclaimthenet.org,* 24 August 2019, https://reclaimthenet.org/the-internet-archive-risks-blocked-isps/ (最終アクセス：2019 年 8 月 30 日)
Raven, James (ed.), *Lost Libraries: The Destruction of Great Book Collections Since Antiquity* (London: Palgrave Macmillan, 2004)
——, 'The Resonances of Loss', in James Raven (ed.), *Lost Libraries: The Destruction of Great Book Collections Since Antiquity* (London: Palgrave Macmillan, 2004), pp. 1-40
Read, Christopher (ed.), *Letters of Ted Hughes* (London: Faber & Faber, 2007)
Reade, Julian, 'Archaeology and the Kuyunjik Archives', in Klaas R. Veenhof (ed.), *Cuneiform Archives and Libraries: Papers Read at the 30e Rencontre assyriologique internationale, Leiden, 3-8 July 1983* (Istanbul: Nederlands Historisch-Archaeologisch Instituut te Istanbul, 1986), pp. 213-22
——, 'Hormuzd Rassam and His Discoveries', Iraq, 55 (1993), pp. 39-62
Reynolds, L. D., and Wilson, N. G., *Scribes & Scholars: A Guide to the Transmission of the Greek & Latin Literature,* 3rd edn (Oxford: Clarendon Press, 1991)
Rich, Claudius James, *Narrative of a Residence in Koordistan, and on the Site of Ancient Nineveh* (London: James Duncan, 1836)
Riedlmayer, András, 'Convivencia Under Fire: Genocide and Book Burning in Bosnia', in Jonathan Rose (ed.), *The Holocaust and the Book: Destruction and Preservation* (Amherst, MA: University of Massachusetts Press, 2001), pp. 266-91
——, 'The Bosnian Manuscript Ingathering Project', in Markus Koller and Kemal Karpat (eds), *Ottoman Bosnia: A History in Peril* (Madison, WI: Publication of the Center for Turkish Studies, University of Wisconsin Press, 2004), pp. 27-38
——, *Destruction of Cultural Heritage in Bosnia-Herzegovina, 1992-1996: A Post-War Survey of Selected Municipalities* (Milosevic Case No. IT-02-54, Exhibit P486, Date 08/-7/2003 and Krajisnik Case No. IT-00-39, Exhibit P732, Date: 23/05/2005)
——, 'Crimes of War, Crimes of Peace: Destruction of Libraries During and After the Balkan Wars of the 1990s', in Michèle Cloonan and Ross Harvey (eds), *Preserving Cultural Heritage, Library Trends,* 56 (2007), pp. 107-32
——, 'Foundations of the Ottoman Period in the Balkan Wars of the 1990s', in Mehmet Kurtoğlu (ed.), *Balkan'larda Osmanlı Vakıfları ve Eserleri*

(1983), pp. 1-23
——, 'Library of Assurbanipal', in Roger S. Bagnall, et al. (eds), *The Encyclopedia of Ancient History* (Oxford: Wiley-Blackwell, 2010)
Pearson, David, *Oxford Bookbinding 1500-1640* (Oxford: Oxford Bibliographical Society Publications, 3rd series, 3, 2000)
Pedersén, Olof, *Archives and Libraries in the Ancient Near East 1500-300BC* (Bethesda, MD: CDL Press, 1998)
Pepys, Samuel, *The Diary of Samuel Pepys,* (eds) Robert Latham and William Matthews, 11 vols (London: G. Bell & Sons, 1970-83)
Peterson, William S., *The Kelmscott Press: A History of William Morris's Typographical Adventure* (Oxford: Oxford University Press, 1991)
Pfeiffer, Judith (ed.), *Politics, Patronage and the Transmission of Knowledge in 13th-15th Century Tabriz* (Leiden: Brill, 2013)
Philip, Ian, *The Bodleian Library in the Seventeenth and Eighteenth Centuries* (Oxford: Clarendon Press, 1983)
Piper, Ernst, *Alfred Rosenberg: Hitler's Chefideologe* (Munich: Karl Blessing Verlag, 2005)
Plath, Sylvia, *The Journals of Sylvia Plath,* Foreword by Ted Hughes (New York: Ballantyne Books, 1983)
——, *The Unabridged Journals of Sylvia Plath: 1950-1962,* (ed.) Karen V. Kukil (New York: Anchor, 2000)
Pogson, K. M., 'A Grand Inquisitor and His Books', *Bodleian Quarterly Record,* 3 (1920), pp. 239-44
Poole, Reginald Lane, *A Lecture on the History of the University Archives* (Oxford: Clarendon Press, 1912)
Posner, Ernst, 'The Effect of Changes in Sovereignty on Archives', *American Archivist,* 5 (1942), pp. 141-55
——, *Archives & the Public Interest: Selected essays by Ernst Posner,* (ed.) Ken Munden (Washington, DC: Public Affairs, 1967)
——, *Archives in the Ancient World* (Cambridge, MA: Harvard University Press, 1972)
Potts, D. T., 'Before Alexandria: Libraries in the Ancient Near East', in Roy MacLeod (ed.), *The Library of Alexandria: Centre of Learning in the Ancient World* (London: I. B. Tauris, 2000), pp. 19-33
Prest, Wilfred, *William Blackstone: Law and Letters in the Eighteenth Century* (Oxford: Oxford University Press, 2008)
Price, David H., *Johannes Reuchlin and the Campaign to Destroy Jewish Books* (Oxford: Oxford University Press, 2010)
Proctor, Tammy M., 'The Louvain Library and US Ambition in Interwar Belgium', *Journal of Contemporary History,* 50 (2015), pp. 147-67
Pullman, Philip, *The Book of Dust,* 1: La Belle Sauvage (London: David Fickling in association with Penguin, 2017)
Purcell, Mark, 'Warfare and Collection-Building: The Faro Raid of 1596', *Library*

O'Dell, Eoin, 'Not Archiving the .ie Domain, and the Death of New Politics', *Cearta.ie: the Irish for Rights,* 17 May 2019, http://www.cearta.ie/2019/05/not-archiving-the-ie-domain-and-the-death-of-newpolitics/（最終アクセス：18 May 2019）
Ojo, Oluseye, 'National Archives "in a Very Sorry State", Historians Warn', *Sunnewsonline,* 1 September 2019, https://www.sunnewsonline.com/national-archives-in-very-sorry-state-historians-warn/（最終アクセス：2019 年 9 月 10 日）
Orwell, George, *NineteenEighty-Four*（London: Penguin, 1989）
Ostrowski, Carl, *Books, Maps, and Politics: A Cultural History of the Library of Congress 1783-1861*（Amherst, MA: University of Massachusetts Press, 2004）
Ovenden, Richard, 'Scipio le Squyer and the Fate of Monastic Cartularies in the Early Seventeenth Century', *The Library,* 6th series, 13（1991）, pp. 323-37
——, 'The Libraries of the Antiquaries, 1580-1640 and the Idea of a National Collection', in Elisabeth Leedham-Green and Teresa Webber（eds）, *The Cambridge History of Libraries in Britain and Ireland, 1: To 1640*（Cambridge: Cambridge University Press, 2006）, pp. 527-61
——, 'Catalogues of the Bodleian Library and Other Collections', in Ian Gadd（ed.）, *The History of Oxford University Press,* 1: *Beginnings to 1780*（Oxford: Oxford University Press, 2013）, pp. 278-92
——, 'Virtual Memory: The Race to Save the Information Age', *Financial Times Weekend,* 21-22 May 2016, https://www.ft.com/content/907fe3a6-1ce3-11e6-b286-cddde55ca122（最終アクセス：2018 年 11 月 22 日）
——, 'The Manuscript Library of Lord William Howard of Naworth（1563-1640）', in James Willoughby and Jeremy Catto（eds）, *Books and Bookmen in Early Modern Britain: Essays Presented to James P. Carley*（Toronto: Pontifical Institute of Medieval Studies, 2018）, pp. 278-318
——, 'The Windrush Scandal Reminds Us of the Value of Archives', *Financial Times,* 25 April 2018, https://www.ft.com/content/5cc54f2a-4882-11e8-8c77-ff51caedcde6（最終アクセス：2018 年 11 月 22 日）
——, 'We Must Fight to Preserve Digital Information', *The Economist,* 21 February 2019, https://www.economist.com/open-future/2019/02/21/we-must-fight-to-preserve-digital-information
Pankhurst, Richard, 'The Removal and Restitution of the Third World's Historical and Cultural Objects: The Case of Ethiopia', *Development Dialogue,* 1-2（1982）, pp. 134-40
Pankhurst, Rita, 'The Library of Emperor Tewodros II at Maqdala', *Bulletin of the School of Oriental and African Studies,* 36（1973）, pp. 14-42
Parkes, M. B., 'The Provision of Books', in J. I. Catto and Ralph Evans（eds）, *A History of the University of Oxford, 2: Late Medieval Oxford*（Oxford: Clarendon Press, 1992）, pp. 407-84
Parpola, Simo, 'Assyrian Library Records', *Journal of Near Eastern Studies,* 42

Philp and Frederick Rosen (Oxford: Oxford University Press, 2015)
Mittler, Elmar (ed.), *Bibliotheca Palatina: Katalog zur Austellung vom. 8 Juli bis 2. Nov 1986, Heideliggeitskirche Heidelberg* (Heidelberg: Braus, 1986)
Moldrich, Donovan, 'Tamils Accuse Police of Cultural Genocide', *The Times,* 8 September 1984, p. 4
Montagne, Renée, 'Iraq's Memory Foundation: Context in Culture', *Morning Edition* (NPR), 22 March 2005, https://www.npr.org/templates/story/story.php?storyId = 4554528 (最終アクセス : 2019 年 4 月 16 日)
Montgomery, Bruce P., 'The Iraqi Secret Police Files: A Documentary Record of the Anfal Genocide', *Archivaria,* 52 (2001), pp. 69-99
——, 'Immortality in the Secret Police Files: The Iraq Memory Foundation and the Baath Party Archive', *International Journal of Cultural Property,* 18 (2011), pp. 309-36
——, 'US Seizure, Exploitation, and Restitution of Saddam Hussein's Archive of Atrocity', *Journal of American Studies,* 48 (2014), pp. 559-93
——, and Brill, Michael P., 'The Ghosts of Past Wars Live on in a Critical Archive', *War on the Rocks,* 11 September 2019, https://warontherocks.com/2019/09/the-ghosts-of-past-wars-live-on-in-a-critical-archive/ (最終アクセス : 3 October 2019)
Moran, Jessica, 'Is Your Facebook Account an Archive of the Future?', *National Library of New Zealand Blog,* 30 August 2019, https://natlib.govt.nz/blog/posts/is-your-facebook-account-an-archive-of-the-future (最終アクセス : 2019 年 9 月 6 日)
Motion, Andrew, Philip Larkin: A Writer's Life (London: Faber & Faber, 1993)
Murgia, Madhumita, 'Microsoft Quietly Deletes Largest Public Face Recognition Data Set', *Financial Times,* 6 June 2019, https://www.ft.com/content/7d3e0d6a-87a0-11e9-a028-86cea8523dc2 (最終アクセス : 2019 年 9 月 2 日)
Murray, Nicholas, *Kafka* (London: Little Brown, 2004)
Myres, J. N. L., 'Recent Discoveries in the Bodleian Library', *Archaeologia,* 101 (1967), pp. 151-68
Naisbitt, John, *Megatrends* (London: Futura, 1984)
Naudé, Gabriel, *Advice on Establishing a Library,* with an Introduction by Archer Taylor (Berkeley, CA: University of California Press, 1950)
'Nazis Charge, British Set Fire to Library', *New York Times,* 27 June 1940, p. 12
'News Reel Shows Nazi Bombing', *Daily Mail,* 28 May 1940, p. 3
Now Special Edition, 17 March 2003, transcript, https://www.pbs.org/now/transcript/transcript031703_full.html (最終アクセス : 2019 年 3 月 17 日)
Oates, Joan, and Oates, David, *Nimrud: An Assyrian Imperial City Revealed* (London: British School of Archaeology in Iraq, 2001)
O'Brien, Hettie, 'Spy Stories: How Privacy is Informed by the Past', *Times Literary Supplement,* 16 August 2019, p. 11

McKenzie, Judith S., Gibson, Sheila, and Reyes, A. T., 'Reconstructing the Serapeum in Alexandria from the Archaeological Evidence', *Journal of Roman Studies,* 94 (2004), pp. 73-121
McKitterick, David, *Cambridge University Library, A History: The Eighteenth and Nineteenth Centuries* (Cambridge: Cambridge University Press, 1986)
MacLeod, Roy, 'Introduction: Alexandria in History and Myth', in Roy MacLeod (ed.), *The Library of Alexandria: Centre of Learning in the Ancient World* (London: I. B. Tauris, 2000), pp. 1-15
MacMillan, Margaret, *The War That Ended Peace: How Europe Abandoned Peace for the First World War* (London: Profile, 2013)
Macray, William Dunn, *Annals of the Bodleian Library Oxford, 2nd edn, Enlarged and Continued from 1868 to 1880* (Oxford: Clarendon Press, 1890)
Maddrell, Paul, 'The Revolution Made Law: The Work Since 2001 of the Federal Commissioner for the Records of the State Security Service of the Former German Democratic Republic', *Cold War History,* 4 (2004), pp. 153-62
Madison, James, *The Papers of James Madison,* (ed.) Henry Gilpin, 4 vols (New York: J. & H. G. Langley, 1841)
Makiya, Kanan, *Republic of Fear: The Politics of Modern Iraq* (Berkeley, CA: University of California Press, 1998)
——, 'A Model for Post-Saddam Iraq', *Journal of Democracy,* 14 (2003), pp. 5-12
——, 'A Personal Note', in *The Rope* (New York: Pantheon, 2016), pp. 297-319
Malcolm, Janet, *The Silent Woman: Sylvia Plath and Ted Hughes* (New York: Knopf, 1994)
Malcolm, Noel, *Bosnia: A Short History* (London: Macmillan, 1994)
——, 'Preface', in Markus Koller and Kemal H. Karpat (eds), Ottoman Bosnia: *A History in Peril* (Madison, WI: Publication of the Center for Turkish Studies, University of Wisconsin, 2004), pp. vii-viii
Matthäus, Jürgen, 'Nazi Genocides', in Richard J. Bosworth and Joseph A. Maiolo (eds), The Cambridge History of the Second World War, 2: *Politics and Ideology* (Cambridge: Cambridge University Press, 2015), pp. 162-80
Matthies, Volker, *The Siege of Magdala: The British Empire Against the Emperor of Ethiopia* (Princeton, NJ: Markus Wiener, 2012)
Max, Stanley M., 'Tory Reaction to the Public Libraries Bill, 1850', *Journal of Library History,* 19 (1974-87), pp. 504-24
Mayer-Schönberger, Viktor, *Delete: The Virtue of Forgetting in the Digital Age* (Princeton, NJ: Princeton University Press, 2009)
Meehan, Bernard, *The Book of Kells* (London: Thames & Hudson, 2012)
Mercier, Désiré-Félicien-François-Joseph, *Pastoral Letter of his Eminence Cardinal Mercier Archbishop of Malines Primate of Belgium Christmas 1914* (London: Burns & Oates Ltd, 1914)
Mill, John Stuart, *On Liberty, Utilitarianism, and Other Essays,* (eds) Mark

Letters of Sir Thomas Bodley to the University of Oxford 1598-1611, (ed.) G. W. Wheeler (Oxford: Printed for private circulation at Oxford University Press, 1927)
'Librarian of Louvain Tells of War Losses', *New York Times,* 17 April 1941, p. 1
Libraries Connected, 'Value of Libraries', https://www.librariesconnected.org.uk/page/value-of-libraries (最終アクセス：2019年8月25日)
The Libraries of King Henry VIII, (ed.) James P. Carley *(Corpus of British Medieval Library Catalogues 7)* (London: British Library in association with the British Academy, 2000)
Lieberman, S. J., 'Canonical and Official Cuneiform Texts: Towards an Understanding of Assurbanipal's Personal Tablet Collection', in Tzvi Abusch, John Huehnergard and Piotr Steinkeller (eds), *Lingering Over Words: Studies in Ancient Near Eastern Literature in Honor of William L. Moran* (Atlanta, GA: Scholars' Press, 1990), pp. 310-11
Lipstadt, Deborah, *Denying the Holocaust: The Growing Assault on Truth and Memory* (New York: Free Press, 1993)
Lloyd, Seton, *Foundations in the Dust: The Story of Mesopotamian Exploration* (London: Thames & Hudson, 1980)
Locker-Lampson, Frederick, 'Tennyson on the Romantic Poets', in Norman Page (ed.), *Tennyson: Interviews and Recollections* (Basingstoke: Macmillan, 1983)
Lor, Peter, 'Burning Libraries for the People: Questions and Challenges for the Library Profession in South Africa', *Libri* (2013), pp. 359-72
The Lorsch Gospels-Introduction by Wolfgang Braunfels (New York: George Braziller, 1967)
Lowndes, Susan, *Portugal: A Traveller's Guide* (London: Thornton Cox, 1989)
Lowry, James (ed.), *Displaced Archives* (London: Routledge, 2014)
Lustig, Jason, 'Who Are to Be the Successors of European Jewry? The Restitution of German Jewish Communal and Cultural Property', *Journal of Contemporary History,* 52 (2017), pp. 519-45
MacCarthy, Fiona, *Byron: Life and Legend* (London: John Murray, 2002)
McClanahan, Kel, 'Trump and the Demise of the Presidential Records Honor System', *JustSecurity,* 22 March 2019, https://www.justsecurity.org/63348/trump-and-the-demise-of-the-presidential-records-honor-system/ (最終アクセス：2019年8月13日)
McConica, James (ed.), *The History of the University of Oxford,* III: *The Collegiate University* (Oxford: Oxford University Press, 1986)
MacCulloch, Diarmaid, *Thomas Cromwell: A Life* (London: Allen Lane, 2018)
McDougall, James, *A History of Algeria* (Cambridge: Cambridge University Press, 2017)
MacGinnis, John, 'The Fall of Assyria and the Aftermath of the Empire', in Gareth Brereton (ed.), *I am Ashurbanipal King of the World, King of Assyria* (London: Thames & Hudson/British Museum, 2018), pp. 276-85

ies (Cambridge: Cambridge University Press, 2013)
Koslowski, Max, 'National Archives May Not Survive Unless Funding Doubles, Warns Council', *Canberra Times,* 18 July 2019, https://www.canberratimes.com.au/story/6279683/archives-may-not-survive-unless-funding-doubles-warns-council/?cs = 14350 (最終アクセス : 2019 年 9 月 11 日)
Krevans, Nita, 'Bookburning and the Poetic Deathbed: The Legacy of Virgil', in Philip Hardie and Helen Moore (eds), *Classical Literary Careers and Their Reception* (Cambridge: Cambridge University Press, 2010), pp. 197-208
Kruk, Herman, 'Library and Reading Room in the Vilna Ghetto, Strashun Street 6', in Jonathan Rose (ed.), *The Holocaust and the Book: Destruction and Preservation* (Amherst, MA: University of Massachusetts Press, 2001), pp. 171-200
Kuznitz, Cecile Esther, *YIVO and the Making of Modern Jewish Culture: Scholarship for the Yiddish Nation* (Cambridge: Cambridge University Press, 2014)
Labbé, Thomas, et al., 'The Longest Homogeneous Series of Grape Harvest Dates, Beaune 1354-2018, and its Significance for the Understanding of Past and Present Climate', *Climate of the Past,* 15 (2019), pp. 1485-1501, https://doi.org/10.5194/cp-15-1485-2019
Lapidge, Michael, *The Anglo-Saxon Library* (Oxford: Oxford University Press, 2008)
Larkin, Philip, 'A Neglected Responsibility: Contemporary Literary Manuscripts', in *Required Writing: Miscellaneous Pieces 1955-1982* (London: Faber & Faber, 1983), pp. 98-108
——, *Selected Letters of Philip Larkin 1940-1985,* (ed.) Anthony Thwaite (London: Faber & Faber, 1992)
——, *Letters to Monica,* (ed.) Anthony Thwaite (London: Faber & Faber in association with the Bodleian Library, 2010)
——, *Complete Poems,* (ed.) Archie Burnett (New York: Farrar, Straus & Giroux, 2012)
——, *Letters Home 1936-1977,* (ed.) James Booth (London: Faber & Faber, 2018)
Layard, Austen H., *Discoveries in the Ruins of Nineveh and Babylon* (London: John Murray, 1853)
Led By Donkeys: *How Four Friends with a Ladder Took on Brexit* (London: Atlantic Books, 2019)
Leland, John, *The laboryouse journey & serche…for Englandes antiquitees…,* (ed.) John Bale (London: S. Mierdman, 1549)
——, *The Itinerary of John Leland,* (ed.) Lucy Toulmin Smith, 5 vols (London: Centaur Press, 1964)
——, *De uiris illustribus. On famous men,* (ed.) James P. Carley (Toronto: Pontifical Institute of Medieval Studies/Oxford: Bodleian Library, 2010)

Jeong, Sarah, 'Anti-ISIS Hacktivists are Attacking the Internet Archive', Tech by Vice: Motherboard, 15 June 2016, https://web.archive.org/web/20190523193053/https://www.vice.com/en_us/article/3davzn/anti-isis-hacktivists-are-attacking-the-internet-archive（最終アクセス：2019年9月1日）
Johnston, William Dawson, *History of the Library of Congress,* 1: 1800-1864 (Washington, DC: Government Printing Office, 1904)
Jones, Emrys, 'Ordeal by Fire', *Daily Mail,* 31 December 1940, p. 2
Jones, Meg Leta, *Ctrl + Z: The Right to be Forgotten* (New York: New York University Press, 2016)
Kalender, Fahrudin, 'In Memoriam: Aida (Fadila) Buturovic (1959-1992)', *Bibliotekarstvo: godišnjak Društva bibliotekara Bosne i Hercegovine,* 37-41 (1992-6), p. 73
Karabinos, Michael Joseph, 'Displaced Archives, Displaced History: Recovering the Seized Archives of Indonesia', *Bijdragen tot de Taal-, Land-en Volkenkunde,* 169 (2013), pp. 279-94
Kenosi, Lekoko, 'Preserving and Accessing the South African Truth and Reconciliation Commission Records', in James Lowry and Justus Wamukoya (eds), *Integrity in Government Through Records Management: Essays in Honour of Anne Thurston* (Farnham: Ashgate, 2014), pp. 111-23
Ker, Neil R., *Pastedowns in Oxford Bindings With a Survey of Oxford Binding c.1515-1620* (Oxford: Oxford Bibliographical Society publications, new series 5, 1954)
——, 'Cardinal Cervini's Manuscripts from the Cambridge Friars', in Andrew G. Watson (ed.), *Books, Collectors and Libraries: Studies in the Medieval Heritage* (London: Hambledon Press, 1985), pp. 437-58
——, 'Oxford College Libraries before 1500', in Andrew G. Watson (ed.), *Books, Collectors and Libraries: Studies in the Medieval Heritage* (London: Hambledon Press, 1985), pp. 301-20
Klinenberg, Eric, *Palaces for the People: How to Build a More Equal and United Society* (London: Bodley Head, 2018)
Knowles, David, *The Religious Orders in England,* 3: The Tudor Age (Cambridge: Cambridge University Press, 1959)
Knuth, Rebecca, Libricide: *The Regime-Sponsored Destruction of Books and Libraries in the Twentieth Century* (Westport, CT: Praeger, 2003)
——, *Burning Books and Levelling Libraries: Extremist Violence and Cultural Destruction* (Westport, CT: Praeger, 2006)
Koller, Markus, and Karpat, Kemal H. (eds), *Ottoman Bosnia: A History in Peril* (Madison, WI: Publication of the Center for Turkish Studies, University of Wisconsin Press, 2004)
Kominko, Maja (ed.), From Dust to Digital: *Ten Years of the Endangered Archives Programme* (Cambridge: Open Book Publishers, 2015)
König, Jason, Oikonomopolou, Katarina, and Woolf, Greg (eds), *Ancient Librar-*

Hoffman, Adina, and Cole, Peter, *Sacred Trash: The Lost and Found World of the Cairo Genizah* (New York: Schocken, 2011)

Hopf, Henning, Krief, Alain, Mehta, Goverdhan, and Matlin, Stephen A., 'Fake Science and the Knowledge Crisis: Ignorance Can Be Fatal', *Royal Society Open Science,* 6 (2019), 1-7, https://doi.org/10.1098/rsos.190161Horrigan, John B., Libraries 2016, Pew Research Center, Washington, DC, September 2016, https://www.pewinternet.org/2016/09/09/libraries-2016/ (最終アクセス : 2019年9月8日)

Houston, George W., 'The Non-Philodemus Book Collection in the Villa of the Papyri', in Jason König, Katerina Oikonomopolou and Greg Woolf (eds), *Ancient Libraries* (Cambridge: Cambridge University Press, 2013), pp. 183-208

Hughes, Ted, Winter Pollen: Occasional Prose, (ed.) *William Scammell* (London: Faber & Faber, 1994)

Hunt, R. W. (ed.), *A Summary Catalogue of Western Manuscripts in the Bodleian Library at Oxford, 1: Historical Introduction and Conspectus of Shelf-Marks* (Oxford: Clarendon Press, 1953)

Huseinovic, Samir, and Arbutina, Zoran, 'Burned Library Symbolizes Multiethnic Sarajevo', *dw.com,* 25 August 2012, https://p.dw.com/p/15wWr (最終アクセス : 2020年2月18日)

International Tribunal for the Prosecution of Persons Responsible for Serious Violations of International Humanitarian Law Committed in the Territory of the Former Yugoslavia Since 1991, *The Prosecutor vs. Ratko Mladić: 'Prosecution Submission of the Fourth Amended Indictment and Schedules of Incidents',* Case Number: IT-09-92-PT, 16 December 2011, https://heritage.sense-agency.com/assets/sarajevo-national-library/sg-3-02-mladic-indictment-g-en.pdf (最終アクセス : 2020年2月17日)

'Internet Archive is Suffering from a DDoS Attack', *Hacker News,* 15 June 2016, https://news.ycombinator.com/item?id = 11911926 (最終アクセス : 2019年6月2日)

'The Irish Times View: Neglect of the National Archives', *Irish Times,* 31 December 2019, https://www.irishtimes.com/opinion/editorial/theirish-times-view-neglect-of-the-national-archives-1.4127639 (最終アクセス : 2019年12月31日)

Jacob, Christian, 'Fragments of a History of Ancient Libraries', in Jason König, Katerina Oikonomopolou and Greg Woolf (eds), *Ancient Libraries* (Cambridge: Cambridge University Press, 2013), pp. 57-81

Jefferson, Thomas to Isaac Macpherson, 13 August 1813. Document 12 in Andrew A. Lipscomb and Albert Ellery Bergh (eds), *The Writings of Thomas Jefferson,* 13 (Washington, DC: Thomas Jefferson Memorial Association, 1905), pp. 333-5

Jenkinson, Hilary, and Bell, H. E., *Italian Archives During the War and at its Close* (London: HM Stationery Office, 1947)

Migration of the Archives of British Colonial Administration: A Southeast Asia Case Study', *Journal of Imperial and Contemporary History,* 41 (2013), pp. 334-52
Handis, Michael W., 'Myth and History: Galen and the Alexandrian Library', in Jason König, Katerina Oikonomopolou and Greg Woolf (eds), *Ancient Libraries* (Cambridge: Cambridge University Press, 2013), pp. 364-76
Harris, Oliver, 'Motheaten, Mouldye, and Rotten: The Early Custodial History and Dissemination of John Leland's Manuscript Remains', *Bodleian Library Record,* 18 (2005), pp. 460-501
Harris, P. R., *A History of the British Museum Library 1753-1973* (London: British Library, 1998)
Harrison, William, and Edelen, George, *The Description of England: The Classic Contemporary Account of Tudor Social Life* (Washington, DC: Folger Library and Dover Publications, 1994)
Harvey, Adam, *MegaPixels:* https://megapixels.cc/ (最終アクセス：2019 年 9 月 2 日)
Hatzimachili, Myrto, 'Ashes to Ashes? The Library of Alexandria after 48 BC', in Jason König, Katerina Oikonomopolou and Greg Woolf (eds), *Ancient Libraries* (Cambridge: Cambridge University Press, 2013), pp. 167-82
Haupt, P., 'Xenophon's Account of the Fall of Nineveh', *Journal of the American Oriental Society,* 28 (1907), pp. 99-107
Hayner, Priscilla B., *Unspeakable Truths: Transitional Justice and the Challenge of Truth Commissions,* 2nd edn (New York: Routledge, 2011)
Hebron, Stephen, *Marks of Genius: Masterpieces from the Collections of the Bodleian Libraries* (Oxford: Bodleian Library, 2014)
—-, and Denliger, Elizabeth C., *Shelley's Ghost: Reshaping the Image of a Literary Family* (Oxford: Bodleian Library, 2010)
Hern, Alex, 'Flickr to Delete Millions of Photos as it Reduces Allowance for Free Users', *Guardian,* 18 November 2018, https://www.theguardian.com/technology/2018/nov/02/flickr-delete-millions-photos-reduceallowance-free-users (最終アクセス：2019 年 6 月 2 日)
Hill, Evan, 'Silicon Valley Can't Be Trusted with Our History', *Buzzfeednews.com,* 29 April 2018, https://www.buzzfeednews.com/article/evanhill/silicon-valley-cant-be-trusted-with-our-history (最終アクセス 2019 年 7 月 1 日)
Hill, Leonidas E., 'The Nazi Attack on "Un-German" Literature, 1933-1945', in Jonathan Rose (ed.), *The Holocaust and the Book: Destruction and Preservation* (Amherst, MA: University of Massachusetts Press, 2001), pp. 9-46
Hirschler, Konrad, *The Written Word in the Medieval Arabic Lands: A Social and Cultural History of Reading Practices* (Edinburgh: Edinburgh University Press, 2012)
——, *Medieval Damascus: Plurality and Diversity in an Arabic Library: The Ashrafiyya Library Catalogue* (Edinburgh: Edinburgh University Press, 2016)

Grimsted, Patricia Kennedy, 'Displaced Archives and Restitution Problems on the Eastern Front in the Aftermath of the Second World War', *Contemporary European History,* 6 (1997), pp. 27-74
——, *Trophies of War and Empire: The Archival Heritage of Ukraine, World War II and the International Politics of Restitution* (Cambridge, MA: Harvard Ukrainian Research Institute, 2001)
——, 'The Postwar Fate of Einsatzstab Reichsleiter Rosenberg Archival and Library Plunder, and the Dispersal of ERR Records', *Holocaust and Genocide Studies,* 20, 2 (2006), pp. 278-308
Gross, Robert, and Kelley, Mary (eds), *A History of the Book in America, 2: An Extensive Republic: Print, Culture & Society in the New Nation 1790-1840* (Chapel Hill, NC: American Antiquarian Society and the University of North Carolina Press, 2010)
Große, Peter, and Sengewald, Barbara and Matthias, 'Der chronologische Ablauf der Ereignisse am 4. Dezember 1989', *Gesellschaft für Zeitgeschichte: Stasi-Besetzung,* 4.12.1989, http://www.gesellschaft-zeitgeschichte.de/geschichte/1-stasi-besetzung-1989-in-erfurt/der-4-dezember-1989-in-erfurt/ (最終アクセス : 2020 年 6 月 6 日)
Guppy, Henry, *The Reconstitution of the Library of the University of Louvain: Great Britain's Contribution* 1914-1925 (Manchester: Manchester University Press, 1926)
Gutas, Dimitri, *Greek Thought, Arabic Culture: The Graeco-Arabic Translation Movement in Baghdad and Early Abbasid Society* (2nd-4th/8th-10th centuries) (London: Routledge, 2012)
Hacker, Joseph R., 'Sixteenth-Century Jewish Internal Censorship of Hebrew Books', in Joseph R. Hacker and Adam Shear (eds), *The Hebrew Book in Early Modern Italy* (Philadelphia, PA: University of Pennsylvania Press, 2011), pp. 109-20
Halvarsson, Edith, 'Over 20 Years of Digitization at the Bodleian Libraries', *Digital Preservation at Oxford and Cambridge,* 9 May 2017, http://www.dpoc.ac.uk/2017/05/09/over-20-years-of-digitization-at-the-bodleian-libraries/ (最終アクセス : 2019 年 12 月 21 日)
Hamel, Christopher de, *Syon Abbey: The Library of the Bridgettine Nuns and Their Peregrinations After the Reformation* (Otley: Printed for the Roxburghe Club, 1991)
——, 'The Dispersal of the Library of Christ Church Canterbury from the Fourteenth to the Sixteenth Century', in James P. Carley and Colin C. G. Tite (eds), *Books and Collectors 1200-1700: Essays Presented to Andrew Watson* (London: British Library, 1997), pp. 263-79
Hamilton, Alastair, 'The Learned Press: Oriental Languages', in Ian Gadd (ed.), *The History of Oxford University Press, 1: Beginnings to 1780* (Oxford: Oxford University Press, 2013), pp. 399-417
Hampshire, Edward, '"Apply the Flame More Searingly"': The Destruction and

ern Europe (Leiden: Brill, 2017), pp. 133-62
Garton Ash, *Timothy, The File* (London: Atlantic Books, 1997)
——, 'True Confessions', *New York Review of Books,* 17 July 1997
——, *History of the Present: Essays, Sketches and Dispatches from Europe in the 1990s* (London: Allen Lane, 1999)
—— *Free Speech: Ten Principles for a Connected World* (London: Atlantic Books, 2016)
Gauck, Joachim, 'State Security Files', in Alex Boraine, Janet Levy and Ronel Sheffer (eds), *Dealing with the Past: Truth and Reconciliation in South Africa* (Cape Town: Institute for Democracy in South Africa, 1994), pp. 71-5
——, and Fry, Martin, 'Dealing with a Stasi Past', *Daedalus,* 123 (1994), pp. 277-84
Gellman, Barton, and Randal, Jonathan C., 'U.S. to Airlift Archive of Atrocities out of Iraq', *Washington Post,* 19 May 1992, p. A12
Gentleman, Amelia, 'Home Office Destroyed Windrush Landing Cards Says Ex-Staffer', Guardian, 17 April 2018, https://www.theguardian.com/uk-news/2018/apr/17/home-office-destroyed-windrush-landingcards-says-ex-staffer (最終アクセス：2019年9月3日)
Gibbon, Edward, *The History of the Decline and Fall of the Roman Empire,* (ed.) David Womersely, 3 vols (London: Penguin Books, 1994-5)
Gleig, George Robert, *A Narrative of the Campaigns of the British Army at Washington and New Orleans, Under Generals Ross, Pakenham, and Lambert, in 1814 and 1815* (London: John Murray, 1821)
Gnisci, Jacopo (ed.), *Treasures of Ethiopia and Eritrea in the Bodleian Library, Oxford* (Oxford: Mana al-Athar, 2019)
Goldring, Elizabeth, Nicholas *Hilliard: Life of an Artist* (New Haven, CT: Published by the Paul Mellon Center for British Art by Yale University Press, 2019)
Goodman, Martin, *A History of Judaism* (London: Allen Lane, 2017)
Gordon, Martin K., 'Patrick Magruder: Citizen, Congressman, Librarian of Congress', *Quarterly Journal of the Library of Congress,* 32 (1975), pp. 153-71
Gravois, John, 'A Tug of War for Iraq's Memory', *Chronicle of Higher Education,* 54 (8 February 2008), pp. 7-10
Grendler, Paul F., *The Roman Inquisition and the Venetian Press, 1540-1605* (Princeton, NJ: Princeton University Press, 1977)
——, 'The Destruction of Hebrew Books in Venice in 1568', *Proceedings of the American Academy for Jewish Research,* 45 (1978), pp. 103-30
Grierson, Jamie, and Marsh, Sarah, 'Vital Immigration Papers Lost by UK Home Office', *Guardian,* 31 May 2018, https://www.theguardian.com/uk-news/2018/may/31/vital-immigration-papers-lost-by-uk-home-office (最終アクセス：2018年5月31日)

arts/nazi-loot-on-library-shelves.html（最終アクセス：2020年2月12日）
Feather, John, *Publishing, Piracy and Politics: An Historical Study of Copyright in Britain* (London: Mansell, 1994)
Feingold, Mordechai, 'Oriental Studies', in Nicholas Tyacke (ed.), *The History of the University of Oxford, 4: Seventeenth-Century Oxford* (Oxford: Clarendon Press, 1997), pp. 449-504
Filkins, Dexter, 'Regrets Only?', *New York Times Magazine,* 7 October 2007, https://www.nytimes.com/2007/10/07/magazine/07MAKIYA-t.html（最終アクセス：2019年4月16日）
Finkel, Irving, 'Ashurbanipal's Library: Contents and Significance', in Gareth Brereton (ed.), *I am Ashurbanipal King of the World, King of Assyria* (London: Thames & Hudson/British Museum, 2018), pp. 88-97
Fishman, David E., 'Embers Plucked from the Fire: The Rescue of Jewish Cultural Treasures at Vilna', in Jonathan Rose (ed.), *The Holocaust and the Book: Destruction and Preservation* (Amherst, MA: University of Massachusetts Press, 2001), pp. 66-78
——, *The Book Smugglers: Partisans, Poets, and the Race to Save Jewish Treasures from the Nazis* (New York: Foredge, 2017)
Fleming, Patricia, Gallichan, Gilles, and Lamonde, Yves (eds), *History of the Book in Canada, 1: Beginnings to 1840* (Toronto: University of Toronto Press, 2004)
Flood, Alison, 'Turkish Government Destroys More Than 300,000 books', *Guardian,* 6 August 2019
Fox, Peter, *Trinity College Library Dublin: A History* (Cambridge: Cambridge University Press, 2014)
Frame, Grant, and George, A. R., 'The Royal Libraries of Nineveh: New Evidence for King Ashurbanipal's Tablet Collecting', *Iraq,* 67 (2005), pp. 265-84
Gallas, Elisabeth, *'Das Leichenhaus der Bücher': Kulturrestitution und jüdisches Geschichtsdenken nach 1945* (Göttingen: Vandenhoeck & Ruprecht, 2016)
Gameson, Richard, *The Earliest Books of Canterbury Cathedral: Manuscripts and Fragments to c.1200* (London: Bibliographical Society/ British Library/ Dean and Chapter of Canterbury, 2008)
——, 'From Vindolanda to Domesday: The Book in Britain from the Romans to the Normans', in Richard Gameson (ed.), *The Cambridge History of the Book in Britain, 1: c.400-1100* (Cambridge: Cambridge University Press, 2012), pp. 1-12
Ganz, David, 'Anglo-Saxon England', in Elisabeth Leedham-Green and Teresa Webber (eds), The Cambridge History of Libraries in Britain and Ireland, 1: To 1640 (Cambridge: Cambridge University Press, 2006), pp. 91-108
García-Arenal, Mercedes, and Rodríguez Mediano, Fernando, 'Sacred History, Sacred Languages: The Question of Arabic in Early Modern Spain', in Jan Loop, et al. (eds), *The Teaching and Learning of Arabic in Early Mod-*

2014)
Cuneiform Texts from Babylonian Tablets &c., in the British Museum (London: British Museum, 1896-)
Darnton, Robert, 'The Great Book Massacre', *New York Review of Books,* 26 April 2001, pp. 16-19Davison, Phil, 'Ancient treasures destroyed', Independent, 27 August 1992, https://www.independent.co.uk/news/world/europe/ancient-treasures-destroyed-1542650.html (最終アクセス : 2020 年 2 月 18 日)
de le Court, J. (ed.), *Recueil des ordonnances des Pays-Bas autrichiens. Troisième série: 1700-1794* (Brussels, 1894)
Deguara, Brittney, 'National Library Creates Facebook Time Capsule to Document New Zealand's History', *stuff.co.nz,* 5 September 2019, https://www.stuff.co.nz/national/115494638/national-library-createsfacebook-time-capsule-to-document-new-zealands-history (最終アクセス : 2019 年 9 月 6 日)
Derrida, Jacques, *Archive Fever: A Freudian Impression* (Chicago: University of Chicago Press, 1998)
Desjardins, Jeff, 'What Happens in an Internet Minute in 2019', *Visualcapitalist.com,* 13 March 2019, https://www.visualcapitalist.com/what-happens-in-an-internet-minute-in-2019/ (最終アクセス : 2019 年 6 月 5 日)
Dimitrov, Martin K., and Sassoon, Joseph, 'State Security, Information, and Repression: A Comparison of Communist Bulgaria and Ba'thist Iraq', *Journal of Cold War Studies,* 16 (2014), pp. 3-31
Dixon, C. Scott, 'The Sense of the Past in Reformation Germany: Part II', *German History,* 30 (2012), pp. 175-98
Dolsten, Josefin, '5 Amazing Discoveries from a Hidden Trove', *Washington Jewish Week,* 30 November 2017, pp. 10-11
Donia, Robert J., *Sarajevo: A Biography* (London: Hurst & Co., 2006)
Doyle, Kate (ed.), 'Imminent Threat to Guatemala's Historical Archive of the National Police (AHPN) ', *National Security Archive,* 30 May 2019, https://nsarchive.gwu.edu/news/guatemala/2019-05-30/imminentthreat-guatemalas-historical-archive-national-police-ahpn (最終アクセス : 2019年6月2日)
Duffy, Eamon, *The Stripping of the Altars: Traditional Religion in England c.1400-c.1580* (New Haven, CT: Yale University Press, 1992)
Duke Humfrey's Library & the Divinity School, 1488-1988: An Exhibition at the Bodleian Library June-August 1988 (Oxford: Bodleian Library, 1988)
Dunford, Martin, Yugoslavia: *The Rough Guide* (London: Harrop Columbus, 1990)
Engelhart, Katie, 'How Britain Might Have Deliberately Concealed Evidence of Imperial Crimes', Vice.com, 6 September 2014, https://www.vice.com/en_us/article/kz55yv/how-britain-might-havedeliberately-concealed-evidence-of-imperial-crimes (最終アクセス : 2020 年 2 月 28 日)
Esterow, Milton, 'The Hunt for the Nazi Loot Still Sitting on Library Shelves', New York Times, 14 January 2019, https://www.nytimes.com/2019/01/14/

Casson, Lionel, *Libraries in the Ancient World* (New Haven, CT: Yale University Press, 2001)

Caswell, Michelle, '"Thank You Very Much, Now Give them Back": Cultural Property and the Fight over the Iraqi Baath Party Records', *American Archivist,* 74 (2011), pp. 211-40

Chifamba, Sarudzayi, 'Rhodesian Army Secrets Kept Safe in the UK', *Patriot,* 5 December 2013, https://www.thepatriot.co.zw/old_posts/rhodesianarmy-secrets-kept-safe-in-the-uk/ (最終アクセス : 2020 年 2 月 8 日)

Choi, David, 'Trump Deletes Tweet after Flubbing Congressional Procedure After Disaster Relief Bill Passes in the House', *Business Insider,* 4 June 2019, https://www.businessinsider.com/trump-mistakescongress-disaster-aid-bill-tweet-2019-6?r = US&IR = T (最終アクセス : 2019 年 9 月 9 日)

Clapinson, Mary, *A Brief History of the Bodleian Library* (Oxford: Bodleian Library, 2015)

Clark, Allen C., 'Sketch of Elias Boudinot Caldwell', *Records of the Columbia Historical Society, Washington, D.C.,* 24 (1992), pp. 204-13

Clark, John Willis, The Care of Books: *An Essay on the Development of Libraries and Their Fittings, From the Earliest Times to the End of the Eighteenth Century* (Cambridge: Cambridge University Press, 1909)

Clennell, William, 'The Bodleian Declaration: A History', *Bodleian Library Record,* 20 (2007), pp. 47-60

Conaway, James, *America's Library: The Story of the Library of Congress 1800-2000* (New Haven, CT: Yale University Press, 2000)

Conway, Paul, 'Preserving Imperfection: Assessing the Incidence of Digital Imaging Error in HathiTrust', *Digital Technology and Culture,* 42 (2013), pp. 17-30, https://deepblue.lib.umich.edu/bitstream/handle/2027.42/99522/J23% 20Conway% 20Preserving% 20Imperfection% 202013.pdf; sequence = 1 (最終アクセス : 2019 年 9 月 3 日)

Coppens, Chris, Derez, Mark, and Roegiers, Jan (eds), *Leuven University Library 1425-2000* (Leuven: Leuven University Press, 2005)

Coqueugniot, Gaëlle, 'Where was the Royal Library of Pergamum?: An Institution Lost and Found Again', in Jason König, Katerina Oikonomopolou and Greg Woolf (eds), *Ancient Libraries* (Cambridge: Cambridge University Press, 2013), pp. 109-23

Coulter, Martin, and Shubber, Kadhim, 'Equifax to Pay almost $800m in US Settlement Over Data Breach', *Financial Times,* 22 July 2019, https://www.ft.com/content/dd98b94e-ac62-11e9-8030-530adfa879c2 (最終アクセス : 2020 年 4 月 15 日)

Cox, Joseph, 'These Bots Tweet When Government Officials Edit Wikipedia', *Vice.com,* 10 July 2014, https://www.vice.com/en_us/article/pgaka8/these-bots-tweet-when-government-officials-edit-wikipedia (最終アクセス : 2019 年 8 月 30 日)

Craig, Barbara, Archival Appraisal: *Theory and Practice* (Munich: K. G. Sauer,

jewishideasdaily.com/6413/features/the-last-books/
Brosius, Maria (ed.), *Ancient Archives and Archival Traditions: Concepts of Record-Keeping in the Ancient World* (Oxford: Oxford University Press, 2003)
Bruns, Axel, 'The Library of Congress Twitter Archive: A Failure of Historic Proportions', *Medium.com,* 2 January 2018, https://medium.com/dmrc-at-large/the-library-of-congress-twitter-archive-a-failure-of-historic-proportions-6dc1c3bc9e2c (最終アクセス : 2019 年 9 月 2 日)
Bryce, Trevor, *Life and Society in the Hittite World* (Oxford: Oxford University Press, 2002)
Buck, Peter, 'Seventeenth-Century Political Arithmetic: Civil Strife and Vital Statistics', *Isis,* 68 (1977), pp. 67-84
Buckingham, James Silk, *Travels in Mesopotamia,* 2 vols (London: Henry Colburn, 1827)
Burke, Peter, *A Social History of Knowledge II: From the Encyclopédie to Wikipedia* (Cambridge: Polity, 2012)
Burkeman, Oliver, 'Ancient Archive Lost in Baghdad Library Blaze', *Guardian,* 15 April 2003, https://www.theguardian.com/world/2003/apr/15/education.books (最終アクセス : 2019 年 6 月 12 日)
Burnett, Charles, 'The Coherence of the Arabic-Latin Translation Program in Toledo in the Twelfth Century', *Science in Context,* 14 (2001), pp. 249-88
Busby, Eleanor, 'Nearly 800 Public Libraries Closed Since Austerity Launched in 2010', *Independent,* 6 December 2019, https://www.independent. co.uk/news/uk/home-news/library-closure-austerity-funding-cutsconservative-government-a9235561.html (最終アクセス : 2020 年 4 月 4 日)
'Cardinal Mercier in Ann Arbor', *Michigan Alumnus* (November 1919), pp. 64-6
Carley, James P., 'John Leland and the Contents of English Pre-Dissolution Libraries: The Cambridge Friars', Transactions of the Cambridge *Bibliographical Society,* 9 (1986), pp. 90-100
——, 'John Leland and the Contents of English Pre-Dissolution Libraries: Glastonbury Abbey', *Scriptorium,* 40 (1986), pp. 107-20
——, 'The Dispersal of the Monastic Libraries and the Salvaging of the Spoils', in Elisabeth Leedham-Green and Teresa Webber (eds), *The Cambridge History of Libraries in Britain and Ireland,* 1: To 1640 (Cambridge: Cambridge University Press, 2006), pp. 265-91
Carpenter, Humphrey, *The Seven Lives of John Murray: The Story of a Publishing Dynasty 1768-2002* (London: John Murray, 2008)
Carpenter, Kenneth E., 'Libraries', in *A History of the Book in America, 2: Print, Culture, and Society in the New Nation, 1790-1840* (Chapel Hill, NC: University of North Carolina Press in association with the American Antiquarian Society, 2010), pp. 273-86
Carter, Harry, *A History of the Oxford University Press,* 1: To the year 1780 (Oxford: Clarendon Press, 1975)

l'incendie (Paris: Librairie académique, 1919)
Binns, Reuben, Lyngs, Ulrik, van Kleek, Max, Jun Zhao, Libert, Timothy, and Shadbolt, Nigel, 'Third Party Tracking in the Mobile Ecosystem', *WebSci '18: Proceedings of the 10th ACM Conference on Web Science,* May 2018, pp. 23-31, https://doi.org/10.1145/3201064.3201089
Biran, Michal, 'Libraries, Books and Transmission of Knowledge in Ilkhanid Baghdad', *Journal of the Economic and Social History of the Orient,* 62 (2019), pp. 464-502
Black, Alistair, 'The People's University: Models of Public Library History', in Alistair Black and Peter Hoare (eds), The *Cambridge History of Libraries in Britain and Ireland, III: 1850-2000* (Cambridge: Cambridge University Press, 2006), pp. 24-39
——, and Hoare, Peter (eds), *The Cambridge History of Libraries in Britain and Ireland, III: 1850-2000* (Cambridge: Cambridge University Press, 2006)
Bloom, Jonathan M., Paper Before Print: *The History and Impact of Paper in the Islamic World* (New Haven, CT: Yale University Press, 2001)
Bodley, Sir Thomas, *The Life of Sir Thomas Bodley, The Honourable Founder of the Publique Library in the University of Oxford* (Oxford: Printed by Henry Hall, 1647)
——, *Reliquiae Bodleianae* (London: John Hartley, 1703)
Bond, W. H., and Amory, Hugh (eds), The Printed Catalogues of the Harvard College Library 1723-1790 (Boston, MA: Colonial Society of Massachusetts, 1996)
Boraine, Alex, 'Truth and Reconciliation Commission in South Africa Amnesty: The Price of Peace', in Jon Elster (ed.), *Retribution and Repatriation in the Transition to Democracy* (Cambridge: Cambridge University Press, 2006), pp. 299-316
Boxel, Piet van, 'Robert Bellarmine Reads Rashi: Rabbinic Bible Commentaries and the Burning of the Talmud', in Joseph R. Hacker and Adam Shear (eds), *The Hebrew Book in Early Modern Italy* (Philadelphia, PA: University of Pennsylvania Press, 2011), pp. 121-32
Boyes, Roger, 'This is Cultural Genocide', The Times, 28 August 1992, p.12
Brain, Tracy, 'Sylvia Plath's Letters and Journals', in Jo Gill (ed.), *Cambridge Companion to Sylvia Plath* (Cambridge: Cambridge University Press, 2006), pp. 139-55
Brammertz, S., et al., 'Attacks on Cultural Heritage as a Weapon of War', *Journal of International Criminal Justice,* 14 (2016), pp. 1143-74
Breay, Claire, and Harrison, Julian (eds), *Magna Carta: Law, Liberty, Legacy* (London: British Library, 2015)
Breay, Claire, and Story, Joanna (eds), *Anglo-Saxon Kingdoms: Art, Word, War* (London: British Library, 2018)
Brent, Jonathan, 'The Last Books', *Jewish Ideas Daily,* 1 May 2013, http://www.

(2007), pp. 730-45
Bagnall, Roger S., 'Alexandria: Library of Dreams', *Proceedings of the American Philosophical Society,* 146 (2002), pp. 348-62
Balint, Benjamin, *Kafka's Last Trial: The Case of a Literary Legacy* (London: Picador, 2018)
Banton, Mandy, '"Destroy? Migrate? Conceal?" British Strategies for the Disposal of Sensitive Records of Colonial Administrations at Independence', *Journal of Imperial and Commonwealth History,* 40 (2012), pp. 321-35
——, 'Record-Keeping for Good Governance and Accountability in the Colonial Office: An Historical Sketch', in James Lowry and Justus Wamukoya (eds), *Integrity in Government Through Records Management: Essays in Honour of Anne Thurston* (Farnham: Ashgate, 2014), pp. 73-84
Barker-Benfield, B. C. (ed.), *St Augustine's Abbey, Canterbury* (*Corpus of British Medieval Library Catalogues 13*), 3 vols (London: British Library in association with the British Academy, 2008)
Barnard, John, 'Politics, Profits and Idealism: John Norton, the Stationers' Company and Sir Thomas Bodley', *Bodleian Library Record,* 17 (2002), pp. 385-408
Barnes, Robert, 'Cloistered Bookworms in the Chicken-Coop of the Muses: The Ancient Library of Alexandria', in Roy MacLeod (ed.), *The Library of Alexandria: Centre of Learning in the Ancient World* (London: I. B. Tauris, 2000), pp. 61-77
Bate, Jonathan, Ted Hughes: *The Unauthorised Life* (London: William Collins, 2015)
Bauer, Heiker, *The Hirschfeld Archives: Violence, Death and Modern Queer Culture* (Philadelphia, PA: Temple University Press, 2017)
Beales, Ross W., and Green, James N., 'Libraries and Their Users', in Hugh Amory and David D. Hall (eds), *A History of the Book in America, 1: The Colonial Book in the Atlantic World* (Cambridge: Cambridge University Press/American Antiquarian Society, 2000), pp. 399-403
Beit-Arié, Malachi, *Hebrew Manuscripts of East and West: Towards a Comparative Codicology* (London: British Library, 1993)
Belgium, Ministry of Justice, *War Crimes Committed During the Invasion of the National Territory, May, 1940: The Destruction of the Library of the University of Louvain* (Liège: [Ministère de la justice] 1946)
Bélis, Mireille, 'In search of the Qumran Library', *Near Eastern Archaeology,* 63 (2000), pp. 121-3
Bepler, Jill, 'The Herzog August Library in Wolfenbüttel: Foundations for the Future', in *A Treasure House of Books: The Library of Duke August of Brunswick-Wolfenbüttel* (Wiesbaden: Harrasowitz, 1998), pp. 17-28
——, 'Vicissitudo Temporum: Some Sidelights on Book Collecting in the Thirty Years War', *Sixteenth Century Journal,* 32 (2001), pp. 953-68
La bibliothèque de Louvain: séance commémorative du 4e anniversaire de

参考文献

Abramowicz, Dina, 'The Library in the Vilna Ghetto', in Jonathan Rose (ed.), *The Holocaust and the Book: Destruction and Preservation* (Amherst, MA: University of Massachusetts Press, 2001), pp. 165-70

Achinstein, Sharon, *Citizen Milton* (Oxford: Bodleian Library, 2007)

Affleck, Michael, 'Priests, Patrons, and Playwrights: Libraries in Rome Before 168 BC, in Jason König, Katerina Oikonomopolou and Greg Woolf (eds), *Ancient Libraries* (Cambridge: Cambridge University Press, 2013), pp. 124-36

Ahmed, Amel, 'Saving Yemen's Heritage, "Heart and Soul of Classical Islamic Tradition", *Al Jazeera America,* 5 February 2016, . aljazeera.com/articles/2016/2/5/american-professor-in-race-to-saveyemens-cultural-heritage.html (最終アクセス : 2019 年 11 月 17 日)

Allen, P. S., 'Books Brought from Spain in 1596', *English Historical Review,* 31 (1916), pp. 606-8

Alsop, Ben, 'Suffrage Objects in the British Museum', *British Museum Blog,* 23 February 2018, https://blog.britishmuseum.org/suffrageobjects-in-the-british-museum/ (最終アクセス : 2019 年 9 月 17 日)

Alston, Philip, 'Statement on Visit to the United Kingdom, by Professor Philip Alston, United Nations Special Rapporteur on Extreme Poverty and Human Rights', 17 November 2018, https://www.ohchr.org/Documents/Issues/Poverty/EOM_GB_16Nov2018.pdf (最終アクセス : 2019 年 9 月 3 日)

Ammianus Marcellinus, *History,* (ed.) John Carew Rolfe, 3 vols (Harvard, MA: Harvard University Press, 1986)

Anderson, David M., 'Deceit, Denial, and the Discovery of Kenya's "Migrated Archive"', *History Workshop Journal,* 80 (2015), pp. 142-60

Annual Report of the Librarian of Congress for the Fiscal Year Ended June 30, 1940 (Washington: United States Government Printing Office, 1941)

Archi, Alfonso, 'Archival Record-Keeping at Ebla 2400-2350 BC', in Maria Brosius (ed.), *Ancient Archives and Archival Traditions: Concepts of Record-Keeping in the Ancient World* (Oxford: Oxford University Press, 2003), pp. 17-26

Asher-Schapiro, Avi, 'Who gets to tell Iraq's history?', *LRB Blog,* 15 June 2018, https://www.lrb.co.uk/blog/2018/06/15/avi-asher-schapiro/who-gets-to-tell-iraqs-history/

Asmal, Kaider, Asmal, Louise, and Roberts, Ronald Suresh, *Reconciliation Through Truth: A Reckoning of Apartheid's Criminal Governance,* 2nd edn (Cape Town: David Philip Publishers, 1997)

Aston, Trevor, 'Muniment Rooms and Their Fittings in Medieval and Early Modern England', in Ralph Evans (ed.), *Lordship and Learning: Studies in Memory of Trevor Aston* (Woodbridge: Boydell Press, 2004), pp. 235-47

Al-Tikriti, Nabil, '"Stuff Happens": A Brief Overview of the 2003 Destruction of Iraqi Manuscript Collections, Archives and Libraries', *Library Trends*

れ

ろ

わ

よ

ら

り

る

み

む

め

も

や

ゆ

ほ

ま

な

に

ね

な

に

ね

す

さ

し

え

お

索　引

欧文

あ

著者

リチャード・オヴェンデン（Richard Ovenden）
2014年からボドリアン図書館の館長を務める。それ以前は、ダラム大学図書館、貴族院図書館、スコットランド国立図書館、エディンバラ大学に勤務していた。ダラム大学とユニバーシティ・カレッジ・ロンドンで教育を受け、オックスフォードのバリオール・カレッジの研究員。2019年の女王誕生記念叙勲で大英帝国勲章のオフィサー（OBE）に指名された。著書に『John Thomson（1837-1921）: Photographer』、『A Radical's Books』（マイケル・ハンター、ジャイルズ・マンデルブロート、ナイジェル・スミスとの共著）などがある。

訳者

五十嵐加奈子（いがらし・かなこ）
翻訳家。東京外国語大学卒業。主な訳書にニコラス・グリフィン『ピンポン外交の陰にいたスパイ』、ローラ・カミング『消えたベラスケス』、エドワード・ウィルソン=リー『コロンブスの図書館』（以上、柏書房）、デボラ・ブラム『毒薬の手帖』、リー・メラー『ビハインド・ザ・ホラー』（以上、青土社）、ジョン・クラリク『365通のありがとう』（早川書房）などがある。

攻撃《こうげき》される知識《ちしき》の歴史《れきし》
——なぜ図書館《としょかん》とアーカイブは破壊《はかい》され続《つづ》けるのか

2022年5月6日　第1刷発行

著　　者	リチャード・オヴェンデン
翻　　訳	五十嵐加奈子
発 行 者	富澤凡子
発 行 所	柏書房株式会社
	東京都文京区本郷2-15-13（〒113-0033）
	電話（03）3830-1891［営業］
	（03）3830-1894［編集］
装　　丁	コードデザインスタジオ
D　T　P	有限会社一企画
印　　刷	萩原印刷株式会社
製　　本	株式会社ブックアート

ISBN978-4-7601-5442-5　C0000